法学院研究生

课程思政建设成果集萃

主编 张世君 陶 盈

首都经济贸易大学出版社
Capital University of Economics and Business Press
·北 京·

图书在版编目（CIP）数据

法学院研究生课程思政建设成果集萃 / 张世君，陶盈主编. -- 北京：首都经济贸易大学出版社，2024.6

ISBN 978-7-5638-3677-2

Ⅰ.①法… Ⅱ.①张… ②陶… Ⅲ.①研究生-思想政治教育-教案（教育）-中国 Ⅳ.①G643.1

中国国家版本馆 CIP 数据核字（2024）第 081974 号

法学院研究生课程思政建设成果集萃
张世君 陶 盈 主编
FAXUEYUAN YANJIUSHENG KECHENG SIZHENG JIANSHE CHENGGUO JICUI

责任编辑 潘 飞
封面设计 风得信·阿东 FondesyDesign
出版发行 首都经济贸易大学出版社
地 址 北京市朝阳区红庙（邮编 100026）
电 话 (010) 65976483 65065761 65071505（传真）
网 址 http://www.sjmcb.com
E-mail publish@cueb.edu.cn
经 销 全国新华书店
照 排 北京砚祥志远激光照排技术有限公司
印 刷 北京建宏印刷有限公司
成品尺寸 170 毫米×240 毫米 1/16
字 数 305 千字
印 张 17
版 次 2024 年 6 月第 1 版 2024 年 6 月第 1 次印刷
书 号 ISBN 978-7-5638-3677-2
定 价 72.00 元

育人育心深爱无言　惟实励新行稳致远

（代序）

当我们终于完成了这部《法学院研究生课程思政建设成果集萃》的编写时，身为人师的使命感、荣誉感和责任感也愈加强烈。

如果说科研是一个人的独处，那么教学就是两颗心的温度。相比科研的显性成果和个人成就感，教学则从来都是在日复一日年复一年的平凡与平淡中积攒成果的。为教育所付出的心血不但会让受教育者感受到精神上的滋养，也会给教育者带来成长与蜕变。大爱无语、深爱无言，师生之间通过教育传递的爱，是生命影响生命的人格沁润，是长久倾注、生生不息的精神力量。

立德树人是教育的底色，教育者最终要回答好“培养什么人、怎样培养人、为谁培养人”的时代命题。法学专业的研究生人才培养和学科建设同样不能忽视教育的真谛，不能偏离这一主题。法乃正义之学，法学专业教育本身就彰显了来自意识形态领域的塑造和引领。让专业课与思政课同频共振、相向而行，会让学生自觉地亲近法律、践行正义，乐于接纳“法律知识传授”与“法律价值引领”，实现“德法兼修”。

凡是过往，皆为序章，心有所向，素履以往。

大梦无疆，不惧远航，念念不忘，必有回响。

作为法学院研究生课程思政建设项目的成果之一，本书围绕课程思政建设的理论思考、方法探索和课程实践，展示出法学院教师在研究生课程思政建设历程中的所思所想，以期与各位同仁交流互鉴。探索阶段难免有不成熟之处，还望各位读者多提宝贵意见。

首都经济贸易大学法学院

目　录

加强研究生的民本教育：民本思想的渊源及其运行机制[*]

沈敏荣[**]

子曰："道之以政，齐之以刑，民免而无耻。
道之以德，齐之以礼，有耻且格。"

——《论语·为政》

不论对西方还是对中国而言，现代社会都是民本思想从客体化转向主体化的过程。在中国几千年的传统历史中，民本思想只是对封建统治者的一种劝诫（更多的是一种道德劝诫），没有制度约束效力，且通常只是为历朝开国明君提供的"自律指南"，对于后续的守成君主意义不大，因此民本思想往往只是作为道德思想存在①。1840 年之后，在西方坚船利炮的打击下，这种漠视民众利益的大一统秩序面临着全面的瓦解，不论是 19 世纪 60 年代开始的洋务运动，还是 1898 年的戊戌变法，抑或是 1911 年的辛亥革命，都没有从根本上解决中国劳苦大众的利益及其在社会治理中的主体地位问题，因而这一时期也被称为旧民主主义革命时期。新文化运动提出用白话文代替文言文，使得广大民众的主体意识逐渐被纳入社会主流意识，中国共产党的创立更是标志着广大民众自治主体意识的觉醒。由此，以 1919 年的五四运动为分界线，后来的社会历程被称为新民主主义革命，其特点之一是民众主体意识的觉醒与实现。

---

* 本文系 2023 年校教改立项重点课题"中华民治思想在财经类高校的运用与推广研究：以《论语要义》课程为例"的阶段性成果。

** 沈敏荣，法学博士，首都经济贸易大学法学院教授，硕士生导师，首都经济贸易大学法学院经济与法律伦理研究中心主任。

① 许抗生，聂保平，聂清．中国儒学史：两汉卷［M］．北京：北京大学出版社，2011.

这种民众主体意识的觉醒深深地根植于东西方的文化传统之中，在现代化的背景下，主体意识获得觉醒与成长的时代机遇。各国在现代化进程中非常有效地利用了各自传统中民本思想的优秀资源，使得现代社会治理能够迅速获得普遍认同，达成广泛共识。例如，西方社会在文艺复兴之后的现代化进程中就有效地利用了古希腊的人文传统，使民本思想迅速在社会中普及，成为推动社会变革的重要力量。亚里士多德在其名著《政治学》中明确指出，“依绝对公正的原则来评断，凡照顾到公共利益的各种政体就都是正当或正宗的政体；而那些只照顾统治者们的利益的政体就都是错误的政体或正宗政体的变态（偏离）。这类变态政体都是专制的”①。他还指出，国家的政治治理是善的艺术，必须保证全邦所有成员的德行，顾及全邦所有成员的公共利益。这种民主思想成为西方现代社会的根本特点②。德国也是如此。1860 年普鲁士王国实现统一之后，在其快速的现代化进程中，也非常有效地从传统思想中寻找到了丰厚的民治传统（被称为“民族精神”），快速实现现代化。19 世纪末，日本社会一度面临内忧外患的境遇，进入快速现代化的进程之中后，其传统思想中的“士魂商才”理念对其现代化起到了很好的指导和促进作用，使日本社会迅速形成共识。

在中国传统社会中，民众长期以来处于社会治理的最底层，无法有效影响社会治理，因而在进入以民众自治为基本特点的现代社会时面临着非常强烈的不适应性。例如，村民自治、社区自治、公司自治等都面临运转不畅、主体意识和权利意识不强等问题，即现代的民主治理缺乏强有力的传统民本思想的支持。

一、敬天爱民：中华传统民本思想的起源

不可否认，中国传统的民本思想确实存在民众主体性意识缺乏的问题，民众历来被当作社会治理的对象。夏启废禅让建立家天下，宣扬“有夏服天命”；《尚书》曰：“皇祖有训，民可近，不可下，民惟邦本，本固邦宁。”从中可以非常明显地看出，此处的“民”是作为治理对象而言的。这种民本思想只有被统治者自觉吸纳才有意义，否则，其只能游离于社会有效治理之外，作为可有可无

① 亚里士多德．政治学［M］．吴寿彭，译．北京：商务印书馆，1996.

② 沈敏荣．市民社会与法律精神：人的品格与制度变迁［M］．北京：法律出版社，2008.

的道德说教而存在。夏桀暴虐无道，却以太阳自比，曰“天之有日，犹吾之有民”，由此可以非常明显地看出民的客体性地位，在这种情况下，民也不必有任何的主体性意识。

夏商继亡，西周吸取前两朝的政治教训，把天奉为有意志的人格化的至上神，周王亦自称“天子”，是受了“天命”取代商来统治天下的。周人从商朝的覆灭中认识到“天命靡常”，看到了正是人民的武装倒戈才使西周打败了商朝，正所谓“天惟时求民主”“民之所欲，天必从之”“天视自我民视，天听自我民听”。为此，西周统治者提出，“皇天无亲，惟德是辅”，“敬德”才可以“保民”；提出“敬德保民”“以德配天”，所谓“无念尔祖，聿修厥德。永言配命，自求多福”。其中，“德”包括敬天、敬宗、保民三个方面，尤其要“怀保小民”，舍此难保天祚。西周提出了有关民本思想的比较完整的阐述，正所谓“贵以贱为本，高以下为基”“唯人是保，而利于主，国之宝也”。但这里的民仍被排除在治理主体之外，如《论语·为政》中所言，“道之以政，齐之以刑，民免而无耻”，这是对传统民本思想的根本特点的总结和归纳。

汉代之后，民本思想被官僚政治所吸收，成为对官僚们的道德约束，并由此进入主流意识形态，但仍然摆脱不了民的客体性命运。虽然民本思想被封建君主吸收，成为其治民的基石，从而派生出天子与官僚都要“爱民如子”的廉政意蕴，但民如家子，从夫从父，仍然不是主体。

这时的民本思想乃是服务于封建君主官僚政治的“牧民”思想，“凡有地牧民者，务在四时，守在仓廪。国多财，则远者来；地辟举，则民留处；仓廪实，则知礼节；衣食足，则知荣辱；上服度，则六亲固；四维张，则君令行”①。天下系君主私产，“固为子孙创业也”。君主与民众处在利益的两极，统治者之所以采纳民本思想，目的是防止中饱阶层的形成，反对中饱官僚集团欺上压下，从而起到为专制体制反腐败之用。然而，“凡天下之无地而得安宁者，为君也”。君主以己之私，“屠毒天下之肝脑，离散天下之子女，以博一人之产业，曾不惨然”。在君主专制统治下，统治者常常“敲剥天下之骨髓，离散天下之子女，以奉我一人之淫乐”，且视之为“此我产业之花息也”。由此可见，在封建专制时代，“为天下之大害者，君而已矣”②。

---

① 孙中原．管子［M］．北京：中国人民大学出版社，2015.

② 黄宗羲．明夷待访录［M］．段志强，译．北京：中华书局，2011.

民本思想也是约束封建官僚集团政治行为的一个准绳。西汉贾谊对其阐释得极为明白，民本非民以为本，实为借助于国、君、吏方可实现的手段，正所谓“闻之于政也，民无不为本也。国以为本，君以为本，吏以为本。故国以民为安危，君以民为威侮，吏以民为贵贱，此之谓民无不为本也”。总之就是要求官吏关注民生。贾谊在《新书·大政上》中写道：“民者，国之根也，诚宜重其食，爱其命。”但在现实世界中，国、君、吏又有其自身不同于民的利益诉求和管理模式，这种只有圣人方可做到的道德，其实践性着实堪忧，虽说“圣人无常心，以百姓心为心”，但圣人不可得，无常心亦不可得，遑论得百姓之心。因此，道德说教与政治现实往往差距极大，甚至截然相反，虽曰“去民之患，如除腹心之疾”，但缺乏具体的制度保障，历来封建王朝上演的无数官逼民反、农民起义的实例就说明了这一点。

二、民有耻且格：民本思想中“民”的主体化渊源

春秋时期是中国历史上远离大一统治理格局的时代，从春秋到战国，这一分裂时代存续了 500 多年。当时形成的诸子百家思想（包括孔子的仁学思想）都与后来的儒家传统相去甚远。诸子百家思想称得上是春秋战国大变动时代的生存智慧，而后来的传统则是如何维护大一统社会有效的秩序，两者的立论与思维路径完全不同①。

随着周王室的衰败，原来神圣不可动摇的“天”（即周天子）已失去天下共主的身份，天下大乱，礼崩乐坏，激烈的竞争使得民的作用突出显露出来。例如，春秋时期田氏代齐采用的重要手段就是收买人心，搞大斗出货，小斗收进，结果“得齐民心”“民众归之如流水”。孟子说：“民为贵，社稷次之，君为轻。”他将民、君王、社稷放置于同一地位，甚至将民提升到高于社稷、君王的地位，一定程度上凸显了民的主体性地位。孟子的仁政思想告诫统治者要“爱民”“利民”，轻刑薄赋，听政于民，与民同乐。孟子指出：“七十者衣帛食肉，黎民不饥不寒，然而不王者，未之有也。”欲使百姓丰衣足食，则应“制民之产”。这标志着中国传统民本思想的形成。孟子曾说：“乐民之乐者，民亦

① 沈敏荣. 义的追寻：转型社会的社会正义形成原理［M］. 北京：首都经济贸易大学出版社，2019.

乐其乐；忧民之忧者，民亦忧其忧。”足见其将民本思想推向了前所未有的高度。

荀子提出“制天命而用之”，强调人在认识自然、改造自然中的主观能动作用。与此同时，从君主到一些大臣对民的认识也都有了新的提高，认识到“政之所兴，在顺民心。政之所废，在逆民心”。《荀子》曰：“水则载舟，水则覆舟。”这说明他对君民关系的认识更加深刻。此时的民本思想也体现在统治者的决策上，即注重察民情、顺民心。《尚书》曰：“天视自我民视，天听自我民听。”《吕氏春秋》曰：“失民心而立功名者，未之曾有也。”此时的民本思想还体现了为政者主张安民富民，以及采取不扰农时、薄赋轻刑等举措的意识。《淮南子》曰：“治国有常，而利民为本。”墨子则从爱惜民力的角度，倡议“节用”。

在诸子百家思想中，孔子的仁学思想极具代表性。孔子提出了教育私化、礼乐日常化、治理仁义化等以平民自治为中心的全面治理革新，提出了“民服、民信、民足、民敬、民善”的全面民治思想，提出了“道之以德，齐之以礼，民有耻且格”的民兴于仁的治理局面，集中体现了这一时期平民自治的民治思想。民治具有其自身的独特性，非是贵族治理或官僚治理所能替代的。孔子提出在教育、礼乐、乡里、社会等领域的平民自治思想，第一次彰显了民治主体化，对后续的传统产生了深刻的影响，超越了传统的民本思想①，具体表现在以下几个方面。

首先，民兴于仁具有其自身的特点，而非单一的大一统治理可以完成的。“道之以政，齐之以刑”的结果，只能是民免而无耻。传统的大一统治理强调单一性和圣人标准，而平民处于社会底层，其受礼崩乐坏的外界社会的挤压，常生困顿，行仁的成本极高。因此，平民行仁不能从正面入手，而要从反面即不仁者入手，正如《论语·里仁》指出的，“好仁者，无以尚之；恶不仁者，其为仁矣，不使不仁者加乎其身”。平民行仁，缺乏身份、地位、权力、财富的支撑，因而其困顿挥之不去。因此，在仁学实践中，不能从仁（美德）入手，否则会出现“无以尚之”的困境，而要从“恶不仁者”入手，以保证底线，使人不致堕落。这就使得平民行仁呈现出多样性的特点。孔子因材施教，主张仁而不同，而这正是“道之以政，齐之以刑”的单一性治理所无法实现的。换言之，传统的大一统治理即便辅以民本思想，也只是强调秩序，而无法实现民的启蒙与发

① 沈敏荣．仁者无敌：仁的力量——大变动社会的生存之道［M］．北京：人民出版社，2015.

展，实现民之治理的主体化。

其次，民看起来或许愚笨，但能够退而省其私。在《论语·为政》中，孔子借用颜回的特点来指出民的特点，子曰："吾与回言，终日不违，如愚。退而省其私，亦足以发，回也不愚。"[①]民的愚笨与治理者的精明形成鲜明的反差，民在社会治理中不仅是弱势一方，而且具有反应慢、愚笨、不精明的特点，由此，在社会治理中民的权益极易被侵蚀。但是民有个特点，就是能够"退而省其私"，平民人才的培养也具有类似的特点，正所谓"君子可逝也，不可陷也；可欺也，不可罔也"。

再次，民具有多样性，非传统大一统的单一行政方法所能完全顾及。传统的大一统治理更多的是关注现有的秩序、利益和权力平衡，而民的多层次性、多样性、复合性恰是超越其治理极限的。《论语·为政》指出，对民的治理需要运用理性的方法（"视其所以、观其所由、察其所安"）和经验的方法（"温故而知新，可以为师矣"），同时关注民的内在人格成长，所谓"君子不器"（非现实世界的标准可以衡量），正是由民的多样性所决定的。但传统大一统的统治方法在很大程度上是以上位意志（君主意志、长官意志、上级意志）代替理性治理、经验方法和非世俗的内在人格成长（即代之以可见的、利益的、世俗的标准）。

最后，平民成士的狂狷模式非传统大一统的秩序模式所能容受，也与传统大一统社会人才培养的中行模式完全相反。正是民的独特的属性，使得它的人才培养模式具有鲜明的特性，完全非传统大一统治理所能容受。《论语·子路》中记载，子曰："不得中行而与之，必也狂狷乎！狂者进取，狷者有所不为也。"狂狷模式体现了平民成士起点低、路径多样、程度不同、个性化丰富等特点，而这些多彩缤纷的信息是传统大一统社会治理中所无法容纳的。这也是现代社会要在经济领域实行市场经济和在政治领域施行民主制度的原因，任何其他的制度均没有办法容纳如此庞大的信息。从历史经验来看，如果未能实现民众主体性的治理，不能知晓民众的真正需求，而仅靠统治者的仁慈，那样最多也只是昙花一现，终非长久之策。

正是民众自身的独特性，使得对民众的培养方式需要以狂狷模式代替中行模

---

① 对于本问题的分析，详见姚继东、沈敏荣：礼崩乐坏下的政治改革：仁学为政思想研究［J］．学术探索，2020（12）．

式，这既是平民成士的基本特点，也决定了传统的“道之以政，齐之以刑”无法实现这一功能，因而只能诉诸民众主体化的民治。孔子的仁学明确地指出平民成士的鲜明特点。

第一，平民成士行之以约，具有起点低的特点。传统大一统社会的培养方式往往直接从美德入手，因为统治者具有优越的条件、尊显的地位、固定的官学、长年不变的仪规，因此，“动之以礼”是大一统社会培养人才的基本方式。但是，平民成士所处的外界条件十分严苛，使人常有困顿之忧，且生存成本非常高昂，因此，他们需要采取简约的方式，“居敬而行简”，以最经济、有效的方式维持自身的生存与内在自主人格成长的平衡。也因为如此，对于平民而言，仁学的最初实践并不是美德加身，而是从“不仁者”入手，“恶不仁者，其为仁矣，不使不仁者加乎其身”。对于正面践行美德这一点，则需要正视礼崩乐坏之下美德的流变。在春秋大变动社会的挤压下，社会道德层面呈现善恶不分的状态，仁与愚、知与荡、信与贼、直与绞、勇与乱、刚与狂，呈现出同形不同质的特点①。因此，正面践行美德需要有技巧的支撑，所谓“好仁者，无以尚之”。在平民成士的初期，民众实践美德时从正面突破存在动力不足、缺少辨析力等问题。平民成士与大一统成才模式不同。以子路问成人为例。子曰：“若臧武仲之知，公绰之不欲，卞庄子之勇，冉求之艺，文之以礼乐，亦可以为成人矣。”又曰：“今之成人者，何必然？见利思义，见危授命，久要不忘平生之言，亦可以为成人矣。”可见，大一统对人才的要求是全面美德，而平民成士限于有限的资源，只能抓主要矛盾。因此，平民成士若依传统大一统的标准，肯定是毛病丛生，不符合要求的。

第二，平民成士需要立于民，这完全不同于传统大一统治理中的与民相对立。传统大一统“道之以政，齐之以刑”的身份之治，完全将民排除于治理之外，整个治理的主体是统治者（包括贵族或士大夫官僚），平民只能是治理的对象。然而，春秋时期由于贵族培养机制遭到破坏，平民成士成为解决礼崩乐坏问题的唯一有效选择。平民成士来源于民，并且它的完成也在平民社会之中，志于道、据于德、依于仁、游于艺，基本上都是在民中完成的。民间社会也提供了平民成士的动力：立志与爱人。此处的爱人就是爱民，爱天下。以樊迟问仁（《论

① “好仁不好学，其蔽也愚；好知不好学，其蔽也荡；好信不好学，其蔽也贼；好直不好学，其蔽也绞；好勇不好学，其蔽也乱；好刚不好学，其蔽也狂。”（《论语·阳货》）。

语·颜渊》）为例。“樊迟问仁。子曰：‘爱人。’问知。子曰：‘知人。’樊迟未达。子曰：‘举直错诸枉，能使枉者直。’樊迟退，见子夏曰：‘乡也吾见于夫子而问知，子曰：“举直错诸枉，能使枉者直”，何谓也？’子夏曰：‘富哉言乎！舜有天下，选于众，举皋陶，不仁者远矣。汤有天下，选于众，举伊尹，不仁者远矣。’”

第三，平民成士需要敏于行。平民成士需要直面巨大的生存压力，其微薄的生活资料随时可能因为自身与现实的礼崩乐坏不妥协、不合作而失去，从而陷入困顿之中。因此，解决因为平民行仁而造成的生存危机就成为孔子仁学的首要任务，敏于行则是解决问题的关键。巨大的社会压力可能会在快速的行动力面前转变为前进的动力。因此，敏于行成为平民行仁的第一要素，所谓“君子欲讷于言而敏于行”。《论语·阳货》记载，子张问仁于孔子。“孔子曰：‘能行五者于天下为仁矣。’请问之，曰：‘恭、宽、信、敏、惠。恭则不侮，宽则得众，信则人任焉，敏则有功，惠则足以使人。’”孔子认为在取得成功的过程中，敏是最重要的原因，他说：“我非生而知之者，好古，敏以求之者也。”对于传统贵族而言，是否符合周礼则是其行动的第一要义，而非敏于行，因此，贵族强调三思而后行，平民成士则是两思即可。恰如季文子三思而后行时，子闻之，曰：“再，斯可矣。”

第四，平民成士需要以勇为第一美德。仁者必有勇，使得平民成士路径呈现多样性，创意十足。漆雕开、子游的不从仕，冉有、子路的乐于为政；颜回的克己复礼，宰我的言语颠覆礼；子贡的以一知二，颜回的以一知十，都是可行的。平民成士，肯定会面临外界礼崩乐坏所带来的高昂的生存成本，唯有勇者才能破除礼崩乐坏所设置的层层障碍。平民立德，可能会面临礼崩乐坏所带来的困顿的围剿，因而能够无所惧怕、勇于践行仁道者，非勇者不可为。平民行仁，如逆水行舟、窄路险行，无勇不足以立世。例如，孔门弟子子路，虽登堂，但未入于室，对于仁学也未及根本，但其勇可嘉。为了保护这份勇，孔子对子路其他各个方面的缺陷也抱持宽容的态度，容其逐渐改之。平民成士，两思即可，也体现了勇的特质。因此，在很长的时间中，平民成士所表现出来的并非中行的行为模式，而是狂狷的勇的行为模式。正所谓狂者进取，狷者有所不为也。

第五，平民成士无教条，而是需要实现“四毋”。传统贵族的培养有着固定的模式。在周礼中，贵族从衣食住行到生老病死，从待人接物到聘问拜会，无一不在礼制之中，无时不体现与之身份相符的礼仪。平民成士则并不在于身份，而

在于内在人格与才能，能够实现士的价值，所谓“行己有耻，使于四方，不辱君命，可谓士矣”。如前所述，在平民成士的过程中，需要面对礼崩乐坏的环境所带来的困顿和巨大的生存压力，任何固定的教条，对于暴露于巨大生存压力之下的脆弱的平民而言都会带来毁灭性的结果。因此，因地制宜、因陋就简、顺势而行就成为平民行仁的基本法则。“君子之于天下也，无适也，无莫也，义之于比。”子绝四，毋意、毋必、毋固、毋我。这些法则是平民行仁必须遵循的法则，与贵族的培养模式具有截然不同的特点。

总之，平民成士是不再依赖政治、贵族的自治之法，不论是危邦、乱邦还是治邦，平民的发展均可以实现，只是实现的环境发生了改变，实现的方法也相应改变而已，所谓“邦有道，不废；邦无道，免于刑戮”。平民成士有其内在的法则，不再依赖于天下有道与否，所谓“笃信好学，守死善道。危邦不入，乱邦不居。天下有道则见，无道则隐。邦有道，贫且贱焉，耻也；邦无道，富且贵焉，耻也”。

孔子的仁学开创了中国传统平民自治的传统，彰显了私学自治、礼乐自治、乡里自治、仁义自治，进而影响到士大夫自治，从而在相当大程度上影响了中国传统政治文化的发展进程。

三、民天下思想：民治主体化消失的历史佐证

在孔子的仁学思想中，一个非常明显的观点是：民虽然无法成为政治治理的主体，但应该成为社会治理的主体，不论是私学教育、个体的成长（即礼乐秩序），还是里仁的秩序，都属于社会事务而非狭义的政治事务，属于民众自治的范围。孔子明确指出，仁学的为政既包括狭义的政治治理，也包括社会治理。《论语》记载：或谓孔子曰：“子奚不为政?”子曰：“《书》云：‘孝乎惟孝，友于兄弟，施于有政。’是亦为政，奚其为为政?”可见，社会治理正是平民自治的范围，是平民自治主体化实现的领域。因此，民的治理的主体化，是相对于社会领域（如教育的私学化、礼乐的生活化、日常治理的孝悌、乡里的仁义治理）而言的，区别于狭义的维护统治的政治秩序。

春秋时期，不同的诸侯，其身份、地位、财富、权力、疆域甚至治理的雄心壮志都是不同质的。有千乘之国、万乘之国之分，国与国之间的治理也千差万别。但是，不同诸侯国的民仍具有同质性。《尚书·泰誓上》曰：“天矜于民，

民之所欲，天必从之。”《道德经》曰：“圣人无常心，以百姓心为心。”“故道大，天大，地大，人亦大。域中有四大，而人居其一焉。”《易・贲卦・彖传》中记载：“观乎天文，以察时变；关乎人文，以化成天下。”《左传》载：“夫民，神之主也。是以圣王先成民，而后致力于神。”指出民是神的主宰，神也要听民的意见。《管子》曰：“政之所兴，在顺民心；政之所废，在逆民心。”《穀梁传》说：“民者，君之本也。”指出民是国家的根本，失去民，国君也就不存在了。由此，同质的民具有超乎国家、政治的超然地位，被认为是超越国家的另一领域——天下。通过对民间社会的治理，可有效制约政治社会的权力泛滥，从而给陷于礼崩乐坏之中的政治社会重新制定礼乐纲常，使得社会走出秩序的紊乱与崩溃，实现发展与繁荣。恰如樊迟问仁时，子曰：“爱人。”孔子“爱人”中的“人”没有身份、地位、权力、财富的区别，同于民。爱民则等同于天下选于众，从而实现民众的主体化治理。也就是说，天下治理能够有效制约狭义的政治治理，即能实现民兴于仁，实为善政。否则，若天下治理无处容身，完全被政治治理所挟持，即为恶政。

恶政的悲剧在明末清初思想家的著作里得到了充分的反映。顾炎武在明末国破家亡的悲痛中深刻反思社会现实，并基于对专制独裁统治的猛烈批评发展了“天下说”，提出了天下与国家的二元治理观。究其渊源，顾炎武的“天下观”与孔子仁学的天下思想一脉相承，继承了中国古代传统的天下平民治理思想，对长期以来传统政治社会的政治理念进行了深刻的反思和批判。

明末时期，封建专制达到了无以复加的地步，不论是阉党祸乱还是东林内斗，都表现出了政治之恶与亡国气息。顾炎武身处明末天崩地解的乱世，感受到国破家亡的切肤之痛，在长期抗清复明、终生考察大江南北的过程中，基于对现实的深刻体察，他对政治社会进行了深入的批判：朝野政风妖孽、歪风四起，纲常不振，专制的政治已然是众恶的汇集之地，以政治为基础的传统社会治理观念也备受怀疑。“自万历季年，搢绅之士不知以礼饬躬，而声气及于宵人，诗字颁于舆皂。至于公卿上寿，宰执称儿，而神州陆沈，中原涂炭，夫有以致之矣。”①朝廷朋党相争，宦官弄权，权势勾结越发龌龊黑暗，政风败坏，吏治腐朽，追名逐利的浮躁风气日盛，这些都是让人痛心疾首的时弊。然而要从政治入手进行改革，又陈蔽深重，“自神宗以来，赎货之风日甚一日……天下水利、碾硙、场渡、

① 顾炎武．日知录：卷一三［M］．陈桓，校注．合肥：安徽大学出版社，2007.

市集无不属之豪绅，相沿以为常事矣”①。民间土地兼并猖獗，百姓几无立锥之地，食肉者鄙，平民无食果腹，传统仁学的君子生存环境不复存在，国家灭亡就是难以避免的了，正所谓“去人伦，无君子，而国命随之矣”。

之所以会落入如此境地，其根本原因是历来统治者采用的“道之以政，齐之以刑，民免而无耻”的传统政治治理策略，同“民兴于仁”的平民治理逻辑相违背。民间社会教化不兴而致道德沦丧、纲常紊乱，因而根本的解决方法并非政治社会的改革，而是平民社会的教育，所谓“目击世趋，方知治乱之关必在人心风俗，而所以转移人心，整顿风俗，则教化纲纪为不可阙矣”（顾炎武《日知录》），这种使民兴于仁并不是政治社会的职责，而是儒家和士大夫的真正职责，所谓“天下兴亡，匹夫有责”。

顾炎武基于对传统政治治理模式的批判，提出“国家”与“天下”之不同的二元治理模式。无视天下民众福祉、只知盘剥民众、注重享乐，钩心斗角者，非亡国不可；只有关乎仁义道德、体恤百姓个人的民间社会（“天下”）才值得平民守护。他还将“仁义”作为“开放之天下”的根本，与一家一姓之“封闭政治之国家”相区别，作为对独裁专制的明代弊政的反思。他指出，所谓“国”，是“王室”“贵族”的国，而非民众的国。这就从根本上否定了“溥天之下，莫非王土；率土之滨，莫非王臣”的传统政治统治观念②。

正是在对封建专制政治批判的基础上，顾炎武提出了不同于政治治理的“兴天下”的治理思路。这一思路正是自孔子仁学提出以来，长期被汉学、理学所消解的天下治理观。正如《日知录》所说：“自天下为家，各亲其亲，各子其子，而人之有私，固情之所不能免矣。故先王弗为之禁。非惟弗禁，且从而恤之……合天下之私以成天下之公，此所以为王政也……此义不明久矣。”人各有私情，体恤百姓的私情，怀天下之私，才能凝聚起“天下之公”的王政。正所谓“古之圣人，以公心待天下之人，胙之土而分之国；今之君人者，尽四海之内为我郡县犹不足也……不知有司之官，凛凛焉救过之不给，以得代为幸，而无肯为其民兴一日之利者，民乌得而不穷，国乌得而不弱？”③

---

① 顾炎武．日知录：卷一三［M］．陈桓，校注．合肥：安徽大学出版社，2007.

② 西周实行分邦建国，周天子将土地分给子弟拱卫王室，周天子独尊天下。秦朝统一全国后，则设郡县，将统治全国的权力收归中央，建立起皇帝独尊的封建专制统治，继而将统治合法性建立在君权神授的基础上，将百姓置于完全的臣属地位，人民只能无条件听命于皇帝。以皇室一家掠取一国之利，早已抛弃了先贤爱惜百姓、体恤民情、以百姓之利为先的统治观念，这也正是顾炎武批判焦点之所在。

③ 顾炎武．顾炎武文集：郡县论一［M］．张兵，选注．苏州：苏州大学出版社，2001.

国家的治理只有在天下治理的逻辑之下才具有合理性，否则国家的治理将丧失合理性的基础。“国犹水也，民犹鱼也。幽王之诗曰：‘鱼在于沼，亦匪克乐。潜虽伏矣，亦孔之昭。忧心惨惨，念国之为虐。’”①“《天保》之诗皆祝其君以受福之辞，而要其指归，不过曰：‘民之质矣，日用饮食。群黎百姓，遍为尔德。’然则人君为国之存亡计者，其可不致审于民俗哉!”② 君主统治的合法性也应建立在仁德教化、爱护百姓的基础上，由一人之私推及国家之公，这与《孟子·离娄章句上》中的观点一致：“人有恒言，皆曰‘天下国家’，天下之本在国，国之本在家，家之本在身。”

天下即是传统之平民、近代之民众，仁学天下观实则是为了突破“道之以政，齐之以刑”的狭隘的政治治理，实现对国家治理的整体把握，使国家治理符合“视其所以，观其所由，察其所安”的逻辑理性，也符合“温故而知新”的经验传统。国家拥有领土，建立政权，形成统治秩序，拥有疆域，只能称为“有土”，还需要实现“民服”“民足”“民信”“民敬”“民善”，使民众衣食有余而知荣辱礼义，民众“有耻且格”，能够“兴于仁”，是谓“保民”。唯有土且保民，国家政权的合理性才算真正建立，国家的法统和道统才算真正建立。有土且保民，始可称为“保天下”。若仅仅有“有土”而“仁义充塞，而至于率兽食人，人将相食”，则愚民，国亡不远矣③。对于儒学而言，最基本的使命并非保国，而是保天下，保天下而后国存，所以才有“保天下者，匹夫之贱与有责焉耳”之说。

四、民兴于仁义：民治主体化在政治领域的突破

在传统大一统的政治治理中，最高统治者的治理合理性无法判断，只能求诸虚无的天道，而以天下之利迎合一己之私正是传统大一统治理中无法解决的致命缺陷。并且，这种自上而下的传统行政官僚治理无法行使有效的监督，真实的信

① 顾炎武．日知录：卷一［M］．陈桓，校注．合肥：安徽大学出版社，2007.

② 顾炎武．日知录：卷六［M］．陈桓，校注．合肥：安徽大学出版社，2007.

③ “有亡国，有亡天下。亡国与亡天下奚辨？曰：易姓改号，谓之亡国；仁义充塞，而至于率兽食人，人将相食，谓之亡天下。”顾炎武．日知录：卷一三［M］．陈桓，校注．合肥：安徽大学出版社，2007.

息无法在官僚治理中有效流转，于是谎言和贪腐成为传统大一统治理的痼疾[①]。

1945年抗战胜利前夕，黄炎培在造访延安期间向毛泽东直言："我生六十多年，耳闻的不说，所亲眼看到的，真所谓'其兴也勃焉''其亡也忽焉'，一人，一家，一团体，一地方，乃至一国，不少单位都没有能跳出这周期率的支配力……一部历史，'政怠宦成'的也有，'人亡政息'的也有，'求荣取辱'的也有。总之没有能跳出这周期率。"换言之，自秦汉以来的传统政治治理仍延续"道之以政，齐之以刑"的统治之术，使"民免而无耻"，御民、牧民之术的根本在于以愚民为基调，这种以政治社会为中心的统治不可避免地与民众脱节。对此，毛泽东的回答是：我们已经找到新路，我们能跳出这周期率，这条新路就是民主。只有让人民来监督政府，政府才不敢松懈。只有人人起来负责，才不会人亡政息。换言之，只有觉醒、觉悟之后的人民大众才是问题的解决之道，唯有人民的觉醒与觉悟才是走出历史周期率的唯一方法[②]。这一思路既取传统仁学之精华，也与现代社会的治理理念一脉相承。

西方现代社会的治理理念起源于文艺复兴，强调人的自然属性，正视人的欲望，认为人的自然本性受到了国家之恶的遏制。此处的国家已经从亚里士多德所谓的必要的"善的艺术"，发展成为霍布斯所谓的"必要的恶"，不能给社会成员提供足够的发展空间。国家作为限制人的发展之恶，必须受到限制，在必要情况下，消灭国家也是符合这一历史逻辑的。共产主义对国家的论述就延续了这样的思路，最终国家是作为恶被消灭了，而非作为善被保存下来。既然传统的"政治之善"在非城邦国家的条件下被普遍认为已不可得，那么寻求新的发展平台和空间就实属必要[③]。对此，亚当·斯密提出完全去政治化的、基于分工交易的纯粹市民社会的发展模式——市场经济。在市场经济中，基于分工与交易的契约而形成的自组织结构成为社会治理的基本框架，经济契约扩展到社会领域、政治领域，形成契约社会的思想，从而实现民间社会对政治社会的改造。从孔子解决礼崩乐坏的逻辑路径来看，仁学的逻辑路径与现代社会的逻辑路径具有相似性，如果以"视其所以，观其所由，察其所安"的逻辑理性来分析，则平民社会的自治是走出礼崩乐坏的唯一出路，只可惜，平民的自觉、自治路径在后来的传统演进中一度被严重忽略了。

---

① 沈敏荣．义的追寻：转型社会的社会正义形成原理［M］．北京：首都经济贸易大学出版社，2019.

② 沈敏荣．仁者无敌：仁的力量：大变动社会的生存之道［M］．北京：人民出版社．2015.

③ 沈敏荣．市民社会与法律精神：人的品格与制度变迁［M］．北京：法律出版社，2008.

新文化思想启蒙再一次见证了平民社会的自治所焕发出来的力量。陈独秀、李大钊等主要撰稿人在《新青年》上发出了时代呐喊：拥护“德先生”（民主），反对旧礼教、旧政治；拥护“赛先生”（科学），反对旧思想、旧文化。以陈独秀为旗手的先进知识分子，以《新青年》为主要阵地，掀起了对封建主义旧思想、旧文化、旧礼教的猛烈批判。李大钊在《新青年》上刊文《平民的胜利》指出：“我老老实实讲一句话，这回战胜的，不是联合国的武力，是世界人类的新精神。不是哪一国的军阀或资本家的政府，是全世界的平民。我们庆祝，不是为哪一国或哪一国的一部分人庆祝，是为全世界的平民庆祝。”“大家为抵抗这种强暴势力的横行，乃靠着互助的精神，提倡一种平等自由的道理。这等道理，表现在政治上，叫做民主主义……民主主义战胜，就是平民的胜利。”① 新民主主义革命之“新”就在于劳苦大众的觉醒，自此走上了历史舞台。陈独秀在《新青年》上提出平民社会新青年的六大标准：①自由的而非奴隶的；②进步的而非保守的；③进取的而非退隐的；④世界的而非锁国的；⑤实利的而非虚文的；⑥科学的而非想象的②。新青年之“新”，体现的正是民众的觉醒。新文化运动促进了民众的觉醒，也促使中国革命从旧民主主义向新民主主义转变。

中国的人口在20世纪四五十年代已达4亿之多，远非西方国家在现代化进程中的体量可比。实际上，美国在18世纪末独立之后建立现代国家的进程中，也对西方的传统理论进行了很大的创新并创立了联邦体制。中国既具有如此大的体量，又具有独特的东方文化，这些必然要求中国的现代化进程具有很大的创新性，而不能囿于西方的视野之中。

1940年1月9日，毛泽东在陕甘宁边区文化协会第一次代表大会上作了长篇演讲，题目是《新民主主义的政治与新民主主义的文化》。一个月后，这篇演讲先在《中国文化》创刊号上发表，稍后几天又在《解放》第九十八、第九十九期合刊上刊载，题目改为《新民主主义论》。《新民主主义论》开宗明义地提出“中国向何处去”的问题，毛泽东十分明确地回答：“我们要建立一个新中国。”他说：“我们中国共产党人，多年以来，不但为中国的政治革命和经济革命而奋斗，而且为中国的文化革命而奋斗；一切这些的目的，在于建设一个中华民族的新社会和新国家。”中国之“新”，新在以人民为本。

---

① 李大钊．平民的胜利［M］．北京：人民出版社，2006.

② 陈独秀．敬告青年［M］．北京：人民出版社，2013.

毛泽东从中国的历史和世界的历史出发，说明了五四运动和十月革命以后的中国民主主义革命已经不是旧的民主主义革命，而是新民主主义革命，即“在无产阶级领导之下的人民大众的反帝反封建的革命”。区别新、旧民主主义革命的根本标志，是无产阶级的领导权问题。在中国，无产阶级有了自己的政党——中国共产党，能够带领中国反帝反封建的民主革命取得胜利，这一思想解决了中国革命的根本问题。同时，中国革命依据自身的实践实现了理论创新，实现了马克思主义的中国化，这就是紧紧依靠农民，建立农村革命根据地，开展武装斗争，走以农村包围城市、最后夺取城市这样一条独特的革命道路。

五、新时代民主治理：对中华民族优秀民本思想的传承与创造

不论是新民主主义，还是后来的社会主义，都是为了实现民主治理，为了实现无产阶级的自我治理，这是人民的胜利。毛泽东描绘了新民主主义社会的蓝图：在政治上，要建立“无产阶级领导下的一切反帝反封建的人们联合专政的民主共和国，这就是新民主主义的共和国”。在经济上，要使一切“大银行、大工业、大商业归这个共和国的国家所有”；“这个共和国并不没收其他资本主义的私有财产，并不禁止‘不能操纵国民生计’的资本主义生产的发展”；“这个共和国将采取某种必要的方法，没收地主的土地，分配给无地和少地的农民”。在文化上，要挣脱帝国主义、封建主义文化思想的奴役，实行人民大众的反帝反封建的文化，即“民族的科学的大众的文化”。

之后的社会主义实现了以社会为本位的国家治理，人民当家作主，作为社会异化的阶级被消灭。社会主义要快速发展生产力，其目的是不断提高人民的生活水平，最终实现全体人民的共同富裕。《共产党宣言》指出，无产阶级取得政权后，要“尽可能快地增加生产力的总量”。马克思在《1857—1858 年经济学手稿》中写道，在未来的社会中，“生产力的发展将如此迅速……生产将以所有的人富裕为目的”。物质财富的匮乏是实现民众启蒙和民众自治的物质条件方面的限制，对此，马克思指出，社会主义要尽快发展生产力和实现共同富裕，将社会主义的根本任务和根本目的统一起来。马克思主张实行公有制，不仅是为了实现共同富裕，而且是为了解放被旧制度束缚的生产力。就资本主义制度来说，生产社会化和资本主义私人占有之间的基本矛盾表现为周期性的经济危机，而这阻碍了生产力的发展。实行公有制，消除这种矛盾，则可起到解放生

产力的作用。

习近平新时代中国特色社会主义思想牢牢抓住了以人民为中心这一中国式现代化的根本点，党的二十大报告深刻阐述了前进道路上必须牢牢把握的五条重大原则，其中第三条原则是："坚持以人民为中心的发展思想。"党的十八大以来，以习近平同志为核心的党中央始终把人民放在最高位置，推动改革发展成果更多更公平惠及全体人民，把 14 多亿中国人民凝聚成推动中华民族伟大复兴的磅礴力量。历史经验证明，中国共产党的发展壮大，体现了人民的伟力，是人民选择了中国共产党。"中国共产党之所以能够发展壮大，中国特色社会主义之所以能够不断前进，正是因为依靠了人民。中国共产党之所以能够得到人民拥护，中国特色社会主义之所以能够得到人民支持，也正是因为造福了人民。"① 因此，以人民为中心、一切为了人民的利益是共产党人的初心。"守初心，就是要牢记全心全意为人民服务的根本宗旨，以坚定的理想信念坚守初心，牢记人民对美好生活的向往就是我们的奋斗目标；以真挚的人民情怀滋养初心，时刻不忘我们党来自人民、根植人民，人民群众的支持和拥护是我们胜利前进的不竭力量源泉；以牢固的公仆意识践行初心，永远铭记人民是中国共产党人的衣食父母，共产党人是人民的勤务员，永远不能脱离群众、轻视群众、漠视群众疾苦。"②

实现中国式现代化和中华民族伟大复兴的根本就是人民的完全解放。"坚持以人民为中心的发展思想。维护人民根本利益，增进民生福祉，不断实现发展为了人民、发展依靠人民、发展成果由人民共享，让现代化建设成果更多更公平惠及全体人民。"③社会主义的精神正在于人民福祉的充分实现。"人民是我们党执政的最大底气，是党和国家最深厚的根基。历史教训深刻启示我们，一切脱离人民、偏离人民、背离人民的政治力量，终究会走到人民的对立面，失去人民的支持。要始终与人民同呼吸、共命运、心连心，始终保持党同人民的血肉联系。"④中国共产党的根本使命在于人民的解放和幸福。"每个共产党员都要弄明白，党除了人民利益之外没有自己的特殊利益，党的一切工作都是为了实现好、维护好、发展好最广大人民根本利益；人民是历史的创造者、人民是真正的英雄，必

① 2016 年 10 月 21 日，习近平总书记在纪念红军长征胜利 80 周年大会上的讲话。
② 2019 年 5 月 31 日，习近平总书记在"不忘初心、牢记使命"主题教育工作会议上的讲话。
③ 2022 年 10 月 16 日，习近平总书记在中国共产党第二十次全国代表大会上的报告。
④ 2020 年 10 月 29 日，习近平总书记在党的十九届五中全会第二次全体会议上的讲话。

须相信人民、依靠人民；我们永远是劳动人民的普通一员，必须保持同人民群众的血肉联系。”①

中国的市场化改革和政治制度改革的核心就是人民的利益。“人民对美好生活的向往就是我们的奋斗目标。我们要坚持以人民为中心的发展思想，抓住人民最关心最直接最现实的利益问题，不断保障和改善民生，促进社会公平正义，在更高水平上实现幼有所育、学有所教、劳有所得、病有所医、老有所养、住有所居、弱有所扶，让发展成果更多更公平惠及全体人民，不断促进人的全面发展，朝着实现全体人民共同富裕不断迈进。”② 全过程人民民主是社会主义民主的体现。“民心是最大的政治。我们党是全心全意为人民服务的党，坚持立党为公、执政为民，把人民对美好生活的向往作为始终不渝的奋斗目标。在近百年的奋斗历程中，我们党不仅是这么说的，也一直是这么做的。”③

民主是切切实实的中国式现代化和中华民族复兴的体现，并不是西方的专利，但中国的民主与西方的民主并不相同，不是基于西方的“三权分立”或是“社会契约”之上的“宪政”，而是有着鲜明的中国特色的。“以人民为中心的发展思想，不是一个抽象的、玄奥的概念，不能只停留在口头上、止步于思想环节，而是要体现在经济社会发展各个环节。要坚持人民主体地位，顺应人民群众对美好生活的向往，不断实现好、维护好、发展好最广大人民根本利益，做到发展为了人民、发展依靠人民、发展成果由人民共享。”④ “事实充分证明，做好党和国家各项工作，必须把实现好、维护好、发展好最广大人民根本利益作为一切工作的出发点和落脚点，更加自觉地使改革发展成果更多更公平惠及全体人民。只要我们始终坚持以人民为中心的发展思想，一件事情接着一件事情办，一年接着一年干，就一定能够不断推动全体人民共同富裕取得更为明显的实质性进展!”⑤

在中华民族走向民族复兴的今天，应动员一切可资利用的优秀传统资源，将其作为民族复兴的基础，传统的仁学、天下观等都值得我们学习和发扬。自孔子提出平民成士、礼乐自觉、仁义自治之后，平民社会的自组织形态形成，中华民

① 2019 年 5 月 31 日，习近平总书记在“不忘初心、牢记使命”主题教育工作会议上的讲话。

② 2018 年 5 月 4 日，习近平总书记在纪念马克思诞辰 200 周年大会上的讲话。

③ 2020 年 9 月 17 日，习近平总书记在基层代表座谈会上的讲话。

④ 2016 年 1 月 18 日，习近平总书记在省部级主要领导干部学习贯彻党的十八届五中全会精神专题研讨班上的讲话。

⑤ 2021 年 2 月 25 日，习近平总书记在全国脱贫攻坚总结表彰大会上的讲话。

族文明传承的自治思想也成为日后社会昌盛、民族繁荣的重要思想资源之一。这种传统与现代社会的市场自治和政治民主具有共同的愿景，可作为现代社会的重要传统之基。

元素融入与教学设计：法理学课程思政的体系展开

陈寒非*

一、思政背景

新形势下，如何加强大学生思想政治教育并对其进行正确价值引导，已经成为当前高等教育中重大且紧迫的问题。2016 年 12 月 7 日，习近平总书记出席全国高校思想政治工作会议并发表了重要讲话。习近平总书记强调，要用好课堂教学这个主渠道，各类课程都要与思想政治理论课同向同行，形成协同效应。

2020 年 6 月 1 日，教育部印发的《高等学校课程思政建设指导纲要》（以下简称《纲要》）指出，全面推进课程思政建设是落实立德树人根本任务的战略举措，课程思政建设是全面提高人才培养质量的重要任务，要“明确课程思政建设目标要求和内容重点”和“科学设计课程思政教学体系”。《纲要》对法学类专业课程的课程思政建设也提出了明确要求：“要在课程教学中坚持以马克思主义为指导，加快构建中国特色哲学社会科学学科体系、学术体系、话语体系。要帮助学生了解相关专业和行业领域的国家战略、法律法规和相关政策，引导学生深入社会实践、关注现实问题，培育学生经世济民、诚信服务、德法兼修的职业素养。”

2023 年 2 月，中共中央办公厅、国务院办公厅印发《关于加强新时代法学教育和法学理论研究的意见》，首次明确提出法学教育和法学理论研究的中长期目标，要求“把思想政治工作贯穿法学教育教学全过程，加强理想信念教育和社

---

* 陈寒非，首都经济贸易大学法学院副教授，法学博士。

会主义核心价值观教育，强化爱国主义、集体主义、社会主义教育，深入推进法学专业课程思政建设，将思想政治教育有机融入课程设置、课堂教学、教材建设、师资队伍建设、理论研究等人才培养各环节”。

法理学是法学专业的基础理论课程，在课程思政建设中需要发挥其基础性地位。本文结合教学实际，从课程思政元素、教案设计、教学方法和经验总结等方面体系化探讨法理学课程思政教学的模式，试图为法学专业研究生法理学课程思政建设提供参考。

二、课程简介

法理学是以“法理”为中心主题和研究对象的相关学术活动及其认识成果的总称。在学科意义上，法理学是法学的基础理论、一般理论、方法论和意识形态。作为现代法学教育体系的重要组成部分，法理学是教育部指定的法学类本科教学核心类课程。它阐述了社会主义法的产生、发展的历程以及社会主义法发展经验的总结；分析了社会主义法治建设发展的路径、困难及经验；深入研究了我国法治国家法治政府建设的法治环境、法律要素；论证了社会主义法与社会各方面建设的关系；介绍了法律方法、法律作用的运用及实效。本课程所用教材为马克思主义理论研究和建设工程（“马工程”）教材《法理学》(第二版)，共计15章。

本课程为法学专业研究生提供法学基础理论知识，为学生进一步学习部门法学打下基础；遵循从现象到理论、由具体到抽象的认知规律，培养学生对法律问题的分析能力和表达能力；通过课堂讲授传递现代法治观念、社会主义法治文化和理念，阐述习近平法治思想的核心内涵与要义。

本课程通过课程思政设计，重点引导学生学习、领悟党的二十大精神，阐述百年大党在革命、改革和治国理政中的成功经验，感悟领会党百年奋斗的光辉历程和伟大成就，感悟落实以史为鉴、开创未来的“九个必须”之根本要求，使学生坚定“四个自信”，为推进建构和完善中国特色法学学科体系、学术体系和话语体系作出应有贡献。

三、思政元素的挖掘与萃取

本课程尽可能从多个角度挖掘思政元素（在此仅列举部分思政元素）。

元素 1：习近平法治思想

党的十八大以来，习近平总书记从坚持和发展中国特色社会主义的全局和战略高度，定位法治、布局法治、厉行法治，创造性提出全面依法治国等一系列新理念新思想新战略，形成了习近平法治思想。习近平法治思想科学回答了 21 世纪中国法治进程面临的重大课题，标志着马克思主义法治思想的新飞跃，是 21 世纪马克思主义法治思想，是全面依法治国的根本遵循和行动指南。本课程将习近平法治思想作为重要指导思想，并将习近平法治思想中的“十一个坚持”贯穿授课全过程。

元素 2：马克思主义法理论

马克思主义法理学是马克思主义科学理论体系的有机组成部分。近代西方的经济、社会、政治、法律等诸方面因素和条件，为马克思主义法理学的形成与发展提供了广阔而坚实的基础。马克思主义法理学的形成，经历了一个辩证的发展过程。马克思法学思想的最初出发点是康德法学。1837 年夏秋之际，在同青年黑格尔派的接触中，马克思越来越认识到康德理想主义法学观的缺陷，从而在精神世界的风暴中，由康德主义转向黑格尔主义。1843 年夏秋之际，马克思撰写了《黑格尔法哲学批判》，第一次站在唯物主义立场上批判了黑格尔的唯心主义法学观，指出市民社会是国家和法律的前提和基础。1844 年初，在《论犹太人问题》和《〈黑格尔法哲学批判〉导言》中，马克思分析了资产阶级法律的历史局限性，指出了黑格尔法哲学的实质，并第一次指出无产阶级是能够实现人民革命的根本力量，无产阶级的历史使命是彻底废除私有财产制度，根本改变建立在私有财产制度基础上的国家制度。通过对上述文本和过程的讲解，使学生理解马克思从唯心主义法学观到唯物主义法学观、从革命民主主义到共产主义的转变过程。

元素 3：陈望道译《共产党宣言》的故事

2012 年 11 月 29 日上午，刚刚当选中共中央总书记的习近平在参观《复兴之路》大型展览时，指着一本泛黄的《共产党宣言》，生动地讲述了一个关于共产党人初心和信仰的故事：

一天，一个小伙子在家里奋笔疾书，妈妈在外面喊着说：“你吃粽子要加红糖水，吃了吗？”他说：“吃了吃了，甜极了。”结果老太太进门一看，这个小伙子埋头写书，嘴上全是黑墨水。结果吃错了，他旁边一碗红糖水，他没喝，把那个墨水给喝了，但是他浑然不觉啊，还说："可甜了可甜了。"这人是谁呢？就是陈望道，他当时在浙江义乌的家里，就是写这本书。于是由此就说了一句话：真理的味道非常甜。

笔者授课中在讲到马克思主义法学关于法的本质的论述时，会引用《共产党宣言》中关于法的本质的表述。在引用关于法的本质的马克思主义经典文本时，会穿插讲解陈望道先生翻译《共产党宣言》的故事并强调："真理的味道非常甜。"从而使同学们树立正确的人生观和价值观，向革命前辈学习。

元素 4：数字正义与智慧司法

2021 年 7 月 30 日，北京市委、市政府印发的《北京市关于加快建设全球数字经济标杆城市的实施方案》指出，充分发挥北京互联网法院的引领作用，强化知识产权保护，加快知识产权保护体系建设，加大打击侵权行为力度。

数字正义是人类进入数字社会阶段后对公平正义更高水平需求的体现，是数字社会司法文明的重要组成部分，是互联网司法的最高价值目标。数字正义以保护数字社会主体合法权益为出发点，以激励和保护数字经济依法有序发展为原则，以互联网司法模式的深度改革和高度发展为保障，以多方联动的数字治理为手段，从而满足数字经济高质量发展对司法的新需求，规范数字空间秩序和数字技术应用伦理，消减因数字技术发展带来的数字鸿沟，进而以实现数字社会更高水平的公平正义为目标。

马克思主义法学认为，法具有初级本质和深层次本质。法的初级本质，也称为法的阶级本质，即法是统治阶级意志的体现；法的深层次本质，指法的本质由特定社会物质生活条件决定，社会物质生活条件指与人类生存相关的地理环境、人口和物质资料的生产方式等，其中物质资料的生产方式是起决定性作用的内容。数字正义和智慧司法是社会主义法的本质的具体体现。信息技术的进步和生产方式的数字化变革，催生出互联网法院及智慧司法，从而让群众到感受到新时代的"数字正义"。

元素 5：人民法庭参与基层社会治理

党的二十大报告从国家安全体系和安全能力建设的层面对社会治理提出了更高的要求，未来将从制度建设、实现路径、治理平台、风险防控等方面进一步"完善社会治理体系"，最终建成"人人有责、人人尽责、人人享有的社会治理共同体"。在此背景下，人民法庭作为基层社会治理共同体中的重要法治型主体，

应进一步从风险防控和纠纷解决两个方面加强诉源治理建设，提升参与基层社会治理的能力。

笔者于2022年9月到北京市丰台区花乡法庭进行实地调研，其间开展访谈以收集经验资料，并在课堂上以这些田野调查资料为基础引入课程思政元素。花乡人民法庭的诉源治理经验展示了超大城市中的城区人民法庭参与基层社会治理的策略选择。目前，城市人民法庭诉源治理基本上覆盖了纠纷发生前后的全过程：纠纷发生前主要以风险预测为主，纠纷解决中以工作指引、联动治理、调解指导及裁判说理等方式为主，纠纷解决后则以司法建议等方式为主。从经验材料来看，城市人民法庭的诉源治理策略贯彻的是“政治-法律”“跨界-守界”的双重逻辑。“政治-法律”属于基层司法的一般性逻辑，其核心要义是人民司法的政法传统。在政法传统下，人民法庭承担着社会治理的重要使命和任务，必须服务于政治大局和中心工作，维系社会安全和稳定。同时，人民法庭在完成政治使命时又不能脱离法律专业本身，司法专业化的要求是其在参与基层社会治理时必须坚持法律主义原则。于是我们看到，人民法庭在风险防控和纠纷解决时都以专业性的法律建议为其逻辑起点，通过法律推动实现政治治理。“跨界-守界”是城市人民法庭参与基层社会治理的特定逻辑，其产生的前提是城市社会治理的复杂性，人民法庭必须通过跨界治理的方式突破既有边界，寻求与其他社会主体的合作，这也体现了当代城市治理中的整体主义要求。

四、思政元素融入课程教学的方案设计

（一）教学目标

通过本课程的学习，重点理解和掌握法的本质，特别是在与非马克思主义法学理论比较的基础上理解法的本质的理论。法的概念是法理学和整个法学的核心问题，也可以说是法的本体论问题。法理学只有科学阐释了法的概念问题，才能建立起相应的法学理论体系，并为进一步解决法学的所有问题提供理论前提。法的本质是理解法的概念的关键，涉及法与国家、阶级、社会物质生活条件等的关系。对法的概念和法的本质的回答历来是划分各种法学流派的主要依据和标准，也是马克思主义法理学区别于其他法理学的主要之处。

（二）教学内容

课堂教学围绕四个方面的内容展开：法的本质理论在法理学中的地位、有关法的本质的各种学说、马克思主义关于法的本质的学说及其分析、中国特色社会主义法治实践。教学重点和难点为：马克思主义法学关于法的双重本质的理论。课堂讲授内容和设计思路如下。

第一，西方非马克思主义法学家关于法的本质之论述。西方非马克思主义法学家关于法的本质之论述，主要包括意志说、命令说、规则说、判决说、行为说、社会控制说等。在讲授这些学说的基础上，笔者进一步指出，西方资产阶级法学关于法的本质的论述总体而言以唯心主义或形而上学为其哲学基础，具有形式主义或神秘主义的特点，其或仅从法的表面现象来论述法的本质，或从先验的精神世界去寻找法的本质，等等。

第二，马克思主义经典作家关于法的本质的论述。马克思主义经典作家认为，本质与现象是一对范畴。在法学领域，“法的本质”与“法的现象”也是一对范畴，它们分别从法的内部依据和法的外部显现两个方面揭示法的现象和本质。在此基础上分析马克思的经典作品《哲学的贫困》，讲解其中“无论是政治的立法或市民的立法，都只是表明和记载经济关系的要求而已”这一著名论断，从而分析马克思主义法学关于法的本质从唯心主义到唯物主义的转变。

第三，马克思主义法学与非马克思主义法学关于法的本质学说之比较。马克思主义经典作家关于法的本质的论述与资产阶级法学家关于法的本质的种种观点，形成了鲜明对照。①马克思主义经典作家的论述揭示了法与统治阶级的内在关系。虽然在资产阶级法学家的论述中，也都提到了法是意志的体现、法以利益为基础、法是调整社会关系的准则等，但这些论述都没有把法与统治阶级联系起来，并未揭示出法是统治阶级意志的体现，是以统治阶级利益为出发点和落脚点的，是站在统治阶级的立场，根据统治阶级的利益主张和价值标准来调整社会关系的，因而都没有抓住法的本质或实质。马克思主义经典作家的论述则做到了这一点，从而为人们理解法的本质提供了一把金钥匙。②马克思主义经典作家的论述揭示了法与国家的必然联系。法与国家的关系是法学的一个原则问题。这个问题不解决，就不可能科学地说明法的问题。资产阶级法学家则从来没有很好地解决这个问题，他们往往把那些与国家没有直接联系的社会规范（即并非出自国家的社会规范）当作法，从而混淆了法与非法的界限，同时掩盖了资本主义国家的

阶级本质。③马克思主义经典作家的论述揭示了法与社会生产方式的因果联系。资产阶级法学家往往在抽象的“人性”、“精神世界”或“权力意志”中去寻找法的本源。马克思主义经典作家则深入法的背后寻找法的本源，提示法的本质。

第四，马克思主义法学关于法的本质学说在中国特色社会主义法治实践中的体现。花乡人民法庭的诉源治理经验表明了“以人民为中心”的司法理念，其既有人民司法传统，又具有法律专业主义色彩，两者有机统一在“人民”的语境之中。在党的领导下，人民法庭通过跨界治理的方式突破既有边界，寻求与其他社会主体的合作，这也体现了当代城市治理中的整体主义要求。

教学内容的重点和难点包括两个方面：①马克思主义经典作家关于法的本质的论述，即如何理解马克思主义经典作家关于法的初级本质和深层次本质的论述；②马克思主义法学与非马克思主义法学关于法的本质学说之比较，即通过比较得出马克思主义法学关于法的本质论述的科学性。

（三）思政融入

如前所述，本课程在讲授过程中引入了习近平法治思想、马克思主义法理论、陈望道译《共产党宣言》的故事、数字正义与智慧司法（北京互联网法院）以及人民法庭参与基层社会治理等五个思政元素。具体引入路径如下。

第一，引入“习近平法治思想元素”元素。马克思主义法学认为，“法是统治阶级意志的体现”这一点是法的初级本质。此处的“统治阶级”，泛指在经济、政治、意识形态上占支配地位的阶级，在剥削阶级社会分别指奴隶主阶级、封建地主阶级、资产阶级，在社会主义社会则指全体人民。我国宪法规定，中国共产党领导是中国特色社会主义最本质的特征，中华人民共和国的一切权力属于人民。习近平法治思想把坚持党的领导作为决定全面依法治国政治方向的首要问题、中国特色社会主义法治道路的核心要义、全面依法治国的显著优势，旗帜鲜明地提出中国共产党的领导是我国社会主义法治之魂，是推进全面依法治国的根本保证，是我国法治同西方资本主义国家法治最大的区别。同时，习近平法治思想本质上是人民的理论，人民性是其鲜明的特征，人民立场是其根本政治立场。习近平法治思想始终坚持人民主体地位，把人民作为法治建设的主体，大力弘扬人民权益靠法律保障、法律权威靠人民维护的社会主义法治精神，强调法律为人民所掌握、所遵守、所运用。习近平法治思想之党的领导和人民性理论表明，在社会主义国家，“法是人民意志的体现”，这也正是社会主义法的初级本质。

第二，引入“马克思主义法理论”元素。在说明马克思主义法关于法的本质理论时，引用马克思主义经典作家关于法的本质的论述。例如，国家是统治阶级借以实现其共同利益的形式，这些“占统治地位的个人除了必须以国家的形式组织自己的力量外，他们还必须给予他们自己的由这些特定关系所决定的意志以国家意志即法律的一般表现形式”（出自《德意志意识形态》），以及“你们的观念本身是资产阶级的生产关系和所有制关系的产物，正像你们的法不过是被奉为法律的你们这个阶级的意志一样，而这种意志的内容是由你们这个阶级的物质生活条件来决定的”（出自《共产党宣言》）等。

第三，引入“陈望道译《共产党宣言》的故事”元素。如前所述，《共产党宣言》指出：“你们的观念本身是资产阶级的生产关系和所有制关系的产物，正像你们的法不过是被奉为法律的你们这个阶级的意志一样，而这种意志的内容是由你们这个阶级的物质生活条件来决定的。”在引入此经典文本时，穿插《共产党宣言》译本知识点，讲述陈望道全神贯注投入翻译《共产党宣言》时误将墨汁当红糖水蘸着粽子吃的故事，引申出“真理的味道是甜的”的结论，引导学生向革命前辈学习，树立正确的人生观和价值观。

第四，引入“数字正义与智慧司法（北京互联网法院）”元素。如前所述，马克思主义法的深层次本质理论认为，法的本质由特定的社会物质生活条件决定，社会物质生活条件指与人类生存相关的地理环境、人口和物质资料等生产方式，其中物质资料的生产方式是起决定性作用的内容。随着信息技术的进步和生产方式的数字化变革，法的内容和法的实施方式也相应产生了变化。近年来成立的北京互联网法院以及开展的智慧司法改革，就是为了让群众感受新时代“数字正义”。笔者以此为例来说明法的深层次本质问题，即社会主义法的深层次本质是由特定的社会物质生活条件决定的，社会主义国家数字技术的发展必然走向“数字正义”。

第五，引入“人民法庭参与基层社会治理”元素。运用“花乡经验”调研资料，讲授人民法庭如何参与基层社会治理问题。人民法庭被视为国家法治力量向基层社会延伸和渗透的重要支点，其社会治理功能要求其表现出能动的司法品格，以诉源治理的方式主动参与基层社会治理，构建多元化纠纷解决机制来化解矛盾，实现“案结、事了、人和”的法律效果和社会效果的统一。21 世纪初以来，关于人民法庭的系列改革基本围绕其社会治理功能与审判功能而具体展开，试图在两者之间寻求动态平衡。随着国家对治理体系和治理能力现代化建设的要求越来越高，人民法庭的社会治理功能也越来越得到彰显。因此，从人民法庭参与基层社会治理的经验材料分析中，可深入理解新时代中国特色社会主义法治建设的本质。

（四）教学手段与方法

1. 教学手段

第一，马克思主义法学关于法的本质的讨论较为抽象，学生往往难以理解和接受。为了解决此问题，笔者采取了文本导读的教学手段，即直接将马克思主义经典作家关于法的本质的经典论述原文摘录出来，并对经典文本进行导读和阐释。在解读过程中尽可能做到语言生动、深入浅出。

第二，对法的初级本质中的“人民意志”问题的理解是难点（尤其是其与习近平法治思想的人民性立场的结合）。为了解决此问题，笔者从习近平法治思想中关于人民性的表述入手，从宪法中的国体、政体等概念来切入，结合案例阐述习近平法治思想的人民性立场在我国社会法治实践（立法、司法）中的具体体现。

第三，对法的深层次本质中的“特定社会物质生活条件”的理解存在难度。为了解决此问题，笔者从北京互联网法院的创设、制度及既有案例入手，并重点解读《北京互联网法院审判白皮书》《数字正义视阈下的互联网司法白皮书》等文件，阐述数字技术对法律发展的影响以及在新时代中国特色社会主义法治建设中越来越多的“数字正义”。

第四，法的本质并非抽象，而是具体落实到了中国特色社会主义法治实践中。为了更生动地说明新时代中国特色社会主义法治建设的本质，笔者从调研照片、司法案例、采访笔记等资料入手，引入人民法庭参与基层社会治理的“花乡经验”，进而系统阐述中国特色社会主义法治实践的“人民”特质。

2. 教学方法

为了实现上述教学目标，本课程的教学方法如下。

第一，读文本。如前所述，将马克思主义经典作家关于法的本质的经典论述进行原文摘录，并对经典文本进行导读和阐释。在导读文本过程中，努力让学生理解经典文本中的相关内容，阐述文本中的微言大义；让学生参与讨论，在循循善诱中引导他们得出结论。

第二，讲故事。即将红色故事引入课堂知识点，让学生在红色故事中感受革命前辈的榜样力量，树立正确的人生观和价值观。

第三，举案例。列出具有说服力的案例，如以北京互联网法院为例说明数字正义的不断实现过程，说明党和国家是如何让人民群众在司法实践中感受到数字正义的。

第四，展示照片、视频等田野调查资料。在多媒体设备上展示照片、视频等田野调查资料，以直观表明基层司法的人民性，让学生深入理解中国特色社会主义法治实践。

（五）课程思政教学效果分析

“法的本质”这一知识点是马克思主义法理学中十分重要的内容，是区别马克思主义法学与非马克思主义法学的关键性理论。在法的本质的讲授中，需要与西方非马克思主义法学关于法的本质的学说进行比较，从而得出马克思主义法学关于法的本质论述的科学性。法理学课程内容较为抽象，理解亦有难度，尤其是在讲授过程中应避免简单说教，而是要以通俗易懂的方式让学生接受。法的本质的双重性理论十分重要而又有难度，为此十分需要引入课程思政元素加以阐释。

马克思主义法学认为，在法的意志性与社会物质生活条件制约性的关系上，法律是统治阶级意志的体现，而统治阶级的意志归根结底又是由其社会物质生活条件决定的。本课程通过文本导读、讲故事以及举案例等方式引导学生更好地理解法的本质的双重性，使学生对新时代中国特色社会主义法治建设有更深刻的理解，同时树立正确的人生观和价值观，从而培养新时代大学生的政治认同、文化自信和制度自信，积极为中国特色社会主义法治建设贡献力量。

五、总结与展望

本课程在课程思政建设上已开展了较为系统的探索，形成了一系列研究成果。但由于课程知识点较广，课程理论性较强，今后还需要持续推进建设。本课程的持续建设计划主要如下：一是持续系统推进法理学课程思政建设，即从知识点分析、思政元素、教案编写、教学方案等方面推进课程思政建设；二是持续提升法理学课程思政教学水平，即从教学技巧、教学能力等方面提升课程思政教学水平，真正做到润物无声；三是持续动态挖掘课程思政元素，即持续追踪法学理论前沿和热点问题，与时俱进挖掘课程思政元素，以尽可能丰富本课程的思政内

容；四是持续总结概括本课程思政教学经验，即在课程教学过程中进行集体备课，总结提炼概括课程思政教学经验。

本课程已对法理学课程思政开展了较为系统的探索，在今后持续推进课程思政建设过程中需要进一步解决如下问题：一是进一步发挥法理学课程思政在法学课程思政建设中的基础性作用。法理学是法学专业的基础理论课程，在课程思政建设中需要发挥其基础性作用。在法理学课程思政建设中仍存在认识不足的情况，需要进一步统一思想，提高认识。二是进一步深入挖掘课程思政元素。当前课程思政元素的挖掘尚有提升空间，需要在现有基础上进一步优化，形成更符合教材特点和学情特点的思政元素体系。三是进一步改进教学方式和方法。当前课程思政教学方式和方法较为单一，需要在现有基础上进一步改进和优化，形成丰富多样的教学方法。四是进一步提炼可复制、推广的教学模式。当前对课程思政教学模式的总结还不够，需要在教学实践基础上进一步加以总结概括。

研究生法律职业伦理课程思政建设的若干思考

张　建*

坚持建设德才兼备的高素质法治队伍是习近平法治思想的重要内容。习近平总书记多次强调，全面推进依法治国，建设一支德才兼备的高素质法治队伍至关重要。法治人才培养上不去，法治领域不能人才辈出，全面依法治国就不可能做好。在习近平法治思想的指引下，筑牢法学教育立德树人的根基，方可有效发挥高校作为法治人才培养第一阵地的作用。2018 年，教育部、中央政法委发布了《关于坚持德法兼修 实施卓越法治人才教育培养计划 2.0 的意见》，其中将“厚德育”摆在了 8 项改革任务的首位，并提出要实现法律职业伦理教育贯穿法治人才培养全过程，面向全体法学专业学生开设法律职业伦理必修课。《法学专业类教学质量国家标准》将法律职业伦理课程列为 10 门专业必修课之一。相比民法、刑法、国际法等法学专业课，法律职业伦理课程自设置之初即承载了思政育人的使命，在教学目标、教学理念等方面凸显了道德与法律的深度交融，在法学课程教学中发挥了强化职业操守的基础性功能。目前，在国内的法学院系中，法律职业伦理不仅被列入法学专业本科生的人才培养方案，而且也是法学专业研究生人才培养方案中的必修课。从人才培养的层次和目标来看，研究生教学与本科生教学有着不同的定位，二者在教学内容、教学手段、教学目标等方面存在差异。通过提炼研究生法律职业伦理课程的特色及教学重难点，可以更好地实现良法善治与立德树人的深度融合。本文旨在对研究生法律职业伦理课程教学的现状进行考察，总结并梳理该课程教学中存在的问题，从而提出完善建议。

---

* 张建，首都经济贸易大学法学院副教授，硕士生导师，法学博士。

一、研究生法律职业伦理课程思政的现状

（一）法律职业伦理课程的教学目标

法律是治国之重器，良法是善治之前提。加强涉外法治人才培养，建设一支通晓国际法律规则、善于处理涉外法律事务的法治人才队伍，是以习近平同志为核心的党中央关于新时代全面依法治国的重要决策部署。习近平总书记在中央全面依法治国委员会第二次会议上强调“专业人才培养要跟上”，在十九届中央政治局第三十五次集体学习时再次强调“要加强涉外法治人才建设”。不论是建设更高水平开放型经济新体制，推动贸易和投资自由化、便利化，还是积极参与全球治理体系改革和建设，在很大程度上都有赖于一大批高素质的涉外法治人才。法学院校是培养法治人才的第一阵地，在法治人才培养中发挥着基础性、先导性作用。在全面依法治国新征程上，法学院校要坚持以习近平法治思想为指导，从培养导向、知识体系、能力素质、培养模式等方面入手进行深入探索，努力培养一大批堪当新时代涉外法治工作重任的优秀法治人才。法律职业伦理课程作为法学专业研究生人才培养中的一门必修课，旨在实现以下教学目标：第一，坚定法科学子的理想信念，落实立德树人根本任务，强化思政铸魂功能，扎实推进习近平法治思想进教材、进课堂、进头脑，提高法治人才运用习近平法治思想观察、分析、处理复杂法律问题的能力。第二，塑造德才兼备的优秀品质。使学生在日常学习中感受道德伦理在法学研究、法治工作中的重要性；引导学生更多参与法律咨询、普法宣传、法律援助等公益服务，使学生在实践活动过程中增强社会责任感和正义感。

（二）法律职业伦理课程的教学理念

法律职业伦理课程在培养学生具备崇高的法律职业信仰，依法办事、正确履行职责、恪守职业道德、遵守职业纪律，成为德法兼修的法治人才过程中具有不可替代的作用。通过深入学习法律职业伦理，研究生既可为未来的法律从业奠定良好的道德基础，亦可为后续的学术研究确立正确的价值导向，形成明法笃行的法治信念。在教学中，授课教师应立足各章节内容，通过引入一系列正面、反面案例，使学生深刻感受道德与法律的充分交融。一方面，用脚步丈量祖国大地，用眼睛发现中国精神，用耳朵倾听人民呼声，用内心感应时代脉搏，从而感悟我国法治建设的成就，增强作为一名法律人的光荣感和使命感，并将此贯穿学业全过程、融汇于事业追求中。另一方面，在当前中国的法治进程中，政法系统反腐力度持续加大，各级纪检监察机关聚焦扫黑除恶专项斗争第一线，立案审查、调查涉及公检法司等部门的案件，这无疑为未来的法律从业人员敲响了警钟。通过这门课程的教学，法科生要明白自己该做什么，不该做什么，要知深浅、明是非、懂廉耻、知轻重，吸取他人教训，坚持防微杜渐，时刻为自己敲醒警钟，筑牢法律职业道德的防线。

（三）法律职业伦理在培养方案中的定位

首都经济贸易大学法学院在法律职业伦理研究生课堂教学中有效利用了“双师同堂”的人才培养机制，将理论研究和实践培养共同纳入这门课程的教学与考核环节，力求打造法律硕士研究生求真务实的扎实功底。在课程安排上，法律职业伦理教学充分利用学校的实践导师机制，与国内法院、检察院、司法行政部门以及律师事务所、企业等实际工作部门，以及联合国相关机构、其他国际组织等展开深度合作，通过把优质实践教学资源“引进来”和学生到这些部门、机构、组织去实习等“走出去”方式，全方位提升学生的专业技能、实操能力和实务经验。

二、研究生法律职业伦理课程的思政元素及融入方式

提取课程思政元素，探索思政元素与课程教学内容的融入方式，是开展课程思政的前提。为此，教学团队需要不断加强思想政治学习，提升自身思想政治素养，有针对性地总结、敏锐地捕捉法律职业伦理课程中的思政元素。通过参与研究生法律职业伦理的授课，笔者重点提取了以下思政元素。需要指出的是，在教学中，应尽可能采取“润物无声”的方法，将思政元素贯穿教学安排始终，运用隐性手段，以产生更强的渗透性。

元素1：依法治国、德法兼修

融入方式：对“推进法治中国建设需要以构建法律职业共同体为前提”展开分析。

习近平总书记曾多次强调，全面推进依法治国需要培养大批“德法兼修”

的高素质法治人才。构建法律职业共同体是推进法治中国建设的重要前提和保障。因此，在提高学生法学知识水平的同时，也要注重培养学生的思想道德素养和法律职业认同感。应通过启发学生思考法律职业共同体的内涵与作用以及建构法律职业共同体的基本要求，树立学生的法治信仰和正义理念，促使“法律知识传授”与“职业伦理培养”无缝对接，培养学生的基本素养与品格，促使学生形成正确的法律职业伦理观念，最终实现培养“德法兼修”社会主义法律人才的目标。

元素 2：家国情怀、公平正义

融入方式：重点讲述优秀涉外法治人才需要具备的家国情怀与责任担当。

加强法律职业伦理的教育也是法律职业公共属性的需要。法律职业兼具技术性和公共性之双重属性。法律职业致力于对社会公共利益和公平正义的维护。法律职业群体往往在公共事件和社会进步中扮演着重要的角色，不论是法官、检察官还是律师，都是法治社会重要的促进力量。法律职业的公共性要求法律人具有公德。一个合格的法律人要有家国情怀，要有社会责任担当。因此，法学教育必须注重法律职业伦理的培养，以满足法律职业公共属性的需要。

元素 3：“四个自信”、司法为民

融入方式：引导学生思考法律职业的特点，增强对法律职业共同体的认同感。

在学习法律职业共同体与职业伦理这一部分内容时，应使学生充分认识法律职业共同体的专业性和凝聚力，培养学生的法治思维和法治信仰；使学生理解法律职业必须坚持以习近平法治思想为指导，坚持正确政治方向，把满腔热忱投入社会主义法治国家建设中；紧扣国家治理体系和治理能力现代化，紧贴民需、不断增强人民群众的法治获得感；秉持共同增强走中国特色社会主义法治道路的理念和维护公平正义的信念，强化交流互动，深化探索实践，合力构建良性互动、规范有序的新时代法律职业共同体。

元素 4：维护公共秩序、坚守法治底线

融入方式：以案释法，通过正面案例与反面案例展现法律职业从业者不可突破的底线。

法律职业伦理和法律职业道德属于两个不同的概念，法律职业道德属于主观法则，法律职业伦理属于客观法则，法律职业伦理关系是法律职业伦理的载体，是在法律职业活动中形成并由法律职业行为规范予以调整的社会关系。具体来说，法律职业伦理主要包括三个方面，即法律职业伦理关系、法律职业伦理观念和法律职业伦理规范。新时代的律师是中国特色社会主义法律工作者，当然要精通法律，当然要以事实为根据、以法律为准绳，当然要维护当事人的合法权益，当然要维护法律的正确实施，当然要维护社会的公平正义。这是律师必须遵守的职业伦理，也是律师应尽的职责和义务，更是律师务必坚守的职业底线。要守好这个底线，就不能逾越最基本的做人准则和法律红线。

元素 5：文明诚信、言出必践

融入方式：重点讲解加强律师行业诚信建设的重要性和监督机制。

诚信是中华民族传统美德的内在要义，也是立国立民之本。古语云：人无信不立，业无信不兴，国无信则衰。由此可见，诚实守信对一个人、一个行业、一个国家是多么的重要。有鉴于此，当代青年应该率先讲诚信、守信诺，这一点对于法科生而言尤其重要。随着我国社会主义市场经济体制的确立和完善，律师行业需要以更加出色的业务水平和道德水准为各市场主体提供优质高效的法律服务，促进社会信用体系建设。自中华全国律师协会出台《关于进一步加强以诚信建设为重点的律师行风建设的意见》以来，全国各地采取多种措施不断加强律师诚信建设，树立律师队伍良好行风。面对新时代对律师工作的新要求，需要进一步加强律师行业诚信建设，通过提高对法律的诚信、对人民的诚信、对国家和社会的诚信，不断提高律师行业的社会诚信度，促进公正司法。当然，要加强律师行业诚信建设，应从机制保障、行业自律和社会监督三个方面共同发力。

元素 6：公正廉洁、严谨勤勉

融入方式：法官要将公正廉洁作为基本的道德准则。

“公正廉洁”一词，出自清朝史学家昭梿的《啸亭杂录 · 金元史》：“劾其贪酷诸款，而后又言其公正廉洁、惜名器、重士节诸语。”意指廉洁奉公，不徇私情。要做到公正廉洁，就要提高自身的职业道德修养。古人云，“修身齐家治国平天下”。法官是守护正义的卫士，从事的是神圣的职业，他们肩负着法律的庄严，肩扛着社会的公正。法官要对法律忠诚，要对人民忠诚，用兢兢业业的工作撑起司法审判的脊梁。一纸裁判是关系每一位当事人命运的大事，司法的公正应当是法官孜孜以求的目标。如果说法院是社会正义的最后一道防线，那么法官便是这道防线的守门人。司法审判权来源于国家和人民，作为社会各种矛盾纷争的终局裁判者，当以法官的形象出现时，从业者已远远超越了小我，成为正义的化身、公正的天使、社会的良心。无疑，公正廉洁这一要求对于检察官而言同样适用。

三、研究生法律职业伦理的教学重难点

（一）法律职业伦理总论：道德义务的法律化

从党的二十大报告可知我们党对法治建设、道德建设高度重视，并为新时代的道德伦理建设指明了方向。党的二十大报告特别指出，法治社会是构筑法治国家的基础。弘扬社会主义法治精神，传承中华优秀传统法律文化，引导全体人民做社会主义法治的忠实崇尚者、自觉遵守者、坚定捍卫者。要提高全社会文明程度，实施公民道德建设工程，弘扬中华传统美德，加强家庭家教家风建设，推动明大德、守公德、严私德。

法律职业伦理的教学，大体上可分为“总论”与“分论”两个层面，前者侧重于道德义务法律化的基础，旨在从抽象到具体，从概念和原理层面解释法律职业、法律职业伦理及其基本原则等关键问题。值得注意的是，对总论的教学，要实现从民法、刑法、行政法、诉讼法等部门法知识向法律实践运用的跨越，从法律职业的角度来认识法律中的道德命题，这既不是对法理学知识的照搬，也不是将伦理学知识与部门法知识硬性拼接，而是立足中国法治建设的现实情况，用经典涵养正气、淬炼思想、升华境界、指导实践。例如，在法律职业伦理基本原则的教学中，应特别注重与突出以下内容：坚持以社会主义核心价值观为引领；拥护中国共产党的领导和社会主义制度；维护法律正确实施，维护社会公平和正义；维护当事人合法权益；依法独立履行职责；维护法律职业尊严与荣誉；权责相适。

（二）法官职业伦理：社会公正的最后一道防线

习近平总书记指出，全面依法治国是国家治理的一场深刻革命，关系党执政兴国，关系人民幸福安康，关系党和国家长治久安。必须更好发挥法治固根本、稳预期、利长远的保障作用，在法治轨道上全面建设社会主义现代化国家。

在全面依法治国方略的指引下，我国的法官职业道德建设取得了令人瞩目的成就，制定了法官法、法官职业道德基本准则等重要的规范，落实了法官惩戒制度，树立了一批优秀法官典型，规范了司法行为，培养了现代司法道德观念。但

不可否认，在司法实践中，仍然存在司法腐败、司法不公等问题。通常认为，法官要具备“谦恭地听，睿智地答，审慎地想，公正地判”等美德。根据最高人民法院发布的《中华人民共和国法官职业道德基本准则》，法官职业道德的核心是公正、廉洁、为民，基本要求是忠诚司法事业、保证司法公正、确保司法廉洁、坚持司法为民、维护司法形象。

（三）检察官职业伦理：积极守护法律秩序与社会正义

检察官是依法行使国家检察权的检察人员，包括最高人民检察院、地方各级检察院和军事检察院等专门人民检察院的检察长、副检察长、检察委员会委员、检察员和助理检察员等。检察机关一贯高度重视检察官职业伦理和职业道德建设。2016 年，最高人民检察院通过《中华人民共和国检察官职业道德基本准则》，明确了检察官职业道德的核心要素：第一，坚持忠诚品格，永葆政治本色；第二，坚持为民宗旨，保障人民权益；第三，坚持担当精神，强化法律监督；第四，坚持公正理念，维护法制统一；第五，坚持廉洁操守，自觉接受监督。

与法官、公证员、律师、仲裁员等法律职业相比，检察官的工作具有以下突出特点：一是主动性。检察机关在维护国家法制中是积极而活跃的。其职能活动，不论是侦查起诉，还是实施监督，都具有主动性的特征。二是专门性。检察活动应当由专门的国家机关从事，国家通过法律赋予特定的国家机关检察职权，履行检察职能。在我国，法律规定专门设立检察机关，由检察机关统一行使检察职权，除了检察机关，其他任何国家机关、社会组织和个人都不能行使检察职权，不能进行检察活动。三是独立性。检察活动遵循以检察院为主体、以职能的专门性为特点的规律，由检察机关独立公正地行使检察权，不受任何机关、社会团体和个人的干涉。四是规范性。检察工作应当严格依法进行，检察机关只能在法律规定的范围内，运用法律规定的手段，并依照法定的程序进行检察，不得任意扩大检察工作的范围。五是强制性。在检察活动中，检察机关通过职务犯罪侦查、审查批捕、审查起诉、抗诉、纠正违法和检察建议等多种手段，给被检察的对象施加一种国家的控制力量，使其按照法律规定和要求的方向从事行政、司法及其他行为。检察活动必然会产生具体的法律后果，有关部门必须认真执行或受理。检察的强制性是通过被检察对象的法定义务来实现的。被检察对象不论愿意、接受与否，都必须按照检察机关的要求履行相应的义务。

（四）律师职业伦理：肩负起维护公平正义的社会责任

律师是指依法取得律师执业证书，接受委托或指定，为当事人提供法律服务的执业人员。律师须通过法律职业资格考试并依法取得律师执业证书方可执业。按照工作性质划分，律师可分为专职律师与兼职律师；按照业务范围划分，律师可分为民事律师、刑事律师和行政律师；按照服务对象和工作身份划分，律师可分为社会律师、公司律师和公职律师。律师业务主要分为诉讼业务与非诉讼业务。律师在执业活动中，应严格遵守职业伦理和职业道德，其最直接的法律依据是律师法、法律援助法，以及中华全国律师协会制定的《律师执业行为规范》。概括而言，律师职业道德的基本规范涵盖以下内容：忠诚、诚实守信、勤勉尽责、公平正义、维护律师职业声誉、保密、尊重当事人、正当竞争、践行公益等。

相比其他的法律职业，律师职业既是多面体，又是聚焦镜。之所以称其为多面体，是由于在实际开展律师工作的过程中，这一职业会展现出不同的形式、不同的内涵，给从业人员带来丰富的实践感受。要想在律师行业取得成就，既需要长期投入，又需要用心感受、思考、探索、研究。

与此同时，律师职业又是聚焦镜，社会上的人生百态、世情冷暖、矛盾纷争，都集中于律师的日常工作中，律师办理的每一起案件、处理的每一起纠纷，都不是孤立的，而是与特定的社会关系、利益关系紧密联系在一起的。近年来，社会上出现了不少律师违背职业伦理提供法律服务的负面案例，成为课程教学中的一手素材。例如，现实中存在不少律师代理不尽职、唆使当事人作伪证、不当“勾兑”法官、损害当事人利益等现象，暴露出部分律师从业人员突破了法律职业伦理的底线，将本该尊重的事实、法律、道德抛于脑后。为此，最高人民法院、最高人民检察院、司法部联合制定了《关于建立健全禁止法官、检察官与律师不正当接触交往制度机制的意见》。结合这些案例及相关规定，教师应在课堂上突出律师从业者诚实守信、勤勉履职的重要性。

（五）仲裁员职业伦理：捍卫仲裁制度的社会公信力

根据当事人签订的仲裁协议，仲裁员所组建的仲裁庭取得仲裁权。根据权责一致原则，为防范仲裁员滥用仲裁权，立法中对仲裁员设定了相应的义务，司法中则对仲裁员的仲裁活动进行了必要的监督和制约。与其他法律职业相比，仲裁员职业伦理体现于多个方面，包括但不限于当事人施加的契约义务、法律设定的注意义务、仲裁规则要求的独立性及公正性、仲裁员行为守则设定的道德义务等。

在国际商事仲裁领域，学术界普遍认为，仲裁员与医生、审计员、建筑师、工程师等专业人士一样，在从事专业工作时，应格外小心，符合职业上的注意标准。面对当事人的选任，如果仲裁员不能确保足够的时间和精力处理案件，则原则上有义务拒绝接受任命。一旦仲裁员接受了任命，就在整个仲裁程序进行期间负有遵循职业伦理的道德义务。在大陆法系国家，常常把这类道德标准称为仲裁员之“道义学”（deontology）。一些国家的仲裁行业协会以及国际组织试图就国际仲裁领域通行的职业伦理进行探索，从而形成某些可被普遍认可的行为准则，并将仲裁员的道德标准成文化。例如，美国律师协会与美国仲裁协会已于1977年制定了供其国内仲裁员参照的道德准则，国际律师协会则专门为国际仲裁中的仲裁员利益冲突问题拟定了指导准则。

就内容来看，仲裁员职业伦理除了对实际的、明显的偏私做出界定外，还涉及仲裁员与当事人的交往、仲裁程序进行期间及裁决做出后的保密义务、针对可能有损仲裁员独立性或公正性的事项进行披露的义务、当事人对仲裁员提出异议及申请回避的具体程序等。这些举措无疑有益于促进仲裁制度之社会公信力的建设。

当前，我国已经成立了中国仲裁协会，正在就仲裁员独立性及公正性问题展开专门研究。一方面，应从法律义务和伦理道德两个层面向仲裁员施加责任，防止其滥用职权；另一方面，必须确保仲裁员能正常履行职责、推进仲裁程序而不必担心遭受到当事人的不当攻击，并应避免当事人恶意拖延仲裁程序。如何在商事仲裁的公正与效率两个价值取向之间寻求平衡，是仲裁员职业伦理建设中需要深入思索的论题。

四、完善研究生法律职业伦理课程教学的建议

（一）采取师生同堂，促进教学相长

法律职业伦理课程与其他的部门法课程在定位上存在一定区别，且前者蕴含着更加丰富的思政元素，在培育品德过关、素质过硬的法律从业者之中起着关键

作用。在开展这门课程的教学中，尤其应当体现教师的主导作用和学生的主体地位。事实上，本课程教师既属于法律教育从业人员，又属于法律相关职业工作者，故而需要同时遵循教师职业伦理和法律职业伦理；法学专业的研究生则是未来的法律从业者，教师与学生在法律职业伦理这门课程中处于共同学习的状态，采取师生同堂能够更好地促进教学相长。具体来讲，一方面，教师要具备良好的道德品行，在此基础上才能使其“传道、授业、解惑”的行为得到学生的认可，通过“身正为范、德高为重”切实发挥表率作用。另一方面，教师应当深入研究法学专业课程思政的有效实现形式，将思想政治教育融入法学专业课程教学的各个领域，在授课方式上进行必要创新，通过布置阅读材料和口头汇报等作业，激发课堂活跃度，形成寓教于乐的良好氛围。

（二）优化教学内容，提升课程的育人效果

在研究生培养中，教学与科研往往同步进行。不同于本科生，研究生在攻读硕士学位前对法学知识体系已经形成了初步的认知，因此教师在课堂教学中应重在引领而非“填鸭式”讲授。对法律职业伦理这门课程而言，仅仅对教科书内容进行细致的讲解并不是最理想的教学手段，授课教师需要与时俱进，不断优化教学内容，促进法学课程教学的融合创新，尤其要在深度融合、系统融合等方面狠下功夫，将其纳入三全育人当中，推动法学专业课程思政的创新发展。特别是，要结合学生的实际情况，有针对性地开展思想政治教育，尤其要将思想政治教育融入法学专业课程教学之中，着眼于解决学生价值取向功利化、价值目标短期化、价值主体自我化等诸多不良倾向，并从意识形态的角度对学生进行持续引导，以此达到“润物无声”的目的。在促进法学专业课程思政融合创新等方面，也要进一步强化实践育人的有效功能和作用，促进文化育人的与实践育人的深度融合，加深学生对“依法治国”和“以德治国”的理解和认识。

（三）强化以案释法，促进伦理与法治相融合

法律秩序运作的基本模式有两种：一是规则本位的，即成文法体系；二是法官本位的，即判例法体系。不论采取哪种模式，从法律面前人人平等的原则出发，实践中都会把同案同判作为司法公正的主要标准，这就势必最终导向对既有判例的尊重。需要指出的是，我国虽然是成文法国家，并没有形成严格意义上的判例法制度，但近年来，案例在我国司法实践中已经有了越来越重要的影响。自

进入21世纪以来，通过典型案例、参考案例、指导性案例等形式和实践经验的累积，我国法院逐步形成了具有鲜明特色的以案例指导司法的制度。2010年11月26日最高人民法院发布《关于案例指导工作的规定》，2015年6月2日又公布了该规定的实施细则，标志着案例指导制度的正式确立和定型。

当然，现在推广的案例是最高人民法院从各地报送和推荐的实例中筛选出来并进行加工处理后，由审判委员会审定并发布的，这显然与法学界通常所说的先例或者判例不同。在我国，指导性案例不是裁判根据，而只能作为判决理由；可以参照适用，却没有规范的拘束力。诚然，指导性案例也具有统一司法尺度的作用，但其主要体现为精选样板、加工判文所发挥的示范意义。

在法律职业伦理领域，也已经积累了相当丰富的案例，其中有不少案例产生了广泛的社会影响，如律师李某伪造证据及妨害作证案、最高人民法院原副院长奚某某受贿案、最高人民法院原法官王某某受贿及非法获取国家秘密案等。为此，中共中央纪律检查委员会、国家监察委员会、最高人民法院、最高人民检察院、司法部、中华全国律师协会等就一系列典型案例进行汇编并向社会公布，如最高人民检察院发布的《检察人员违反“三个规定”典型案例》。这些案例对法律职业从业人员起到了警醒和教育作用，如果能够将其引入研究生法律职业伦理的课堂教学之中，将更好地实现伦理与法治的融合。

经济法语境中的课程思政建设

胡　翔*

一、开展经济法课程思政的背景

（一）经济法治建设

21世纪以来，新一轮科技革命加速发展，世界格局发生重大调整，国际力量对比出现趋势性的变迁。党的十八大以来，以习近平同志为核心的党中央不断完善社会主义市场经济法治体系，加快法治经济和法治社会建设。在习近平法治思想引领下，全面依法治国实现大跨越、大发展、大进步，逐步形成以法治护航民营经济健康发展和民营经济人士健康成长的新格局，民营经济发展的法治环境、市场环境显著优化，民营企业守法遵规、改革创新的意识不断增强。

在错综复杂的国际形势下，以习近平同志为核心的党中央带领全国人民努力奋进，我国经济结构得以优化，发生了深层次、根本性的历史变革。党的二十大报告提出要加快构建“双循环”新发展格局。在宏观经济法治建设方面，要平等保护各类市场主体、保障市场化资源配置、维护公平自由的市场竞争、完善宏观经济调控。

（二）经济发展质量

经济发展质量是对国家和地区经济发展状况的综合评价，它从民众生活和社会活动的角度衡量由经济发展带来的变化，从而表征该国家或者地区经济发展的

---

* 胡翔，首都经济贸易大学法学院讲师，硕士生导师，法学博士。

综合情况，而非仅仅关注经济总量。

党的二十大提出“高质量发展是全面建设社会主义现代化国家的首要任务”，即我国将以高质量发展推进中国式现代化。展望未来，经济高质量发展既面临新挑战，也被赋予了新任务。2022 年，我国经济发展面临疫情侵袭、国际局势风云突变和高温干旱等多重压力。在党中央的坚强领导下，通过疫情防控、积极有效的政策托底和国内完整的产业链与统一大市场的支撑，我国经济总体实现了“弱企稳”态势，但仍旧面临需求收缩、供给冲击和预期转弱的局面，亟待改善社会心理预期，提振发展信心。

当前，我国发展进入战略机遇和风险挑战并存、不确定难预料因素增多的时期，各种“黑天鹅”“灰犀牛”事件随时可能发生。一方面，世界百年变局加速演进，新一轮科技革命和产业变革深入发展，国际力量对比深刻调整，我国发展面临新的战略机遇。另一方面，逆全球化思潮抬头，单边主义、保护主义势头明显上升，世界经济复苏乏力，局部冲突和动荡频发，全球性问题加剧，世界进入新的动荡变革期。目前，我国经济发展动力不足的本质原因是“两个循环”的动能切换还未完成，正处于国际和国内经济动能同时加速进入结构转换的时期。

对此，我国坚持以推动高质量发展为主题，把实施扩大内需战略同深化供给侧结构性改革有机结合起来，增强国内大循环内生动力和可靠性，提升国际循环质量和水平，加快建设现代化经济体系，着力提高全要素生产率，着力提升产业链供应链韧性和安全水平，着力推进城乡融合和区域协调发展，以推动经济实现质的有效提升和量的合理增长。

（三）经济法教育

经济法在我国被定义为调整宏观经济调控关系和市场规制关系的法律规范的总称。目前，我国经济建设已经进入“稳字当头、稳中求进”的发展阶段。“个税改革”“双碳承诺”“高质量发展”等新型国家战略与政策相继出台，与其相对应的经济法治建设亦处于加速蜕变期，因此亟待加快完善高质量法律人才培养方案以满足现实需求。

高校是孕育人才的摇篮，面对复杂的后疫情时代，加强对人才的责任感与使命感培养是保证其人才质量的重要措施。然而，当前大学生对社会不关心、“死读书”，对知识欠思考、少思考、浅思考等现象依然突出。因此，促进大学生对知识的灵活掌握和树立学科价值观是课程思政关注的焦点。

从经济法课程来看，当前教学中过于注重专业知识的传授，却往往忽视了对人才的思想道德文化水平教育。在教学过程中，教师传授的大多是规则本身，而较少探讨规则是怎么来的、向何处去；更多地传授规则是什么，却较少探讨为什么要采用这样的规则；少了应用的环节和思考，过于强调理论性。

二、经济法课程思政的意义

（一）宏观层面

课程思政是培养德才兼备的高素质人才的重要举措，是一种教学理念。其以立德树人为价值回归，将知识传授与价值引领有机结合，目的是进一步构建高素质人才正确的世界观、价值观、人生观。

随着科技的不断发展，社会环境越发复杂，获取信息的渠道日益多元化、复杂化，享乐主义、碎片化信息等冲击着学生价值体系的构建以及思想道德的培养。法律的目的在于维护社会的公平正义。经济法作为一个部门法，不仅要维护社会的公平正义，而且要维护社会经济秩序的稳定发展。所以，学生只有恪守职业道德，不将所掌握的法律知识作为追名逐利的工具，而是坚守原则与底线，这样才能贯彻诚实守信、执法为民的职业道德情操，树立正确的世界观、人生观、价值观，成为德才兼备的法治人才。

经济法课程思政着眼于培养具有中国特色社会主义核心价值观、现代经济法治思维的人才。对经济法课程实施课程思政教学，有利于深化学生对国家战略的解读，发挥学科优势促使大学生养成多维思考习惯，树立正确的价值观与发展观，坚定大学生为推动新时代中国特色社会主义经济建设贡献智慧与力量的决心。同时，也有利于法学教育“思法”与“思政”的有机结合，促进法学教育与思想政治教育的良性互动，多面启发法学与思政教育的创新内容与新颖方法，增强教育的实效性、科学性与创新性。

经济法课程内容主要是国家调控经济生活中所涉及的宏观经济管控内容，这就在国家与宏观经济之间搭建了一座相互联系的桥梁。在学生分析经济现象时，本课程可以帮助他们站在国家立场进行审视，透过表面现象，分析经济现象的本质特征，提高青年学生深层次剖析事物的能力。在分析经济现象时，课程思政的融入可引导学生深入理解国家的立法初衷及良苦用心，增强学生对国家和民族的认同感与使命感，培养学生成为担当民族复兴大任的时代新人与合格的社会主义建设者和接班人。

（二）微观层面

微观层面的经济法课程思政可以坚定学生理想信念，培养责任意识。经济法受众群体较广，既包括法学专业，也包括经管类等非法学专业。未来学子们也较多从事法律、金融等职业，这些职业往往直接接触企业的重要业务，因此具有一定的特殊性，若从业者缺乏法律知识以及坚定的信念，其所做出的危害行为相比普通人会在更大程度上破坏社会经济秩序。

经济法课程思政可以帮助学生获得专业知识，掌握经济法的基本理论，了解其法律制度及相关的法律规定。同时，还可以帮助学生树立法律意识、规则意识，培养健康积极的心理，养成良好的职业操守。通过理论联系实践，更能提高学生的综合素质。因此，本课程重视提升学生对国家发展与自身发展联结的认知，培养学生关切与分析社会问题的习惯与能力，塑造学生以经济法为视野的社会主义大历史观、国家战略思维，培养学生勇担社会责任与历史使命的思想意识。

三、经济法课程的思政元素

（一）宏观调控法和国家经济治理

党领导的国家经济治理表现在制定和执行国家中长期发展规划，开展社会主义市场经济中的宏观经济管理，建设中国特色产业政策体制和国家创新体系，调节收入和财富分配，实现共同富裕等诸多方面。

党的十八大以来，党和国家一直把经济体制改革确定为我国全面深化改革中的核心问题，着重处理好政府和市场的关系，以更好发挥政府作用。我国的经济法正是以处理经济体制改革核心问题为导向，以促进与保障市场在资源配置中起决定性作用和更好发挥政府作用为中心任务的，目的是把国家实施宏观调控和市场规制过程中发生的经济关系调整好。宏观调控法是我国经济法体系中的主要组成部分。宏观调控法通过发展规划法、产业政策法、财政税收法、货币金融法、国有资产管理法、政府投资法和对外经济贸易法等法律的实施，规范政府宏观经

济活动，维护国家宏观经济秩序，防范经济和金融系统性风险，保证国民经济持续健康运行和平稳发展。

2020年武汉突发新冠疫情，为了遏制疫情蔓延，按照中央的部署，我国立即采取了最全面、最严格、最彻底的防控应对举措。包括封闭管理，启动重大突发公共卫生事件一级响应，决定抢建火神山/雷神山医院和方舱医院，统一调度防护物资实行对口支援等。2020年4月，中央为复工复产推出经济政策措施，包括“稳就业、稳金融、稳外贸、稳外资、稳投资、稳预期”工作（即“六稳”），全面落实“保居民就业、保基本民生、保市场主体、保粮食能源安全、保产业链供应链稳定、保基层运转”（即“六保”），同时指出要加强防控疫情反弹。

国家还以更大的宏观政策力度对冲疫情影响。主要包括：一是积极的财政政策。要更加积极有为，如发行抗疫特别国债，增加地方政府专项债券，提高资金使用效率等。二是稳健的货币政策。要更加灵活适度，运用降准、降息、再贷款等手段，引导贷款市场利率下行。三是推动数字经济、新材料、物联网、现代农业等发展的产业政策。通过宏观调控法的实施，我们取得了统筹推进疫情防控与经济社会发展的伟大成就，推动了国家经济治理水平的提高。

（二）税收法治和社会主义公平正义

社会主义税收的本质是“取之于民，用之于民”。推进全面依法治税，要贯彻落实习近平法治思想，全面推进税收科学立法、严格执法、公正司法、全民守法，通过税收法治保障和促进社会公平正义，推进中国式现代化建设。落实税收法定原则仅仅是实现税收法治的第一步。税收法治建设，本质上是税收法定原则在税收立法、执法、司法、守法等环节的全方面落实，经由税之“良法”，实现国之“善治”。

党的十八大以来，我国税制改革在顺应时势、惠及民生、促进高质量发展的目标和要求中稳步推进，取得了一系列重要的阶段性成果。我国税制改革成效显著，税收立法稳步推进，税收执法精确化程度不断提高，税收司法积极保障纳税人权利，税收法治理念深入人心，税收法治理论与人才培养体系建设初见成效，国际税收法治合作卓有成效。通过营改增、增值税税率简并下调等结构性减税措施，累计新增减税降费8.8万亿元，大幅降低了市场主体税负，有力推动了经济发展。与此同时，建立综合与分类相结合的个人所得税制，采取综合所得基本减除费用标准提高等系列措施，在“做大蛋糕”的同时“分好蛋糕”，使发展成果更多、更公平地惠及全体人员。

要在社会主义市场经济建设中追求公平正义，就要坚持和完善社会主义基本经济制度和分配制度，让市场在资源配置中起决定性作用，正确处理公平与效率的辩证统一关系，调整国民收入分配格局，这样才能使改革发展带来的物质财富更多、更公平地惠及全体人民。

（三）环境保护税与生态文明战略

作为我国首个体现绿色税制的主体税种，环保税以“多排多缴、少排少缴、不排不缴”的价值理念，通过“看得见的红利”，引导企业增加环保设施投入，使用清洁能源，走绿色清洁发展道路。

随着环保税开征，企业环境监测、环境治理需求加大，带动更多社会力量进入环境保护管理领域。以广东省清远市为例，截至 2021 年底，清远市从事生活环境治理的企业有 130 户，社会化环境监测机构有 85 户。同时，对依法设立的城乡污水、生活垃圾集中处理场实行的达标排放免税政策，有力促进了集中式污染治理单位的建设和发展。目前，清远市共有污水处理厂 89 家，集中式污染治理单位已增至 1 349 个，污水年实际处理量超 1. 5 亿立方米，生活垃圾年处理量超 100 万吨，人居环境得到有效改善。

以清远市“其他非金属矿物制品制造业”重点行业为例，其 2021 年应税大气污染物排放量比 2018 年下降 60%。2021 年，清远市可吸入颗粒物月均浓度比 2018 年下降 30%，细颗粒物月均浓度比 2018 年下降 39%。清远市环境综合质量明显改善。同时，重点产业整体格局得到优化。从 2008 年到 2017 年，清远市陶瓷生产线仅有 33 条完成“煤改气”改造。环保税开征后，随着大气污染物单位税额提高，企业排污成本增加，促使陶瓷企业加快“煤改气”进程，到 2018 年底，清远市已有 124 条陶瓷生产线完成改造，至 2020 年 9 月行业全面完成改造。通过采取使用清洁能源、严控排污量、提高能耗利用效率等措施，清远市陶瓷行业逐渐从大规模中低端生产模式向科技创新个性化定制生产转变。

生态文明是工业文明发展到一定阶段的产物，是实现人与自然和谐发展的新要求。党的二十大报告强调“中国式现代化是人与自然和谐共生的现代化”，明确了生态文明建设在全面建设社会主义现代化国家新征程中的战略性地位，同时要求“优化税制结构”，构建高水平社会主义市场经济体制，着力推动高质量

发展。

（四）专项附加扣除与增进民生福祉

个人所得税是调整居民收入分配的基本手段，肩负着宏观调控与促进社会公平的双重使命。2018 年修订的个人所得税法引入了子女教育、继续教育、大病医疗、住房贷款利息、住房租金、赡养老人等六项专项附加扣除，2022 年 3 月又增加了 3 岁以下婴幼儿照护费用方面的扣除，体现了立足时代背景对社会需求的法治关照。中央经济工作会议提出，“要强化基本公共服务，兜牢基本民生底线，支持引导社会力量增加多元供给，持续增进民生福祉”。个人所得税的优化实施促进了直接税的制度优势，其在减负和发挥经济社会功能方面的作用凸显。

人口发展是关系中华民族发展的大事情。公民的生存权是最基本的人权，保障生存权是现代法治国家的应有之义。个人所得税法通过对纳税人及其所扶养亲属基本生存和发展所必需的生活费用设定课税“禁区”，为纳税人生存权提供保障。单一的免额制度仅从纳税人收入角度为国家课税权设定了底线，割裂了纳税人收入状况与实际生活费用支出之间的联系，导致其调节收入再分配的作用受限，专项附加扣除制度的设置则从纳税人支出的角度为纳税人生存权提供了保障。

当前，经济负担、子女照料等成为制约生育养育的主要因素，有必要进一步实施支持措施，促进生育政策与相关经济社会政策同向发力，以满足更多家庭的生育意愿。已经实施的专项附加扣除，通过税收调节作用，降低家庭生育养育等成本，体现了国家对人民群众生育养育的鼓励和照顾。专项附加扣除考虑了个人负担的差异性，更符合个税基本原理，有利于税制公平，对完善收入分配制度、更好保障和改善民生发挥了重要作用。

（五）反垄断法与社会公平正义

经济法讲求的是实质公平，其以现实的不平等为基础来建立公正体系，基于不同主体在经济社会中的现实表现而分别予以差别性的权利体系，如消费者处于弱势时，应给予一定程度的“相对特权”；具有市场支配地位的经营者处于强势时，则要利用反垄断或反不正当竞争手段对其进行遏制。经济法以社会公正为价值追求，这也是我国优秀传统文化中的重要内容。

反垄断法律制度是经济法中的重要制度。垄断行为低效，且对消费者不公平，对潜在竞争对手、从业者也不公平，最终会陷入恶性循环，导致整个行业与市场的崩溃。反垄断法律制度的实施恰与公平这一思政教育元素相契合。

2020 年 12 月，国家市场监管总局依据反垄断法，对阿里巴巴集团在中国境内网络零售平台服务市场滥用市场支配地位行为进行立案调查。调查表明，阿里巴巴集团在中国境内网络零售平台服务市场已获取市场支配地位。自 2015 年以来，为限制其他竞争性平台发展，维持、巩固自身市场地位，阿里巴巴集团滥用该市场支配地位，对平台内商家提出“二选一”要求，禁止平台内商家在其他竞争性平台开店或参加促销活动，并借助市场力量、平台规则和数据、算法等技术手段，采取多种奖惩措施保障其“二选一”要求的执行，以维持、增强其自身市场力量，获取不正当竞争优势。

调查表明，阿里巴巴集团实施的“二选一”行为排除、限制了中国境内网络零售平台服务市场的竞争，妨碍了商品服务和资源要素的自由流通，影响了平台经济的创新发展，侵害了平台内商家的合法权益，损害了消费者利益，构成我国反垄断法第十七条第一款第四项“没有正当理由，限定交易相对人只能与其进行交易”的滥用市场支配地位行为。根据反垄断法第四十七条、第四十九条规定，综合考虑阿里巴巴集团违法行为的性质、程度和持续时间等因素，国家市场监管总局于 2021 年 4 月 10 日依法做出行政处罚决定并向阿里巴巴集团发出行政指导书。

其中，本案认定的滥用市场支配地位行为包括：①禁止平台内经营者在其他竞争性平台开店。这种行为通过口头或协议获得实施。②禁止平台内经营者参加其他竞争性平台的促销活动。这种行为通过口头或协议获得实施。③当事人采取多种奖惩措施保障“二选一”要求实施，包括减少促销活动资源支持、取消促销活动参加资格、实施搜索降权、取消平台内经营者在当事人平台上的其他重大权益等，这些行为借助市场力量、流量支持、人工检查和互联网技术手段监控、平台规则和数据、算法等技术手段实施。

本案着重分析的是垄断行为如何限制了消费者的自由选择权和公平交易权，如何损害了消费者利益，以及从长远看会如何对社会总体福利水平带来潜在损害，充分体现了反垄断法的立法目的以及竞争法的核心价值。这一层面的分析亦为人们学习、运用反垄断法提供了启示。

反垄断法被一些法学家称为“经济宪法”。作为市场经济国家调整市场结构、规范市场行为、维护和促进市场竞争的重要法律制度，反垄断法的规定广泛

覆盖国民经济的各个领域，其根本上旨在维护市场经济的核心——市场竞争，而从最终目的来说，乃是为保障竞争者、消费者的利益以及社会总体福利。

（六）消费者权益保护与规范市场秩序

消费者权益保护的思政价值为保护弱势、维护秩序，思政内涵为自愿平等、公平诚信，思政救济为权责统一、定分止争。消费者权益，是指消费者在有偿获得商品或接受服务时以及在以后的一定时期内依法享有的权益。与生产经营者相比，相对分散的消费者由于力量微弱、知识欠缺、缺乏经营者的理性、缺乏组织等原因而经常成为被侵害的对象。

市场秩序体现的是市场内在的规定性，也就是指市场运行的内在规定性的法律形式。平等交换和公平竞争在市场运行中的实现，必然形成一系列的特定规则和规范，表现为市场秩序。良好的市场秩序有赖于市场规则。没有市场规则，就会导致市场无秩序，不仅会妨碍市场调节作用的有效发挥，而且会阻碍、破坏整个国民经济的正常运行。因此，规范市场秩序的根本目标，就是要保证市场经济的健康有序运行，使市场能有效地发挥资源配置的作用。

2022 年 3 月 4 日，由上海市消费者权益保护委员会发起设立的“上海市消费者权益保护基金”获批成立。该基金用于资助消费维权公益项目和活动，资助权益受害的消费者，资助志愿者，奖励对消费者权益保护做出突出贡献的组织和个人。这是全国消费维权的创新之举。

消费增长既是人民实现美好生活的需要，也是经济增长的压舱石、稳定器。要“公平”，就必须对产品和服务的信息进行公开昭示，公平交易。要“守正”，就必须不断提高产品和服务质量，坚守标准，诚实守信。面对层出不穷的新业态、新载体，不能以“盲”取宠，“杀熟”牟利。要安心消费，政府、社会组织、企业就必须联手联动，完善促进消费、保护消费者的体制机制，弘扬优秀，驱除伪劣。

保护消费者权益有利于鼓励公平竞争，限制不正当竞争；有利于提高人民生活水平和生活质量；有利于提高企业和全社会的经济效益；有利于规范市场秩序。

四、经济法课程思政的未来发展

经济法学是主要研究以税法、反垄断法、反不正当竞争法、消费者权益保护法等为基础，以相关经济内容法条为重要部分组成的法学体系。作为我国政策性较强的法学学科，其与思政内容联系紧密。因此，本学科应当以“四新建设”①为总方针，基于学科自身特点，将理论知识点与时政紧密结合，进而提升学生对知识价值的认知，引导和拓展实践方法，提高创新质量和水平。实现“理论-时政-价值-实践”四环驱动，着力培养内外兼修、德法双融、爱国敬业的卓越法科人才。

本课程需要紧密关注社会实践热点，从热点问题中归纳、挖掘、总结出学科知识点，并将其转化为课程思政元素。例如，消费者权益保护法课程中，对消费者权益保护法新修订内容的解读可以延伸至本法理念的时代性转变，将现下发生的其他部门法的修订导入时代背景进行对比分析，引导学生认识到部门法在不同时代的价值取向与法治需求，使之做到对经济建设动态价值以及内在法理的深刻理解；让学生熟悉把握立法对经济结构调整的作用，使学生重视个税改革的意义，从而培养学生维护经济法治安全并将其上升到公共利益和国家安全的意识。

同时，应注重思政元素与课程知识点的有机融合。例如，消费者的范围既包含了“保护弱势群体”的思想，又包含了对“三农”问题的关注。这些思政元素需要按照课时安排以及知识体系流程进行设计，做到在思路与逻辑上不与主要知识点相悖，在流程进展上与教学进度安排相洽，总体上把握思政素材的向度及讲述时间。在将课堂教学与思政素材充分融合的同时，亦要做到专业课程定位清晰明确，实现育人无形、润物无声的效果，使二者互相促进，在提升学生家国情怀、制度自信、文化自信的同时完善知识结构，充实教学内容，提升教学质量。

① 2021年4月，习近平总书记在清华大学考察时指出，要“推进新工科、新医科、新农科、新文科建设”的“四新建设”。“四新建设”与学科专业优化、产学研用融合、尖端人才培养等有着紧密联系。

民法总论课程思政建设的基本理念与实施路径
——以研究生民法总论课程为例

刘亚东*

思政课是落实立德树人根本任务的关键课程①。任何一门课程，不论是本科生课程抑或是研究生课程，均需要将课程思政元素纳入教学研究的过程中。将课程思政建设的方法论融入教学的各个阶段、各个环节、各个过程②。民法总论是民商法专业硕士研究生的专业课，主要教授民法基本原则、民事主体论、民事客体论、民事法律行为、民事权利、民事责任、代理、期间以及期日等制度的原理和方法。通过本课程教学，目的是激发学生从事民法总论研究的兴趣，启发学生学习民法总论的新思路，培养学生综合运用专业知识及解决问题的能力，为今后的工作和研究奠定良好的科研基础。将课程思政的理念和方法融入民法总论课程，可在提高研究生专业科研素养和创新思维的同时，强化“为人民为中心”的教育理念。由此，本文的任务就是探讨民商法专业研究生的民法总论课程如何嵌入课程思政元素，探讨该课程嵌入思政元素的基本理念，阐述思政元素嵌入该课程的实施路径和方法，以着力构建中国自主的民法学、民法总论知识体系。本文结构具体是：首先挖掘民法总论课程所蕴含的价值元素，为总论部分；其次分别从教学和科研两个面向③阐述这些价值元素如何进行贯彻，为分论部分。

---

* 刘亚东，首都经济贸易大学法学院讲师，硕士生导师，法学博士。本文受 2022 年首都经济贸易大学法学院院级研究生课程思政项目资助。

① 习近平．思政课是落实立德树人根本任务的关键课程［J］．求是，2020（17）．

② 韩宪洲．课程思政方法论探析［J］．北京联合大学学报（人文社会科学版），2020（2）．

③ 增加科研这一面向，主要是为了适应研究生培养需求而设。

一、民法总论蕴含的三重价值元素

习近平总书记指出，“民法典在中国特色社会主义法律体系中具有重要地位，是一部固根本、稳预期、利长远的基础性法律”。这就对民法典在社会主义法律体系中的地位做出了准确的定位。如果说民法总论是民法典的开篇之作，那么民法典总则编是民法典这列火车的“火车头”，是民法典这道复杂数学题的“公因式”①。民法典总则编的基本原则起到了对各分编的价值统领作用，民法典总则编的一般性规则起到了对各分编的技术统领作用。民法典总则编民事权利章起到了对各分编的具体民事权利的统领作用②，从民事单行法到民法典，凝练了新中国成立70多年来的立法经验，因此民法曲总则编自身就蕴含着极其丰富的思政元素。具体包含如下三个方面。

（一）社会主义核心价值观

民法典第一条开篇即规定了“社会主义核心价值观”。作为国家层面的价值观，“富强、民主、文明、和谐”在社会主义核心价值观中居于最高层次，对民法典制度设计的价值理念具有统领作用，决定着民法典的旗帜和方向；作为社会层面的价值观，“自由、平等、公正、法治”是对美好社会的生动表述，也是从社会层面对社会主义核心价值观基本理念的凝练，是民法典制度设计的灵魂，成为民法典的“骨架”和纲领；“爱国、敬业、诚信、友善”是公民基本道德规范，是从个人行为层面对社会主义核心价值观基本理念的凝练，是民法典制度设计的情怀所系、价值所倚、根基所在、目的所归，成为民法典的根本遵循和落脚点③。

作为价值层面的社会主义核心价值观，已从纯粹的道德范畴或司法政策转变为民法典的效力渊源，成为法律体系和规范理论之双重意义上的法律原则，因而其不能仅具有宣示意义，而是必须融入司法实践的每一个个案中，以实实在在地

---

① 王雷．民法典总则编的总则性和非总则性特点及其体系影响［J］．山东大学学报（哲学社会科学版），2022（5）：110.

② 叶金强．《民法总则》“民事权利章”的得与失［J］．中外法学，2017，29（3）：645-655.

③ 钟瑞栋．社会主义核心价值观融入民法典编纂论纲［J］．暨南学报（哲学社会科学版），2019，41（6）：63.

发挥作用。社会主义核心价值观可以作为民法典的法源[①]，通过三种途径融入司法裁判：一是作为裁判理由发挥说理功能，二是作为裁判依据发挥广义上的释法功能，三是在特定情况下作为价值冲突的解决基础。广义上的释法功能可通过法律解释、漏洞填补或法律修正等三种方式实现[②]。实质上可以作为法理，充当第三位阶的法源。事实上，我国的各级法院已经连续发布了多批弘扬社会主义核心价值观的典型案例，如董存瑞与黄继光英雄烈士名誉权纠纷公益诉讼案、淮安谢勇烈士名誉权纠纷公益诉讼案、村民私自上树摘果坠亡索赔案、撞伤儿童离开被阻猝死索赔案、微信群发表不当言论名誉侵权案、"暗刷流量"合同无效案、开发商"自我举报"无证卖房毁约案、吃"霸王餐"逃跑摔伤反向餐馆索赔案、自愿赡养老人继承遗产案、困境儿童指定监护人案等。因此，社会主义核心价值观是民法总论必须融入的思政元素。

（二）以人民为中心的思想

民法典被称为民事权利的百科全书，可以说从头到尾均是人民权利的体现，是一部权利法典。我国民法典本质上是一部权利法，民法典分编通过全面保障民事权利，充分体现和贯彻了法治的价值。民法典作为保护民事权利的宣言书，健全了从人身到财产、从精神到物质的民事权利体系，构建了规范有效的权利保护机制[③]。我国民法典的重要任务是保护民生，注重保护个人的人身安全、财产安全和生态环境[④]。民法典适应了人民群众对美好幸福生活的追求，强化了对人格权和财产权的保护，在民法典总则编的部分专章中规定了各类民事权利[⑤]，其特点如下。

以私权为中心构建民法典的体系。保障民事权利是民法典体系结构安排中的红线和中心轴。可以说，民法典以民事权利的确认为经，以民事权利的保护为纬，构筑了严密的民事权利保护屏障。民事权利的保护既是民法典的出发点，也是其落脚点[⑥]。我国民法典的总则编按照"提取公因式"的方式，将民事权利及

---

① 孙光宁．社会主义核心价值观的法源地位及其作用提升［J］．中国法学，2022（2）：204.

② 雷磊．社会主义核心价值观融入司法裁判的方法论反思［J］．法学研究，2023，45（1）．

③ 王利明．民法典时代的教学与研究初探［J］．中国政法大学学报，2022（3）：42.

④ 王利明．论民法典的民本性［J］．中国人民大学学报，2020，34（4）．

⑤ 王利明．民法典的中国特色、实践特色、时代特色［J］．内蒙古宣传思想文化工作，2020（9）：30-33.

⑥ 王利明．民法典编纂与中国民法学体系的发展［J］．法学家，2019（3）：74-75.

其保护的共性规则确立下来。其中，有关自然人、法人和非法人组织的规定，构成了民事权利主体的法律规范；有关民事权利的规定，构成了民事权利的具体内容、体系以及行使中方式的法律规范；有关民事法律行为和代理的规定，确认了民事权利行使中所形成的法律关系；有关民事责任的规定，是因侵害民事权利所应承担的民法后果；有关诉讼时效和期限的规定，是民事权利行使的时间限制。

民法典的分则各编由物权、合同债权、人格权、婚姻家庭中的权利（亲属权）、继承权以及对权利进行保护的侵权责任编构成。这表明民法典确认了个人享有的各项具体民事权利，确定了这些权利的具体内容和边界，使个人能够积极行使和主张权利。同时，民法典又建立了救济体系，在民事主体的权利遭受侵害后，充分保障其合法权益。尤其是人格权在民法典中独立成编，使其成为与物权编、合同编等并列的民法的有机组成部分，从而落实了民法调整平等主体之间人身关系和财产关系的任务，改变了传统民法存在的“重物轻人”的体系缺陷，这既是民法典回应时代需求的集中体现，也为世界各国有效应对人格权保护问题提供了中国经验和中国方案①。

民法典对于民事权利的系统保护，是中国共产党百年来矢志不渝保护人民权利的生动写照，同时也构成了本课程中一个很重要的思政元素。

（三）民事立法的经验总结

新中国成立以来，党和国家曾于 1954 年、1962 年、1979 年和 2001 年先后四次启动民法典编制工作，由于多种原因而未能取得实际成果。直到党的十八大尤其是党的十八届四中全会以来，编纂民法典成为一项重大政治任务和立法任务，也是党中央做出的重大法治建设部署。编纂民法典被视为“一项复杂的系统工程”。按照工作安排，整个民法典编纂的工作思路是“两步走”，第一步先出台民法总则，为民法典的编纂奠定坚实的基础。第二步要完成民法典各个分编的编纂工作，然后把已经出台了民法总则和经人大常委会审议修改完善的各个分编合起来，编纂成一部完整的民法典。最终于 2020 年 5 月 28 日，十三届全国人大三次会议表决通过了《中华人民共和国民法典》，标志着我国从民事单行法时代迈入民法典时代。

从民法通则到民法总则，一字之差，反映了我国科学立法水平的不断提升。

---

① 于飞．坚持人民立场 持续深入实施民法典［N］．经济参考报，2021-05-28（1）．

系统总结我国70多年来民法典的编纂经验，尤其是改革开放以来的40多年可知，中国民法学立足中国的基本国情，充分借鉴域外优秀经验，努力服务本国人民社会生活的需求①。我们在未来回应中国民事立法和司法实践中出现的各种新情况、新问题时应当不断弘扬这些宝贵经验，并在继续研究民法学、民法典时不断积累经验。

二、融入路径一：教学方法的更新

研究生民法总论课程融入思政元素的主渠道之一是课堂教学，因此教学方法的更新就成为嵌入思政元素的首要任务。研究生阶段的学习任务是系统掌握本学科的前沿问题，能够针对某一个问题运用成熟的研究方法予以解决。本科生的学习任务则是系统掌握法学学科的基础知识、基本制度以及基本理论。因此，研究生的课堂教学，应当摆脱本科生课堂中那种照本宣科式的教学法，而要采取多样化的教学方法，积极调动研究生的自主学习能力。具体来讲，可以采用如下三类方法作为尝试，同时也锻炼民商法专业研究生三种文章体裁的写作技巧。

（一）翻转课堂教学

翻转课堂是指重新调整课堂内外的时间，将学习的决定权从教师转移至学生。教师不再占用课堂的时间来讲授信息，这些信息需要学生在课前完成自主学习，他们可以看视频讲座、阅读电子书，还可以在网络上与别的同学讨论，可以在任何时候去查阅需要的材料。例如，在笔者班上的全部36名同学，可以划分为6个大组，每个大组领若干个任务，然后自行搜集材料，整理文献，阅读判例，并针对某个主题形成一份完整的研究报告，最终在课堂上用ppt的方式展示给老师和同学，并由老师和同学进行点评。这种方式的训练使同学们能够独立自主地开展科研训练，类似于我们日常所理解的科研项目结项报告。例如，针对“民法中的诚实信用原则与公序良俗原则两者覆盖范围相同，发挥的功能又如此相似，民法中有其一足矣，为什么同时要规定两个？”这一问题，就需要写研究报告的小组，穷尽检索既有的学说文献。起码需要包含我国学者已经提出的适用领域区分说、特别关联区分说、义务类型区分说、标准高低区分说、保护对象区

① 王利明．中国民法学七十年：回顾与展望［J］．政法论坛，2020，38（1）：6.

分说、法律效果区分说等[①]。另外，还需要检索本土的案例是如何适用这两个条款的，此外对案例也需要仔细分类，判断其是指导案例、公报案例还是普通案例等。

（二）案例指导教学

案例教学法是一种以案例为基础的教学法（case-based teaching）。案例本质上是提出一种教育的两难情境，对此事先并没有特定的解决之道。教师于教学中扮演着设计者和激励者的角色，鼓励学生积极参与讨论，而不像在传统的教学中，教师必须是一位很有学问的人，扮演知识传授者的角色。在民商法的教学实践中，案例中有简单案件和疑难案件之分。针对简单案件，通常可以直接将民法典中所涉及的规范，运用三段论的涵摄方法直接适用；针对疑难案件，则需要法律论证。所谓疑难案件，或称之为复杂案件，即指制定法存在可争议性或不确定性，如何适用制定法是存在疑问或疑难的。这些疑难问题包括：法无明文规定，存在需要填补的漏洞或空白；其答案不唯一且相互冲突，存在两条开放的、通向不同目的地的道路；适用其一般条文会显失公平或者有悖情理。例如，当年（民法典正式颁行前）葛云松教授就提到过这样一个例子：王某驾车前往某酒店就餐，将轿车停在酒店停车场内。王某饭后拟驾车离去时，李某称："已经给你洗了车，请付洗车费 20 元。"王某表示"我并未让你帮我洗车"，于是双方发生争执。李某诉请法院判决王某支付洗车费 20 元。

可能的裁判结果与裁判理由如下。

第一，判决支持李某的诉讼请求，理由是：民法总则第一百二十二条（因他人没有法律根据，取得不当利益，受损失的人有权请求其返还不当利益）的构成要件完全满足。

第二，判决驳回李某的诉讼请求，理由是：虽然从表面来看，民法总则第一百二十二条的构成要件完全满足，但是学界通说认为该法条存在漏洞，如果当事人明知没有债务而为给付，则应排除其不当得利返还请求权，据此，应以此作为该规范的一个消极要件。

第三，判决结果同"第二"，在援引民法总则第一百二十二条并阐述是否存在该消极要件时，未援引学说，而是进行了如下分析：明知无义务而为给付，完

---

① 于飞．公序良俗原则与诚实信用原则的区分［J］．中国社会科学，2015（11）：146-147.

全可以推定其意思是赠与；即便不为此种推定，其行为也前后矛盾，有违诚信原则。况且，若使其享有不当得利返还请求权，则无异于强买强卖，剥夺受益人一方自由选择的权利，扰乱市场秩序。所以，设置该消极要件方为合理，故应填补该法律漏洞，而确认该规范有此消极要件。

第四，判决结果同“第一”，在援引民法总则第一百二十二条并阐述是否存在该消极要件时，援引了关于非债清偿问题的学界通说（如前所述），但认为该学说不合理，因为受益人客观上获得了利益，不返还是不公平的，故不应采纳通说。

第五，判决结果同“第二”，理由是：虽然民法总则第一百二十二条的要件完全满足，但是，明知无义务而为给付，其行为前后矛盾，令人困扰。况且，若使其享有本条上的权利，无异于强买强卖，剥夺受益人一方自由选择的权利，扰乱市场秩序。因此，考虑到适用该规定会产生不良社会效果，应不予适用，驳回李某的诉讼请求。

综上，上例中有两种裁判结果，并分别有两种和三种不同的裁判理由①。

对于疑难案件，司法裁判往往不存在唯一正确答案，针对众多可能出现的裁判结论，到底该选择哪一种结论？需要进行深入论证。因此，案例教学也主要是针对疑难案件而来。案例教学的目的是锻炼研究生的理论分析以及法律论证的能力，通过论证，每位同学要亲自撰写一份案例分析报告。每份报告答案可能存在不同，但是这个并不重要，重要的是要展现每份报告所得出结论背后的论证过程。

（三）鉴定式案例分析方法教学

随着鉴定式案例分析方法的兴起，国内各大法学院也开展了鉴定式案例分析方法的课堂。近年来，北京大学法学院开设的民法案例研习课好评如潮，中南财经政法大学开办的鉴定式法律案例分析暑期班也如火如荼，尤其值得注意的是华东政法大学、中南财经政法大学法学院、中国政法大学民商经济法学院等策划和举办的多届“全国鉴定式案例研习大赛”，产生了深远影响。笔者有幸参与过几次，颇感这种方法对于法律学习的重要性。国内高校对鉴定式案例分析方法教学

① 对于该案例的详细讨论，详见：葛云松．简单案件与疑难案件：关于法源及法学方法的探讨[J]．中国法律评论，2019（2）：117-118.

的重视度提升，意味着鉴定式案例分析方法已经成为国内法学院教育的发展趋向。我国是成文法国家，立法颇受德国影响。国内的法律案例教学也受到德国鉴定式案例研习方法的一定影响。德国民法案例教学模式对于我国教师讲授法律、学生学习法律有着很强的现实借鉴意义。

所谓鉴定式案例分析，又称“解题模式”或“审查模式”，是德国法学院日常教学及德国法学国家考试（即德国司法考试）中采取的一种案例分析格式。它要求法律人在分析案例时严格采取“设问—定义—涵摄—结论”的路径，即先以设问性语句提出本案中可能适用的法规范作为起始点，在拆分规范诸构成要件并给出定义的基础上，结合案件事实，逐步、逐要件地将案件事实涵摄于该规范之中，以确认该规范是否适用于该案件，在穷尽该设问之所有可能出现的问题后，方提出结论。在涉及理论争议时，鉴定式案例分析法要求写作者尽可能地展现所有关于该问题的学说，并给出选择及理由。按照鉴定式案例分析法完成的案例审查报告，又称“专业鉴定”。之所以采取这一表述，是因为一份严格按照鉴定式完成的案例分析报告，就像律师出具的一份法律意见书，全面而富有层次地分析了该案例的所有可能，并给出了详细的解决方案①。

鉴定式案例分析方法是当前一种新式的案例分析方法。作为研究生，只有掌握正确的方法，才能更好地对民法问题进行深入研究。同时，该方法还有利于我们培养正确的法律思维，这种法律思维在法律工作者的日常工作中具有重要作用。

三、融入路径二：研究路径的转向

研究生民法总论课程融入思政元素的另一条渠道是科学研究，因此如何研究、研究什么就成为嵌入思政元素的另一重要任务。研究生的学习不仅仅是课堂摄入，其更为重要的一环乃是科学研究。每位研究生毕业时都需要撰写一篇合格的硕士学位论文方能取得学位，因此充分利用好科学研究这一渠道，也能成为课

① 参见：夏昊晗．鉴定式案例研习：德国法学教育皇冠上的明珠［J］．人民法治，2018（18）：33-35；王复春．鉴定式案例分析方法的切入与展开［J］．博雅论坛，2020；默勒斯．法律研习的方法［M］．申柳华，译．北京：北京大学出版社，2019；吴香香．法律适用中的请求权基础探寻方法：以“福克斯被撞致其猎物灭失案”为分析对象［M］//陈金钊，谢晖．法律方法：第七卷．济南：山东人民出版社，2008：223-234.

程思政元素贯彻的主渠道。具体可从如下三个方面着手展开。

（一）坚持建构中国自主的民法总论知识体系的研究立场

大陆法系国家的民法典均有关于“民法总则”之类的设计，但是每个国家的民法总论内容却有不同，均具有自己国家的地域特色。我国民法学虽师宗潘德克顿法学，但前辈筚路蓝缕，在完全不具备民事立法的社会条件时也坚守了社会结构和人类行为的基本原理；同时，自新中国成立尤其是改革开放 40 多年来民法学的发展经验也始终坚持主体性意识，立足中国的实际情况，回应中国的实践需求，解决中国的现实问题①。民法典总则编已经孕育出了可以被称为是“中国元素”的诸多有力回应实践需求的民事法律制度，如民法基本原则独立规定并在主体制度中确定了营利法人与非营利法人的分类，构建了特别法人制度与非法人组织制度；在监护制度中，民法典构建了“家庭监护为主体、社会监护作为补充、国家监护为兜底”的监护体系，为弱势群体构建了周密的法律保障体系，强化了对被监护人的保护；存在单独的民事权利章以及民事责任章等。围绕这些规定，别的国家的民法典无法为我们提供现成的经验，因此作为当代民商法的研究生，必须立足本土、立足本国自己的民法典进行研究，坚持以建构中国自主的民法总论知识体系作为自己的研究任务，开拓创新，积极产出原创性成果。

（二）坚持系统化思维，建构中国特色的民法学话语体系

民法典由法律规范组成，民法典是体系化的产物，民法典的体系也是由这些不同的民事法律规范基于内在逻辑联系成的一个整体。民事法律不仅从实体法的内容上看差别很大，而且从法技术的角度看也有着很大的差别，其中最重要的就是上位规范和下位规范。从法技术角度看，民法典中的全部法律规范先是区分为总则与分则，在各个分则之中，还有共同性规则、一般条款、但书条款、援引条款、关联性条款等，它们的规范层阶是不同的，发挥的作用也是不同的，但它们又是相互连接的，从而构成一个完整的体系②。因此，研究民法总论，不能就总论而言总论，还应当广泛结合民法典各分则部分的内容以及民事单行法的内容一并考察。

---

① 谢鸿飞．中国民法学的自主性：基础、现状和前瞻［J］．判解研究，2022（2）．

② 孙宪忠．民法体系化科学思维的问题研究［J］．法律科学，2022（1）．

话语体系是指以本国语言文字为基础，对由诸多概念、理论、信念和经验所组成的思想体系的系统表达。构建中国特色的民法总论话语体系，不是对我国民事法律制度的纯实证分析，不是仅仅针对民法总论的解释学意义上的“创新”，也不是民法总论范畴、概念、术语的简单转换或纯概念的逻辑推演，而是以当代中国的民事法律实践为现实基础，来阐释中国民法理论，评判中国民法实践，解答中国民法问题，在此基础上形成有影响力、支配力、权威力的民法总论话语体系①。

作为民商法专业的研究生，必须勇于理论创新，敢于怀疑，敢于打破，敢于建构，对于民法总论，努力摆脱“照着讲”，尽力实现“接着讲”②，不断为建构中国特色的民法学话语体系而努力，向世界民法学界贡献中国智慧，发出中国声音。

（三）坚持研究重心扎根本土，构建中国的民法总论

我们所应该研究的是中国的民法总论，而不是德国的民法总论，或是日本的民法总论。“问题是时代的声音”，作为一门实践性很强的学科，面对纷繁芜杂的社会生活，我们的研究尤其要适应中国社会发展的变化，配合国家的战略需求，为之不断提供理论支持。在民法典颁布后，我们应该挖掘更多的本土资源，从中国的实际出发，研究更具价值的中国案例，丰富我国民法总论的实践内涵，不断促进民法总论的繁荣与发展。

具体来讲，作为民商法专业的研究生，首先，应当积极关注解释论问题。民法典颁行之后，我们的重心由立法论走向解释论。全面贯彻实施民法典总则编，必须以民法典总则编为基准和依据，运用正确的解释方法和解释规则，从而理解好、贯彻好、实施好民法典总则编。其次，还应该关注宏观层面的问题。民法典总则编中有很多独具中国特色的问题，如民法基本原则明文规定于民法典开篇，这就采取了不同于传统大陆法系国家的做法，为什么要这么做？这么做的效果果是什么？有什么好处和弊端？等等。这些均是需要着力研究的问题。最后，面对新时代，尤其是数字经济时代不断出现的诸如人工智能、大数据算法、元宇宙、数据资产确权等问题对民法总论中的民事主体理论带来的冲击、对意思表示解释理论带来的冲击等，均是需要积极回应的问题。

---

① 钟瑞栋．构建中国特色民法学话语体系［N］．中国社会科学报，2022-07-20（4）．

② 王利明．构建《民法典》时代的民法学体系：从“照着讲”到“接着讲”［J］．法学，2022（7）：100.

绿色生产和绿色消费课程思政的体系设计

马　腾*

《高校思想政治工作质量提升工程实施纲要》明确提出，思政课程的开设不仅是立德树人的重要途径，而且是建设新时代马克思主义法学的重要一环。这已经成为教育界的一种共识。因此，积极挖掘生态环境资源法教学过程中的思政元素，培育学生的生态文明价值观迫在眉睫。具体到本文语境下，笔者将以绿色生产和绿色消费为核心，探讨专业课程教学与课程思政的有效融合策略，以及如何有效提升学生对绿色生产、绿色消费乃至生态文明建设的理解度、接受度和认同感。

一、以内容为依托的生态环境法学课程教学

生态环境法是一门富含生命力的学科，能够与思政要素紧密贴合在一起。本课程属于环境与资源保护法学专业研究生必修课，也是教育部全国高等学校法学类专业教学指导委员会确立的核心主干课程之一，是为了培养复合型和应用型专门法律人才，满足我国改革开放和社会主义法治建设的需要而设置的。本课程在介绍环境法基本理念、法治体系和相关教学案例的基础上，结合我国碳达峰和碳中和的制度图景，使学生系统了解生态环境法律体系的热点问题。本课程的设计目的不仅是帮助学生了解并掌握环境资源法的前沿性和基础性知识，而且要引导学生理解我国的碳达峰碳中和政策，培育学生正确的生态环境观、气候变化观。

本课程的内容较为广泛，具体包括：绿色生产的概念、绿色消费概念、相关制度体系、双碳的实现路径、能源转型以及环境公益诉讼等。同时，本课程还将

---

* 马腾，首都经济贸易大学法学院讲师，法学博士，硕士生导师。

对西方的生态环境伦理学以及我国传统文化中蕴含的先进生态环境保护理念进行比较分析，包括罗马俱乐部的增长极限理念、天人合一理念、道家节俭观、可持续发展观、人类命运共同体等。

完成本课程学习后，学生能够在知识上熟练把握绿色生产和绿色消费的概念、规则、内涵以及由此衍生而出的制度体系，包括生产者责任延伸制度、绿色金融、绿色发展理念、绿色采购、绿色包装、绿色标准体系等。在学生能力上，本课程旨在培育学生发现问题的能力、逻辑表达能力、国内外文献搜索能力等，并结合自身的专业领域来分析解决绿色生产和绿色消费的各种问题，包括生产者ESG（环境、社会和公司治理），绿色税收、绿色信贷、绿色采购合同的行政属性的争议，以及中国产品在国际市场的碳税等其他国际问题。在思想体系上，本课程能够使学生清晰认识到绿色生产和绿色消费蕴含的伦理正当性，客观、理性地看待东西方关于绿色生产、绿色消费以及绿色发展等背后的文化、理念和价值取向。尤其是人类命运共同体的理念既集我国传统文化之大成，也是西方绿色理念和价值的最终进化目标。

二、课程思政案例分析

（一）课程思政元素的嵌入

2015 年《中共中央 国务院关于加快推进生态文明建设的意见》和《生态文明体制改革总体方案》均强调，要树立“尊重自然、顺应自然、保护自然”的生态文明理念。例如，《生态文明体制改革总体方案》强调“树立发展和保护相统一的理念，坚持发展是硬道理的战略思想，发展必须是绿色发展、循环发展、低碳发展，平衡好发展和保护的关系”，提出“绿水青山就是金山银山的理念”以及“自然生态是有价值的，保护自然就是增值自然价值和自然资本的过程，就是保护和发展生产力”。

绿色发展是生态文明新时期的新发展模式。2018 年生态文明建设写入我国宪法，成为人类社会发展历史上的一个里程碑事件。党的十九届四中全会通过的《中共中央关于坚持和完善中国特色社会主义制度 推进国家治理体系和治理能力现代化若干重大问题的决定》提出，“坚持和完善生态文明体系，促进人与自然和谐共生”，认为“生态文明建设是关系中华民族永续发展的千年大计”，要

“实行最严格的生态环境保护制度”，“完善绿色生产和消费的法律制度和政策导向，发展绿色金融，推进市场导向的绿色技术创新，更加自觉地推动绿色循环低碳发展”。我国要在生态文明理念的指引下，走绿色发展的模式，完善绿色生产和消费的法律制度，用法治保障绿色发展目标的实现，使生态文明建设进入新的发展阶段。基于此，本次课程包含的课程思政元素主要包括以下几个方面。

元素 1：生态文明。

生态文明建立在人与自然、人与人和谐共生的生态价值观基础之上，是对人与自然割裂的传统工业文明的反思。从此前的工业文明迅速过渡到后工业的生态文明已经成为全世界绝大多数人的共识。要实现这种文明形态的过渡，最重要的是要改变文化观念，迅速从工业文明的人类中心主义、唯科技主义、唯工具理性与主客二分的思维模式转变到有机整体的生态思维观念之上。习近平总书记指出，“人与自然是生命共同体”。以生态文明的理念指导绿色生产和消费法律制度的完善，要求我们在构建法律制度时坚持尊重自然、顺应自然、保护自然的态度，充分考虑生态价值，将生态价值纳入生产成本；尊重自然规律，不打破生态的平衡；采取措施保护自然环境；营造绿色消费的社会氛围，引导符合生态文明的健康生活方式。

元素 2：绿色发展。

绿色发展是生态文明思想在经济和社会发展领域的具体体现，是生态文明新时期的新发展模式，是“以生态和谐为价值取向，以生态承载力为基础，以有益于自然生态健康和人体生态健康为终极目的，以追求人与自然、人与人、人与社会、人与自身和谐发展为根本宗旨，以绿色创新为主要驱动力，以经济社会各个领域和全过程的全面生态化为实现路径，实现代价最小、成效最大的生态经济社会有机整体全面和谐协调可持续发展”。相关法律的立改废释工作应在绿色发展理念的指导下进行，对规范生产和消费行为的所有法律制度进行梳理，修改那些与绿色发展理论不相匹配的法律内容，废止那些与绿色发展理念相抵牾的法律制度，并针对立法空白领域制定新的法律，以促进绿色生产和消费，构建完善的绿色生产和消费法律制度体系。

元素 3：两山思想。

2018 年 4 月，习近平总书记在深入推动长江经济带发展座谈会上指出，“要积极探索推广绿水青山转化为金山银山的路径”，并“探索政府主导、企业和社会各界参与、市场化运作、可持续的生态产品价值实现路径”。这表明探索“绿水青山”转化为“金山银山”的有效路径在长江经济带“走出一条生态优先、绿色发展的新路子”中发挥了关键作用。基于此，我国的绿色生产和绿色消费的建构是两山思想最好的体现。一方面，“绿水青山就是金山银山”理念的内涵已经从多个维度得到阐释，归纳而言，“绿水青山就是金山银山”理念以辩证视角揭示了经济发展与生态环境保护的对立统一关系，阐明了“经济-生态环境”协同互促的新型生态发展观，为经济发展、建设生态文明、实现美丽中国建设目标指明了方向。另一方面，从现有文献对“绿水青山”转化为“金山银山”的内涵研究来说，尽管已有对“绿水青山”转化为“金山银山”内涵的叙述，但其或从学者对“绿水青山就是金山银山”理念的内涵解读中引申截取，或作为专门探讨“绿水青山”转化为“金山银山”实践路径的研究前提，鲜有对“绿水青山”转化为“金山银山”内涵的独立阐述的研究。

元素4：中国传统文化中人与自然和谐相处的理念。

中国传统文化中蕴含着丰富的生态理念。在中国传统文化中，人与自然的关系经常被描述为天人关系。在中国传统文化和哲学史上，“天人合一”是一个非常重要的命题。《中华思想大辞典》说：“主张‘天人合一’，强调天与人的和谐一致是中国古代哲学的主要基调。”例如，《周易》之中就蕴含着深厚的天人和谐的思想，并以“厚德载物”表达人类对大地母亲的敬畏与歌颂。《老子》思想中“道生万物”的生态整体观和“道法自然”、无为而治的治理理念可以修复现代社会发展模式造成的裂痕。老子认为，人与万物有一个共同的本原——“道”，正所谓“道生一，一生二，二生三，三生万物”。人与万物在本原上有着同一性。老子以万物联系的宇宙系统观来审视自然生态，所谓“天网恢恢，疏而不失”。自然是一张有秩序的网，人类是这张秩序之网中的一环。这种从整体上来思考人与自然关系的做法，正是解决建立在人与自然对立之基础上的工业文明所带来的生态环境问题的正确之道。这种生态价值观把人与自然视为统一整体，强调人与自然相互作用的整体性和有机性。正如《庄子》中所描述的境界——“天地与我并生，而万物与我为一”。

道家的“道法自然”思想对后世影响深远。在道家的思想里，“自然”不同于现代意义上的自然，不是指具体存在的东西，而是形容“自己如此”的一种状态。道家思想认为，“自然”状态是事物的本真状态，人们应该尽量随顺事物的自然发展过程，尊重自然的规律，顺应自然的规律，不要强行去改变，所谓“辅万物之自然而不敢为”。一旦轻举妄动，就有可能造成不好的后果。“不知

常，妄作凶。”《老子》中的“常”，既是“恒常”，又是“常则”。万物都是变动不居的，但决定万物变动的法则却是不变的。英国历史学家汤因比认为，道家的“人要征服宇宙就遭到失败”的认识是“宝贵的直觉”。道家深刻洞察到自然自组织的演化规律。工业文明过分干扰了自然自组织的演化过程，对自然生态造成严重破坏。对此道家的反思是，人的理性智慧是有限的，人类应该向自然学习，“人法地，地法天，天法道，道法自然”。道家在中华文明体系中的定位，决定了它有可能在中国文化中发挥重接源头活水的作用。

老子思想里有循环观的内容。老子通过观察、思考认识到，循环往复是自然规律。《老子》中说：“万物并作，吾以观复。夫物芸芸，各复归其根。归根曰静，静曰复命。复命曰常，知常曰明。”意思是：“万物纷纷芸芸，各自返回其本根。返回本根称为“静”，“静”又称为回归本原。回归本原是永恒的规律。”老子的消费观也值得我们在制定绿色消费法律制度时借鉴。“俭”是老子极为重视的“三宝”之一，所谓“祸莫大于不知足，咎莫大于欲得，故知足之足，常足矣”，指个人在生活消费上，应注意约束自身欲望，注重节俭，不奢侈浪费。《老子》中的“圣人去甚、去奢、去泰”，则是要求统治者去除极端的、奢侈的、过度的行为。

从汉代董仲舒开始，“天人合一”成为儒家思想的一个重要内涵。董仲舒提出“天人之际，合而为一”；宋代张载明确提出“天人合一”的命题，程颐也认为“天、地、人，只一道也”。现代国学大师钱穆提出，“天人合一”观是整个中国传统文化思想的归宿。他认为，东方人对大自然的态度是同自然交朋友，了解自然，认识自然；在这个基础上再向自然有所索取。“天人合一”就是这种态度的凝练表达。中国传统文化的思维模式是综合性的，其世界观是整体观，认为人与自然是一个整体，而不是西方文化认为的人与自然是分裂的、人可以战胜自然。中国传统文化中的“天人合一”、人与自然和谐相处的思想代表了迄今人类认识人与自然关系上的最高境界，是弥合现代工业文明伤疤的良药，可以用来指导完善绿色生产和绿色消费等法律制度。

元素5：公平理念。

公平又称正义、公正，其内涵是统一的。公平是法律制度的首要价值。法律上的公平关注的主要问题是对基本权利和义务或者利益的分配。我国在构建绿色生产和绿色消费等法律制度时考虑的公平内涵至少包括如下方面：第一，区域之间的公平。我国区域发展极不平衡，生态资源分布也很不平衡，在制定法律和设计制度时要考虑到这种不平衡性，在分配利益时应优先考虑极不发达区域的利益，这些区域往往也是生态资源分布比较集中的区域。第二，城乡之间的公平。我国是一个农业大国，农村人口占主体。在我国，城乡差别的鸿沟仍然存在。发展绿色农业时应照顾到农村人口的长期利益。第三，不同收入群体之间的公平。我国高收入群体和低收入群体分化仍比较严重，在制定制度时要考虑不同收入群体的利益分配机制，照顾弱势群体。第四，代际公平。不仅要考虑当代人的利益，也要考虑后代的利益，这本质上是人类作为一个物种整体利益的最高要求。

元素 6：效率理念。

绿色生产和绿色消费是绿色经济的两个环节，因此要满足效率的要求。作为规制绿色生产和绿色消费行为的法律制度，当然也要将效率作为价值追求，实现收益大于成本的目的。但是这里的收益不仅仅限于经济收益，还包含社会、环境与经济效益；不仅仅是个人利益，还包括人类整体的利益。那些仅能给个人和集团带来利益，但会使社会总利益减少的生产活动，是不符合绿色生产和绿色消费的效率原则的。生态效率原则要求将生态环境的价值纳入绿色发展的体系。纳入的途径可以分为两种：一是将其作为生产要素，使之成为生产成本的一部分；二是将其作为满足人类需要的生态产品，通过生态消费（如生态旅游）体现其价值。

元素 7：秩序理念。

无秩序的社会不可能存在，法治社会的秩序靠法律来构建和维持。因此，秩序是法律的基本价值追求。对于绿色生产和消费法律制度来说，它试图将生态秩序纳入法律可以调控的社会秩序，通过绿色生产和消费法律制度的实施，不仅达到一种人与人、人与社会和谐的秩序，而且追求人与自然和谐共处的生态秩序。

元素 8：安全理念。

根据马斯洛的需求层次理论，对安全的需求是人的基本需求。法律应该将保障人的基本需求放在首位。绿色生产和绿色消费法律制度之安全价值的内涵可以从不同角度来论述。从宏观角度来说，包括生态安全、经济安全和社会安全；从不同主体角度来考虑，包括个人的安全需求与人类整体的安全需求。

元素 9：中国式现代化。

中国式现代化是中国共产党领导的社会主义现代化，是有着鲜明中国特色的新型现代化。中国式现代化话语体系建构，是基于现实路径的理论升华与实践总结，能为深刻认识中国特色社会主义实践成果、实现社会主义现代化强国目标、

展现可信可爱可敬中国形象提供话语层面的保障与支撑。中国实践的成功推进、原创话语的丰富供给、人类共同发展的价值旨归，为中国式现代化话语体系的建构提供了可能性。加快建构话语体系，就要在实践中遵循主流意识形态的导向原则，通过立体多元的传播载体输出话语价值，在内容阐释中突出理论优越性，提升话语受众对话语体系的认同感，进而完成以中国式现代化全面推进中华民族伟大复兴的使命任务。中国式现代化话语体系的建构不仅为绿色生产和绿色消费注入了新的发展动力，而且为其指明了新的发展方向，即探索符合中国式现代化意蕴的发展范式。

（二）教学目标的设定

1. 知识层次

根据学生的认知规律，选取经典案例（包括杏花楼月饼过度包装、江苏响水爆炸事件、常州毒地案件、绿孔雀案等）来导入本次课程，并帮助学生了解绿色生产和绿色消费的重要性。作为最能体现绿色发展理念的制度，绿色生产和绿色消费制度的建立具有一定的必然性。同时，通过对两种制度兴起原因及其渊源的梳理，可帮助学生综合、系统地理解和掌握绿色生产和绿色消费的理论架构、相关概念的辨析等知识体系。在此基础上，引导学生形成正确的绿色生产和绿色消费的法律体系，并以此为契机引导其自身向绿色行为的发展和转变。

2. 能力层次

培养学生构建绿色生产和绿色消费的知识体系和逻辑能力，从国内和国外两个视角进行比较分析，培育学生的绿色消费观、绿色生活观以及绿色行为等。同时，结合已有的案例，帮助学生把之前学习的知识体系融会贯通于绿色生产和绿色消费体系之中，包括环境公益诉讼、公司 ESG、行政执法、行政处罚等，锻炼学生理论联系实际的能力和独立思考的思维能力。例如，梧州市政府出台相关规定，鼓励发展新能源产业，并将新能源产业的发展作为实现碳中和、碳达峰的重要内容之一。在此情形下，现有国有资本和私有资本的良性涌入，对当地产业结构和能源市场造成了良性的影响。那么，这种方式是否能够在其他地方得到推广呢？对此，学生应当理性思考和探寻属于自己的答案，以此形成独立的体系构建能力、逻辑表述能力以及知识剖析能力等。

3. 价值层次

在上述知识和能力的基础上，培养学生的理性思维以及绿色观。对此，应结合生态文明战略以及人类命运共同体的时代命题，引导学生透过现象，全面、深刻地认识其背后的理念、逻辑以及价值取向。党的十八大以来，从中央到地方高度重视绿色生产和绿色消费的发展，不仅出台了诸多的政策性文件，而且围绕其发展做出了特殊的安排。例如，上海市的垃圾分类制度就是践行绿色发展和绿色消费理念的典型案例，有力提升了该市的绿色水平。

（三）教学内容的安排

从教学内容上来看，至少应当包括以下几个方面：

第一，绿色生产的概念；

第二，绿色消费的含义；

第三，绿色生产和绿色消费的法律体系；

第四，对未来的绿色生产和绿色消费法律体系样态的探索；

第五，中国方案的可复制性和可推广性。

教学的重难点在于：绿色生产和绿色消费的概念及含义、相关主体的权利义务，以及司法实践的现状和问题。同时，可通过对相关司法实践以及立法规定的解读，分析我国绿色生产和绿色消费中存在的问题以及制度性挑战。

三、课堂设计思路

（一）绿色生产和绿色消费法律制度产生的背景与发展现状

1. 绿色生产和绿色消费兴起的背景——环境问题

（1）早期环境问题；

（2）现代意义上的环境问题；

（3）中国面临的环境问题。

2. 绿色生产和绿色消费发展概况

（1）国外绿色生产和消费发展概况；

（2）我国绿色生产和消费发展概况。

3. 绿色生产和绿色消费相关概念辨析

（1）绿色生产和绿色消费；

（2）绿色生产和循环经济、低碳经济、清洁生产；

（3）绿色消费和生态消费、可持续消费、低碳消费、节约消费。

4. 绿色生产和绿色消费法律制度的发展概况

（1）德国、日本、美国三国绿色生产和绿色消费法律制度发展概况；

（2）我国绿色生产和绿色消费法律制度的发展概况。

（二）我国绿色生产和绿色消费法律制度基本问题梳理

1. 我国绿色生产和绿色消费立法问题梳理

（1）相关法律立法理念不统一且整体滞后；

（2）一些法律定位不清晰；

（3）绿色生产和绿色消费重要法律和制度缺失；

（4）市场机制方面的法律制度薄弱；

（5）公众参与法律途径狭窄；

（6）法律制度缺乏体系性。

2. 我国绿色生产和绿色消费法律实施问题梳理

（1）法律实施中缺乏配套制度和办法（以上海杏花楼月饼过度包装环境公益诉讼、北京市垃圾费分类、北京市超薄塑料袋管理条例等为例）；

（2）执法主体部门分割，缺乏协调机制（以江苏响水爆炸、常州毒地案件等为例）；

（3）行政履职缺乏有效监管（以北京市危化品管理现状，以及我国危化品监管体系中存在的问题等为例）；

（4）司法监督薄弱；

（5）守法主体环境法治意识淡薄。

（三）绿色生产和绿色消费法律制度构建的理论基础

1. 绿色生产和绿色消费的立法理念

（1）生态文明；

（2）绿色发展；

（3）中国传统文化中人与自然和谐相处的生态理念；

（4）人类命运共同体。

2. 绿色生产和绿色消费法律制度的价值追求

（1）公平；

（2）效率；

（3）秩序；

（4）安全。

3. 绿色生产和绿色消费法律制度的特征

（1）调整内容的广泛性；

（2）调整主体的多元性；

（3）调整手段的综合性；

（4）调整目的的公益性；

（5）相关法律制度的科学技术性。

（四）我国绿色生产和绿色消费存在的现实障碍

第一，立法障碍。

第二，司法障碍。

第三，执法障碍。

第四，衍生制度的不匹配。

第五，社会层面制度环境的不融洽。

（五）完善我国绿色生产和绿色消费的建议

第一，立法应对。

第二，司法应对。

第三，执法应对。

第四，制度体系的构建。

第五，社会环境的优化和超越。

以上就是本课程思政的主要框架。除教学外，通过对上述相关理论的研究，将推动绿色生产和绿色消费法律制度的落地。这也是我国生态文明建设的必由之路。

四、课程思政的实施效果

（一）课程思政的研究方法

本课程思政元素主要通过以下三种方式融入。

第一，理论体系的搭建。不论是两山思想还是人类命运共同体，都是具有可操作性和启示性的理论体系，都蕴含着丰富的课程思政元素，都能够引导学生形成绿色的消费观、发展观、社会观。这种理论价值体系的搭建也正是上述思政要素价值功能得到最大限度发挥的体现。

第二，绿色生产和绿色消费的践行。绿色生产和绿色消费所蕴含的思政要素能够成为衡量或者评价相关行为人行为是否绿色的标准。通过本课程的学习，学生可以依据已经建构的知识体系来客观、公正地衡量自身行为以及相关法治建设和社会发展的水平，从而推动绿色生产和绿色消费价值体系的形成。

第三，探讨符合中国国情的生态文明发展路径。不论是绿色生产还是其他环境资源保护法要素，都是建构生态文明的重要内容，也是建设美丽中国时必须考量的因素。与之相关制度的重要性应当被学生所理解和领悟。通过系统的学习，学生将成为我国生态文明的参与者、推动者、建设者，为之谱写一曲青春的凯歌。

（二）教学手段与方法

1. 灵活知识点教学方式

考虑到学生们对填鸭式教学方式的反感，应当从环境资源保护法的特点和学科体系出发，从大的历史观的角度引导和帮助学生了解向绿色生产和绿色消费转变的必要性。同时，通过对国内外具体情况的比较分析，积极引导和帮助学生归纳、推导出建设生态文明的现实必要性。除此之外，考虑到教学中的趣味性，可以通过适当引入图片、视频、小组讨论等方式来激发学生的兴趣。

2. 案例教学方式

案例教学既能够促进学生对所学知识点的掌握和理解，也可以激发学生对绿色生产和绿色消费所蕴含思政元素的讨论和交流。通过对案例中各类信息和知识点的提取，可引导学生自发完成绿色生产、绿色消费、生态文明、绿色发展等知识体系和逻辑体系的搭建，进而得出富有启发性的结论或者改善建议。这一过程也能够提高学生对绿色生产和绿色消费之法律制度的理解以及逻辑运用分析能力。

3. 情景带入教学方式

将学生带入不同的场景中，模拟不同的身份，可帮助学生理解绿色生产和绿色消费的重要性。例如，在情景角色的设定上，学生既可以扮演司法裁判机关或者行政相对人，也可以扮演环境公益组织或者受害者。在身份转换的过程中，教师可帮助学生全面掌握不同主体所享有的绿色生产和绿色消费的权利和义务。

（三）教学效果分析

绿色生产和绿色消费是一个极其重要的问题，这不仅是社会转型的必然，而且是实现绿色、低碳发展的必然。本课程从新时代中国特色社会主义发展全局出发，秉持人类命运共同体以及生态文明建设的理念，引导学生树立绿色消费观、绿色生产观、绿色行为观、绿色社会观、绿色国家发展观。同时，在深度挖掘相关制度体系的法律逻辑、人性考量、价值定位和国家制度定位等因素后，引导学生积极参与我国的绿色生产和绿色消费的立法、司法、实践。这既是对当代环境保护法律工作者历史使命解读的必然，也是实现代际正义的应有之义。

五、结语

党的十九大报告明确指出绿色生产和绿色消费的重要性，并将其作为实现新时代中国特色社会主义宏伟蓝图的重要内容。党的二十大报告从中国式现代化的高度对我国生态环境保护提出了新的要求，这为绿色生产和绿色消费指明了新的发展方向。对此，通过对本课程思政融合途径的探索，可引导学生对绿色生产、绿色消费以及生态文明建设进行思辨式讨论，从而激发学生的使命感和参与感。基于此，应当围绕绿色生产和绿色消费重塑课程框架、教学目标和适用情景，通过对学生进行科学、有效的指导，促使其自觉形成正确的世界观、人生观和价值观，厚植爱国主义情怀，成为生态文明建设的参与者、推动者以及传播者。在此过程中，在课程思政元素的教学中应以学生为主体，充分重视学生对知识的接受程度、认同感以及理解度等，及时对课程思政元素与专业知识的融合效果进行调研，从而适时调整课程内容的安排和设计，努力达到课程专业知识（1）+思政元素（1）>教学目标（2）的效果。

中国式现代化下法理学教育的实证主义化问题浅析

王永祥*

一、引言

习近平总书记指出，“司法是维护社会公平正义的最后一道防线”①。党的二十大报告也旗帜鲜明地提出了司法与公平正义之间的必然关系，这是我国实现社会主义现代化中的关键环节。法学教育尤为重视“在实践中砥砺品性”，注重知行合一，贯彻公平与正义②。高等学校教师不仅要让学生了解法律体系的基本结构，而且要使之意识到我国社会主义法治成果相较于西方的更高水平，为此需要在授课过程中不断融入课程思政元素。中国式现代化是对现代法律生活的重整，是中华民族的智慧结晶，它迎接挑战而上，不走西方老路，以跨越西方社会发展中曾出现的各种陷阱③。这种超越性解释有助于对西方现代性问题进行超越性理解。现代性问题是西方社会借助启蒙运动和宗教对世界进行普遍均质化推进过程中的产物。中国式现代化则是对现代性思想的重构，强调为人民服务的主旋律，通过每一个具体案例，让人民感受到公平正义，将法治观念融入人们对司法案例的理解过程中。换言之，司法是法律的核心，也是法学教育的重要向度。在

---

* 王永祥，首都经济贸易大学法学院讲师，硕士生导师，法学博士。

本文系首都经济贸易大学研究生教学改革立项项目“交叉学科人才培养机制与模式创新研究与实践”的阶段性成果。

① 习近平．习近平谈治国理政：第2卷［M］．北京：外文出版社，2017：131.

② 马怀德．法学类专业课程思政建设探索与实践［J］．中国高等教育，2022（6）：34.

③ “在实现现代化的过程中如何确保国家和社会的稳定，跨越各种陷阱，是中国式现代化必须面对的艰巨挑战。”姚建龙．中国式现代化进程中的法治：功能与定位［J］．政治与法律，2023（1）：2.

本课程思政的讲授过程中，教师应该注意增强学生的法治观念，启发学生对社会主义核心价值观的深入思考，通过生动的案例教学帮助学生还原法律生活的本质。

二、现代性问题背景

（一）现代性问题与法学教育的关系

美国法学家霍姆斯曾将法律比作“没有黄油的锯末”(sawdust without butter)，他告诉自己的儿子，如果不加黄油只吃锯末，那么你在法律上就成功了。霍姆斯是法律现实主义的代表人物，他探讨了实在法体系与法律实践之间的微妙关系，指出了现代法律强调规则而忽视实践推理的弊病。现代社会更加强调法律规则及其教义学体系，法律人的培养过程更加“流水线化”。以往不少人认为，法学院校在人才培养中的流程化是促进法律职业化的必由之路。但实际上，所谓现代化的教义学体系使得学生逐步沦为法律知识的机械吸收者，缺少现实关注性和社会思辨能力。美国法学家菲斯克认为，法学院校是法律职业的看门人，法学教育会塑造通过这扇大门的学生之性格。卡夫卡在其《法的门前》中，已经论证过这样的问题，他借助守门人的话语表达了外行人理解现代法律科学的难度，言外之意是法律教义学框架存在局限。这展现了现代性问题的弊端，法律人享有对以立法为中心的法律体系的理解能力，却很难让普通人理解法律所蕴含的独特价值。这从侧面证明了法律现代性问题与规则体系之间的微妙关系，实证主义（实证化）的制度本身就具有局限性。

在法律方面，现代性问题主要涉及自然权利与社会公共性之间的衡量，法治在其中扮演着协调立法体系与社会活动关系的角色。具体到法学教育而言，法律主要涉及实证主义法律体系与司法能动性之间的矛盾。一方面，实证主义制度确实提供了鲜明的效力位阶体系，为法律搭建起了一种严格的效力等级体系。法律实证主义将法律的规范性限缩为一种分析语义概念，法律指引、评价和规范的功能先于其价值而存在，功能主义的观点也在教材中占据主流。另一方面，实证化的规范体系否认了法律作为一种个案正义的存在，它忽视了广泛社会互动所带来的人与人的交往特性。因此，要想改变法律的这种现代性局限，就需要借助法律的价值论、解释论和个体权利来消解实证主义造成的影响，而其中较有代表性的

就是案例教学法①。

（二）中国式现代化对现代性问题的超越

党的十八大报告指出："建设中国特色社会主义的总任务是实现社会主义现代化和中华民族伟大复兴。"中国式现代化有着深厚的根基，天然具有超越实证主义的维度。可见，中国式法治现代化更加侧重个体性与马克思主义的法社会学特性，强调从广泛的社会互动视角考察法律的含义。该语境的内涵既包括法治的德性标准——主张从中华法系传统和新民主主义传统中获取养分②，也符合当代中国社会超大规模性的特殊实际，侧重于在社会生活过程中保护人民重塑美好生活的权利。这意味着我国的法治现代化是以社会主义核心价值观为前提来诠释微观社会互动以及人民群众再组织的。在该语境下，对司法的理解也应超越实证化制度，而应侧重于社会内部展现出的广义社会互动，其中一个具体的展现方式就是"个案正义"。这也为法科生提供了一个感受社会公平正义的独特视角。立足党的领导和人民当家作主，我国立法体系又呈现出鲜明的实证主义，这要求我们应围绕立法展开具体分析。

具体而言，上述核心乃是司法活动对社会生活的呈现过程。法学教育的核心建立在生动的案例课程中，但我们又"绝不能照搬西方所谓'司法独立'的路子"③。这就要求我们探索出一条以法治现代化为核心，以中国特色社会主义法律体系建设为基础的新型教学手段。为此，应以中国式现代化范式对教学体系进行破局，围绕我国社会主义核心价值观的基本政治道德框架，运用案例分析提炼核心观点，从人民司法的视角培育学生的法治精神。案例教学是打开从硬性法治到软性法治转变之门的钥匙。法学教育不能只关心形式法治，还需要关注具有实质合理性的内容④。

---

① 李桂林．法律推理的客观性及其实现条件［J］．政法论丛，2008（3）：72.

② 喻中．中国式法治现代化的建构方案［J］．法律科学（西北政法大学学报），2023（2）：19.

③ 习近平．坚定不移走中国特色社会主义法治道路 为全面建设社会主义现代化国家提供有力法治保障［J］．求是，2021（5）：8.

④ 高鸿钧．现代西方法治的冲突与整合［M］//高鸿钧．清华法治论衡：第一辑．北京：清华大学出版社，2000：29.

三、现代性问题对法理学教学的影响

（一）现有法理学教材存在的问题：教义化结构严重

我国现阶段法理学教材的编写采用了典型实证主义体系架构，其鲜明的“法治”特征强调法律的规范作用和社会作用，希望通过法律对人的行为进行恰当的指引。其基本结构包括导论、基本概念、法的起源与发展以及法的运行等四编。在对法律基本概念的讲授过程中，教师也形成了从概念论、法律本体论到法律社会论的扩展，对法律概念的解释也以规范的指引性为出发点。总体而言，我国法理学教材体例全面，内容丰富，其内容与社会主义法律体系具有高度的吻合性。但是从法理学教学的角度来看，现阶段教材更加关注本体论的建构问题，强调指涉性命题对学生的指引作用，它笼统地对某一陈述和主张进行“正确和错误之分”，而很少指出一种立法判断背后的根据（grounds），这也导致学生在学习教材内容时极为容易以基于“真假值判断”的“描述性实证主义”的观点看待问题，而很少面对司法实践中关于根据的“理论争议”①。

究其原因，乃是司法实践中存在着大量的价值论冲突，教科书却很少解释不同政治道德之间的辩证关系，很难通过反思平衡理论，多角度理解社会生活的复杂性，而是试图用实证主义法学掩盖价值论冲突的难题②。实证主义法学更侧重概念建构与体系完善，会将这种理论争议排除在具体命题和涉及道德的内容之外③。其认为，法律推理的瑕疵乃存在于道德内容和权宜之计之外的模糊地带，该地带因不同的语言开放度而被不同的司法解决办法所容纳，只能为其寻找日常社会惯习的基础，而不能通过法律推理进行必要的延展。实证主义体系并不会将具体命题和道德内容二者进行融贯，而是强调明确的规则可以指导现实，这就使得学生不仅难以从法律的规则学说向社会法学的语境论拓展，而且难以在法律本体论内部进行法律推理方面的训练。其问题在于，虽然强调了法律规范性、指引性等实证主义特征，但是并没有指出这种特征内在的“经验性”案例基础。

---

① 德沃金．法律帝国［M］．许杨勇，译．上海：上海三联书店，2016：4.

② 此处的价值只具有一般性，它侧重对一般行为进行不同的司法判断。

③ A W B SIMPSON. The common law and legal theory ［M］ // A W B SIMPSON. Legal theory and legal history essays on common law. Hambledon Press，1987：361.

这就导致教师在授课时往往仅以立法为导向，于是在教学过程中往往存在如下问题：学生的论文都关注问题的“思路”“制度设计”“对策”等，以“推进立法进程和推动司法改革作为研究的归宿之一”，而很少关注对问题本身的细致分析①。这种提出问题与解决问题的思路是一种典型的功能主义法学范式。功能主义法学并不分析产生功能的外在系统结构，更不能对法律传统给出理解性的判断。这就容易导致学生形成对某种理论进行“主义化”和“标签化”的刻板思维。如果从实证主义本身的视角来判断，这会让学生将法律视为一种强行性“制度”，而忽视了法律实证主义更加重视的宏观制度的规范性，以及基于制度规范性而产生的微观行为。

（二）法律实证主义导致学生思维的局限

学生在理解实证化制度的时候，往往将经由司法实践提炼出来的教科书内容奉为圭臬。实证主义的现代性局限主要停留在两个方面：科学立法思维的固化和实证主义底层逻辑的非人文性。造成前者的一个重要原因来自我国的基本舆论导向，科学立法在我国居于主导地位，立法在社会中的权重较大，立法思维深入人心。造成后者的主要原因则来自社会科学本身的研究范式：我国的社会科学基本上沿袭了一般性社会学理论建构及其实证分析理论，学生对司法实践本身的内容并没有太多理解，这就导致教学活动呈现出高度的研究性思维。

首先，学生容易受教科书的影响而产生极端实证化思维，这很容易使学生在立法理性与司法合理性何去何从之间陷入迷茫。在对待法律实证主义时，学生往往会产生一种理所当然的认知心理。在法学院中并不存在量化实证研究课程的前提和导向，学生不清楚教科书的结论在现实中很可能存在一个实验对照组，也无法获知某一课本中的命题是不是一种假设。学生更不可能理解现有的法律实证主义本身经历了长期的理论演变，是在个案基础上形成的反思均衡批判。因此，学生会机械地将通过实证得出的结论套用至现实分析中，认为“体系可以映射现实”，而不考虑其中的法律推理融贯性过程。这就导致没有接触到实践的学生会产生一种天真的想法：我翻一翻法典或法规就可以解决所有问题。然而，法学院讲授法律推理的目的，绝不仅是教学生通过法条去理性地思考，更重要的是希望

---

① 陈瑞华．徘徊于问题与主义之间［J］．读书，2004（1）：9.

教学生以不同于常人、不同于其他职业的方式去思考①。因此，一定要摒弃杰罗姆·弗兰克和卡尔·卢埃林那种“部分的法律就是政策制定者的法律”的现实主义观点，这种观点认为“法官的意识形态、态度、政治和政策偏好在最高法院的决策中发挥的作用比任何传统的法律推理方法更有效”，从而对法治的独特含义持怀疑论②。该种观点很显然会对由立法、政策或现代政治道德主导的内容予以无限支持。

其次，学生对体系化教学的感受性偏弱。由于实证主义本身产生于法律命令和权威学说，在文字表达上也就倾向于采用祈使语句或语言分析③。尽管后期实证主义不再强调实证化数量聚合的标准，而是强调社会参与和集体意识，但这种社会参与更多是被动性参与，仍然带有自然主义（科学主义）的印记，无法实现后现代“生存意向性”对“现成意向性”的批判。它仍然带有鲜明的资本主义民主理论的印记，把民主描绘成精英之间的竞争，而这不符合我国建设社会主义现代化过程中对全过程人民民主的要求④。在接受实证主义的同时，人对司法的共情感也会相应减弱⑤。这就导致我国当下的法学教育存在一定问题，更强调对法律的研究性解读，“辅助型案例教学法（鉴定式案例教学法）”在众多部门法中占据着主要位置。辅助型案例教学强调法律事业，“旨在培养学生怎样更好地把法律规范适用到具体案件中，即实现案件事实与规范之间的契合”⑥。但这忽视了案例本身对理论进行分析的特征。要注意的是，我们并不是要单一地寻求对法律价值的某种抽象感受，不能停留在受到实在法潜移默化的影响并做出一种反馈性描绘（description/characterization）的基础之上，也即减少语言的分析和概念的定义⑦，而是要进一步寻求对美好价值的追求；要通过慎议的讨论，寻求“民主同意理性的论证”，并思考基于事实进行不同法理学进路视角对话时唯一合法的说服方式。

---

① F SCHAUER. Thinking like a lawyer. a new introduction to legal reasoning [M]. Cambridge MA: Harvard University Press, 2009: 2.

② F SCHAUER. Thinking like a lawyer. a new introduction to legal reasoning [M]. Cambridge MA: Harvard University Press, 2009: 3.

③ 文学平. 集体意向性与制度性事实：约翰·塞尔的社会实在建构理论研究 [M]. 北京：法律出版社, 2010: 123.

④ 坎贝尔, 刘坤轮. 法律与伦理实证主义 [M]. 北京：中国人民大学出版社, 2014: 245.

⑤ 唐丰鹤. 司法过程中的共情 [J]. 浙江社会科学, 2022 (9): 57.

⑥ 朱振. 法理型案例与新型案例教学法 [J]. 中国大学教学, 2022 (9): 56.

⑦ 波斯特玛. 边沁与普通法传统 [M], 徐同远, 译. 北京：法律出版社, 2014: 368.

四、实证主义教学模式的理论重构

（一）拓展立法型教学的外延

既然学生难以理解社会多元的道德因素，同时教师也很难对学生进行概念论之外的社会系统结构的分析，那么不如改变实证主义教学的视角，在授课范围中融入部分价值法学的观念，适当拓展实证主义在“应当”范畴上的规范性特征。尽管学生一开始可能难以理解一些法律价值，但在面对书本上法律规则性本应具有的“一般常识”（common knowledge）之时，学生会基于人的基本同理心，发现某种共识性的公共性特征。这将使课堂教学活动返璞归真，重回当下的法律实践之中，呈现复杂社会互动的基本结构，然后再赋予法律规则体系以指引性特征①。它为实证主义与价值法学的讨论提供了一个“求同存异”的基础语境，避免学生在实在道德与批判道德之间的站位选择，而是将道德视为制度目标的指引。从而促使学生这样理解：法律制度并非强行性规则，而是个人需求寻求制度激励的方式，以“社会互动”为核心寻求规范性制度的建构。

正因为如此，对实证主义进行重新定位在一定程度上克服了西方现代性问题。正如富勒所说，司法活动并不是在已然和未然之间的选择，而是在多种可能性中，由个体做出一种个体可接受视角（perspectivalism）的选择，即“在两种奋斗之间的选择”②。在这两种极端化选择之中，法律不再是针对形式主义的便捷应用性（convenience）和针对现实主义的直接性，而是提出一种超越当下应用性之更广阔的此时性（temporality），为个体提供“秩序整合”和跨时间的规范性指导。这是中国式现代法治的基本要求，现代法治正是不进行“专断性解释”，而是促使民众知晓各种不同的观点，并在此基础上做出正确的选择。这同样也是中国式现代化对高等教育提出的要求，它在学生个体可接受的基础之上，

① 本文反对这种陈旧的实证主义观点：“法理学家们站在一个外在解释的视角，认为实证主义本身乃是继续通过‘将实践修正为惯习’，用惯习的理由为承认规则的理由提供基础——用惯习为人们的一致性寻找基础。”王昱博．重构理论争议：迈向表达主义法理论［M］// 北大法律评论：第20卷．北京：北京大学出版社，2019：127.

② L FULLER. The law in quest of itself［M］. New York：AMS Press，1966：12.

还提供了一种深层本体论的选择①。通过对特殊性和社会互动中个体要素的考察，实证主义从逻辑实证主义和休谟因果关系的道德情操论中解放出来，更加关注休谟提出的“正义（财产）理论”等关乎实践的话题，从而可使人了解教材之外社会事实本身所具有的意义。这些话题不是传统实证主义“服从与否”的宏观制度分析，而是关乎社会互动的微观层面。关系是一种共同利益，“每个人内心都能感受到，其在同伴中得到评价，使不同个体一起参与趋于公共功用（public utility）的总体计划或行动体系”。

（二）正确处理立法与司法的关系

在法律演进史中，司法活动与立法活动长期存在着对立关系。司法活动是处理社会性事项的经验汇总，即便它产生先例型（个案）权威，也是法律从习惯中自生的权威；而立法活动是主流政治道德观的直接反映，既是针对特殊情况提出的解决方案，也带有鲜明的政治倾向性。站在不同的视角看待法律的性质，会产生不同观点，内在视角更侧重司法的社会学属性，外在视角更侧重法律的政治属性。总体来说，内在视角更侧重保守的“有机发展观”，强调法律实践的重要性，在对法律性质的勾勒上也更倾向于法律演进的社会理论；立法则更侧重借助新的政治道德进行大刀阔斧的改革。

当教师进行授课时，本质上就是试图对司法活动进行解释，它表现为“传统”在何种制度上可以被革新。但是正如美国法学家伯尔曼所言，由于高校教学体制的局限，课堂教学与制度解释之间存在一定的紧张关系，无法完整阐述法律在稳定性与革命性之间的交替过程，司法活动与立法活动呈现出一种渐进且循环式的演进观。法律这门学科的本质，是习惯与律令、守旧与革新、传统与科学等之间二元关系的博弈。法律的实践是“过去在变化中的呈现过程”，它为人类的社会交往提供了一种实践理性的认知方式②。授课教师应该为学生指出一般性的法治观念，这并不是指西方的司法独立或司法至上观念，而是侧重中国本土传统的现代化诠释过程，通过法律的方式调整习惯经验与政治道德之间的关系，进而寻求一种合理的诠释。现代法理学教学的主题其实是模拟法官在特殊案件情况下，怎么补救不同司法制度与新型立法之间的差距。学生需要在寻求“法秩序统

① 佩岑尼克．法律科学：作为法律知识和法律渊源的法律学说［M］．桂晓伟，译．武汉：武汉大学出版社，2009：256.

② 格伦．世界法律传统［M］．李立红，译．北京：北京大学出版社，2009：17，24.

一”这一理想性道路上，寻找兼具合法性与正当性的最佳解释。

诠释的传统直接造就了不同的解释进路，立法型授课和司法型授课是两个相反的维度，这造成了讨论实证主义理论的侧重点的不同。立法型授课教学强调权威性，天然符合主权的理性（rationality）基础，这种教学法可以有效回应苏格兰启蒙学者提出的“是—应当的二元论”，为形而上学找到现实中的实践范例，进而提供一种关于主权统辖法律的合法性基础。但是，以司法为主导的案例教学范式却难以适应立法的现代化①。在授课过程中，更应该强调司法的特殊功能——检验法律秩序多元方式的可能性（而非确定理性），“在丰富的体系内发现和谐与不和谐的音调”②。

五、尝试性解决办法：案例教学法

案例教学法本身具有打破实证主义的内在认知方式，强调以指导性案例进行法律推理的具体过程。通过案例教学，学生不再对既有任务进行接收和解释，这解决了教材立法性导向过强和问题性分析过弱的问题。这种教学思路主要建立在弘扬社会主义核心价值观的基础上，通过主题化教材解读以及案例型教学授课这两方面的内容进行呈现。

（一）主题化教材解读

对教材进行主题词解构，帮助学生拓展发散性思维。相比实证主义对价值论的排斥化处理，法学教育工作者需要在我国立法体系的基础上对教材进行“弱版本”实证主义的改进，它具有如下特征：诸多优秀的教材都采用了主题词索引的做法。这既包括以法学家或法官为主题对课堂教学进行重构，也包括以法学流派的演变对历史演进进行解析。这从另一个维度展示了法律实证主义的某种特征——对于特殊性的关注。在这种以“主题（论题）”为焦点的课程体系中，特殊性命题可以朝向普遍性命题逐渐展开，展开的过程乃能促进学生对具体问题

① G J POSTEMA. Classical common law jurisprudence（part Ⅱ）[J]. Oxford university commonwealth law journal, 2002（2）.

② C M GRAY. Reason, authority, and imagination: the jurisprudence of Sir Edward Coke [M] // P. Zagorin . Culture and politics from puritanism to the enlightenment. California: University of California Press, 1980: 34.

的辩证性思考。论题是论辩双方就某个辩证问题寻找论点、事例或资料之所在地或储存的位置，而不是一个具体给定的结论：“论题是回答者和提问者展开论证所凭借的工具或场所。”① 它为学生指明了方法，这种范式符合司法基本演化的科学结构。特殊性关注的是现代最新实证主义转向规范性过程中的前沿性特征。学生在记忆课本知识时，不再以解释的真理、假理为导向，而是侧重课本中所呈现词汇对法律现象的感知，课本知识所形成的解释永远指向加拿大法学家普里尔所说的“由该种话语构成的社会现实”。

（二）案例型教学授课

首先，具体进行案例教学授课，使学生了解现代性本质，加强其对法律知识的学习。案例教学法需要转化为学生可理解的范畴，转化为与当下社会中情理法密切相关的内容，这一范畴主要包括两方面内容：一是选取社会典型案例，如我国的于海明案，国外的多诺胡诉史蒂文斯案等；二是帮助学生理解重大案例的社会情理法结构，并尝试建立案例之间的联系。相较于法律类型化的讲授，案例教学更能展示教育本身的含义，教育是一种激发（educate）或苏格拉底论辩式的教学活动，需要不断引发学生进行思考，而不只是知识的传授。

其次，建立法律推理的完整过程。案例教学需要与法律推理有机结合。在我国现行法律体系中，推理主要是通过对大前提和小前提的推论来寻找符合法律规则的案件事实，然后做出相应判断。这种推理范式将法教义学融入了课堂授课过程中，但是也容易使学生孤立地看待案例，无法寻找到本案与他案之间的相似性和关联。换言之，当案例之间的类比推理局限于涵摄论证的范畴之中时，则这一论证无法全面展示司法论证的外部证成。案例教学法失去了直接反映社会情理法的维度，这就使得学生不能很好地理解何谓司法的公平与正义。可见，案例推理要与社会实现良好地结合起来。

最后，进行有效的总结，带领学生去理解情理法中的融合过程。通过一部分抽象的思想实验（如洞穴奇案、电车难题等）帮助学生看清社会契约论的基本结构。在抽象思想实验的基础上，确立中外经典案例的显性特征，并围绕这些基于不同流派思想的案例进行专门的讨论型讲授，以强化学生法律解释和法律推理的能力。特别是，可以增加小组互动或进行小范围的协商民主式讨论，探讨案例

① 舒国滢．论题学：从亚里士多德到西塞罗［J］．研究生法学，2011（6）．

的多元化分析进路，使案例与社会主义公民教育形成呼应。

六、结语

习近平总书记指出，“为人民谋幸福、为民族谋复兴，这既是我们党领导现代化建设的出发点和落脚点，也是新发展理念的‘根’和‘魂’”。同样，法理学也是法学教育的“根”和“魂”。随着中国式现代化的深入推进，我国在现代化水平上已经实现了社会主义法律体系的建构，在党的引领下已经取得了举世瞩目的成就。我们的法学教育也应该紧紧跟随中国式现代化的脚步，这不仅需要部门法授课教师在体系内进行创造性的授课活动，而且要求作为法学“观察者”的法理学课程能够提出实证主义结构之外的认知方式。我国的法理学教育应该建立有别于部门法的授课体系，案例教学法很可能是一个突破口，因其有助于为学生对法律的宏观理解提供充分的实践性维度。这不仅包括培育法律职业的理念，而且包括塑造一种现代公民的教育模式，让学生明晰法治的基础在于社会主体之间形成公开、透明和有序的规范范式。此外，高校教师（尤其是青年教师）团队应该在法社会学和自然法学隐退的情况下，依然保持高水准的创新型授课范式，这有助于培养学生在多重道德观下进行自主性选择的能力。在全球竞争日趋激烈的大环境下，法理学课堂教学应避免考试型指向，避免成为利己主义通向最优解的一条途径，教师在授课中应该承担起培育学生自主性精神的义务。只有建立在这个前提之上，我国优秀传统价值的现代转化才会有深远的意义和价值，中国式现代化也才能在法治的轨道上得到有序推进。

对美国指责中国之虚伪性的批判
——来自对“国际经济法研究”教学内容的思考

金晓晨*

近年来中美争端愈演愈烈，似乎进入了西方学者所宣称的“修昔底德陷阱”之中，其对世界造成的影响大大超过了其他国际问题。特朗普和拜登这前后两位美国总统找了各种理由攻击中国，大致可分为三个方面：一是认为中国未接受西方的意识形态，走所谓西方的民主道路；二是认为中国破坏现存的国际秩序，影响了世界和平发展；三是认为中国在经贸领域实行了不公平贸易，占了西方尤其是美国的便宜。

然而，美国的指控是站不住脚的，不过是其为了维护自己的霸权找的理由而已。美国认为，全球霸主地位是其生存不可或缺的一部分，美国人无法想象自己不是全球领袖的情形。因此，美国不能容忍存在挑战者①。故此，为了维护其霸主地位，美国不惜编造各种理由攻击中国，充分暴露了其虚伪性。对此本文将从三个方面进行分析和阐述。

一、美国在国际事务中违背其意识形态，显示其虚伪性

西方的意识形态以多元民主自居，其来源有二：一是宗教原因。中世纪的西方社会普遍信奉上帝，一般教众无权和上帝沟通，只能由天主教会的神职人员传达上帝的旨意。但随着近代资本主义的兴起和新教的成立，一般民众也可直接与

* 金晓晨，首都经济贸易大学法学院教授，硕士生导师。

① 雅克．美国“新冷战”政策误区论析：正确理解“新冷战”[J]．东北亚论坛，2020（6）：4.

上帝沟通，因每个人沟通的结果各有不同，即构成了意见多元的宗教基础。二是有其哲学尤其是认识论的学理基础。人类一直在探寻自然界与社会发展的规律，希望找到事物发展中的绝对真理并遵照执行，然后就可万事随心。人最初得到的知识是通过五官感知的，当逐渐发现依靠五官（包括后来通过仪器）得到的知识并非完全正确、并非期盼的绝对真理时，人们将得到知识的途径转向了内心，其典型人物如西方的笛卡儿、中国的王阳明。又当人们意识到不论是西方的“上帝旨意”还是中国的“良知”皆非天生存于内心时，有些人（如洛克等经验主义学者）认为不可能得到绝对真理，而只能得到相对真理。因每个人所处环境不同，对同一事物认知有别，所得知识也有偏重，见解自然有所不同且多少存在偏颇之处。这就是西方社会提倡舆论多元的学理基础。西方社会在此基础上还达成了一些共识，诸如“我不同意你的观点，但誓死捍卫你发言的权利”等名言已广为流传。当然，中国文化对此并非毫无认知，我们常提到的“谦虚使人进步，骄傲使人落后”等警句背后所反映的学理也大体如此。

若人类只停留在“所得知识都是不完全的”这种认识阶段，就不可能有现代自然科学和社会科学。如前所述，洛克等经验主义学者认为虽不能发现绝对真理，但可发现相对真理。只要发现的现象在某种时空条件下可重复且对人类有用，就可称之为规律，由此出现了自然科学及社会科学。就自然科学研究而言，人们通常认同每个定理或规律有其各自适用的条件，并非在任何条件下都能成立，只要在相同条件下得到相同结果即能得到认可。但在社会科学领域，人们因历史、文化、国情、利益等的差异，对真理或规律的看法并不相同（尤其是对本国发展道路的理解），所做出的选择也不尽相同。

自马克思主义诞生时起，就有了资本主义与社会主义的道路之别。起初，马克思主义致力于使所有国家同时走上社会主义道路，并最终一起进入共产主义社会。但随着国际局势的变化，革命实践证明各国国情不同，不可能同时进入社会主义社会，社会主义实践可在不同国家独立进行。第一个社会主义国家苏联的解体使中国共产党认识到，苏联式的社会主义道路并不是社会主义的唯一方式，并通过不断探索引入了市场经济理论，确立了适合中国的社会主义发展道路。同时，我们也认识到中国发展模式或可为其他国家提供借鉴，却不能也不会通过强行输出的方式。习近平总书记指出，中国共产党不“输入”外国模式，也不“输出”中国模式，不会要求别国“复制”中国的做法。如前所述，西方学界也有这类似的认知传统，即世界上没有放之四海皆准的发展道路，只要适合本国的发展实际即可。

但以美国为首的西方阵营却背叛了自己的认知传统和文化信条，坚持所谓的“普世价值”。日裔美国学者福山甚至认为，自由民主制度也许是“人类意识形态演化的终点”和“人类整体的最后形式”，并将因此走向“人类历史的终结”①。人类真正有据可考的文明史大约为6 000年②，这6 000年与人类文明可预见的存续期相比可谓十分短暂，认为现在的西方民主制度是人类历史的终结既违反了人类不可能掌握绝对真理的理念，从历史唯物主义来看也显得十分荒谬。因而，允许各国选择不同的发展道路，为人类未来可能的发展模式提供多样的选择才应是国际社会的共识。在国与国之间的关系上，也应己所不欲，勿施于人，而非想当然地认为“己所欲，施于人”是正确的。

显然，美国之所以以意识形态为由攻击中国，并非完全基于不同的信仰。因为，意识形态和道义原则在很多情况下是与国家利益相辅相成、融为一体的③。美国之所以自觉或不自觉地将本国的价值观和生活方式向他国推广，完全是为维护其霸权统治的需要。美国现在的政策不但违背了其意识形态的学理基础，也违背了其建国早期的外交原则，即美国已经付诸实践的那些普遍原则不应当用火与剑来输出，而应当以其成功的榜样作用来影响世界各国④。中国则与之不同，中国不输出发展模式（尤其是不称霸），但若其他国家愿意来学习借鉴，我们也欢迎。

美国所推崇的西方民主制度之所以在某些地方得以推广，并非因为其是真理，而是因为其被信以为真。美国在国际事务中所实行的是霸权主义而不是国际民主，这充分暴露了其虚伪性。

二、美国作为现有国际秩序破坏者反而指责中国，足见其虚伪性

美国所谓的现有国际秩序可分为两个层面：一是美国作为霸权国依照其自身利益需要对世界进行统治的规则。在政治上，其可以通过威胁和高压手段，组织

① 熊光清．对三种不利于人类和平发展论调的重新认识［J］．人民论坛，2020（32）：22.

② 关于“人类文明史的时间”，目前学界尚无统一认识。在此，笔者认可并采用“大约在6000年前，随着人类文字的出现，正式宣告人类进入文明时代”这一观点。

③ 摩根索．国家间政治权力斗争与和平［M］．王缉思，译．北京：北京大学出版社，2019.

④ 摩根索．国家间政治权力斗争与和平［M］．王缉思，译．北京：北京大学出版社，2019.

盟国以及建立排他性的势力范围等，来创建一种为其服务的国际政治环境和国际体系的规则。在经济上，其实行的是为实现对世界经济（或可称为国际分工）进行控制而制定的规则。这些规则绝大部分未落实于明确的国际协议，可称之为潜规则。二是在联合国体制下所创立的各种国际组织及其制定的相应规则，可称为明规则。现实中，中国反对的是干涉中国主权、体现美国霸权的潜规则，而美国违反的多是作为国际法的明规则。

（一）中国被迫反对美国干涉中国主权的霸权主义潜规则

改革开放以来，中国长期奉行韬光养晦的外交政策。随着中国国力的增强，美国也想当然地以中国为对手，总是或明或暗地针对中国，甚至在有关中国主权的问题上指手画脚，想让中国在核心利益上让步，这是中国所不能接受的。

一方面，美国在台湾问题上指责中国违反现状，意图“武统”台湾。且不说中国到目前为止仍积极推进和平统一以及统一后实行一国两制，即使未来因外部势力或台湾内部“台独”势力的行为违反了我反分裂国家法，中国被迫采取非和平手段实现统一，我们也没有违反现状，因为中国从未承诺放弃武力统一的方式。近年来之所以采取了一些反“台独”的措施，也完全是对外部势力和岛内“台独”势力的行为所做出的必要反应。反观美国，不仅违反中美三个联合公报，持续扩大军售，且采取“切香肠”的方式逐渐掏空其承诺的一个中国政策，这才是真正的违反现状。

另一方面，美国在南海问题上也大肆指责中国破坏现状，说我们建立了许多岛礁，阻碍了自由航行，等等。但中国对南海的主权主张并不是现在才提出的，而是对历史的继承。实际上，某些国家才是违反承诺，在南海海域占领及扩建岛礁。例如，中业岛就是被菲律宾强行侵占的。中国针对某些国家持续侵犯中国主权而采取的措施，只是为维护中国主权的必要行为而已。

近些年来，美国对中国的定位几经变换，从伙伴、G2（指中美两国集团）成员之一、利益相关者到如今的竞争对手。但不论美国如何定位我们，中国作为一个独立主权国家、世界第二大经济体（如果按购买力平价计算，则中国已经是最大经济体）、人口超 14 亿的大国，其实现领土主权完整是完全需要得到尊重的，也是完全可以理解的。事实上，中国在崛起后，并没有提出任何新的领土主张，要求的只是正当的领土主权。

冷战结束以后，中俄美欧等世界事务重要参与者的关系一度相对和谐，世界也因此受益，享受了一些年的和平红利。但是，美国为了维护甚至扩大其霸权而不断改变现状，持续推进北约东进，导致地区局势不断恶化。在亚洲，其又打造所谓的亚洲版北约，在台湾地区和南海一带挑衅中国，制造紧张局势。所以，破坏国际秩序现状的是美国，而不是中国。

与其他一些发展中的大国（如印度）相比，中国可以说是遵守国际规则的优等生。中国一直奉行不干涉其他国家内政的原则，在亚洲也是如此，中国从未凭借实力要求其他国家遵从中国的意志，并借此成为亚洲的主导国家。反观印度，其在南亚地区可以说就是想当地区霸主。对这一点，以美国为首的西方国家却选择视而不见，足见其虚伪的本性。

在经济领域，中美的矛盾大致表现在两个方面。一是美国出于意识形态等原因，在国际分工中将中国定位为中低端制造业者。但中国并不会服从于这一定位，而是不断努力向中高端制造业迈进。因而，美国集中力量打压以华为为代表的中国高科技企业。但中国政府和人民绝不会屈从于美国的压力，仍将致力于提高我们在国际分工中的地位。二是美国不但要控制国际分工，还想控制各国的经济，尤其是金融业。与其说美国对中国实行接触政策的目的是希望中国走资本主义道路，不如说是希望中国在走上资本主义道路后，美国资本可以控制中国的金融业和高科技产业。在中美接触时期，美国一直希望中国对美开放金融业，如在特朗普执政时期，开放金融业仍是美国对华谈判清单上的首要议题。但对中国这样一个大国来说，经济（尤其是金融业）肯定要控制在自己手中，只有这样，中国才可以选择独立自主的发展道路。美国及其背后的资本对此肯定大失所望，从美国角度来看，中国没有将经济命脉拱手让给美国资本，就是破坏了美国安排的世界经济秩序。这也正是美国在经济方面指责中国破坏现状的重要原因，足见其言论的荒谬和虚伪。

（二）中国是联合国体制下现存秩序的维护者，而美国是破坏者

中国是现存国际秩序的受益者，没有推翻现存国际秩序的意愿。

中国对联合国安理会通过的决议，不论是赞成或有所保留（如投弃权票）的，都予以遵守。例如，即使 WTO（世界贸易组织）争端解决机构判决中方败诉，中国也持接受态度并按裁决执行。可以说，中国遵守了以联合国宪章为基础的国际规则体系。并且，中国已经加入了联合国几乎所有的机构，充分说明中国是遵守规则、执行规则的国家。

当然，中国没有接受荷兰海牙常设仲裁法院就中菲南海争议所做出的裁决。除去该裁决罔顾事实之外，中国事先也已经声明，中方不接受、不参与仲裁，不接受、不承认所谓裁决。因仲裁需要双方自愿，所以中国认为该裁决是非法的，不可接受的。

按照国际关系理论，一般都是后起国家打破现存的国际秩序，但目前却是美国这个现存国际秩序的重要缔造者成了破坏者。要想解释清楚这一点，就要先回答美国是否已经衰落的问题。以绝对实力而论，美国依然强大，但其内部确实产生了问题。

例如，美国的国家利益和美国的资本利益并不完全一致。全球化有利于资本的利益，但给美国中低端从业者带来了相对的剥夺感，这造成了美国国内全球化赢家和输家的分裂。美国的资本主义制度无法调和当前的社会政治分裂，只能将矛盾指向外部，将正在崛起的中国当作替罪羊。

习近平总书记指出，世界正经历百年未有之大变局，主要大国之间的力量对比步入了多极化新阶段。随着新兴大国如中国、印度等的崛起，美国的综合实力却不能实现持续增长，因而美国的国力在支撑其世界霸权需要时已显得力不从心。冷战前，美国的霸权局限于西方阵营，其国力足以应付。冷战后，由于中俄等大国无意挑战其霸权地位，美国过高地估计了自己的实力，在处理国际事务时催生了令自己痴迷的处理方式：打垮敌人，迫使其无条件投降。如前所述，美国在欧洲持续推行北约东扩，终于引起俄罗斯的反弹。在亚洲，其为遏制中国，又企图打造亚洲版北约，组建反华同盟。这些都消耗了美国的国力，因此其先后提出用软实力、巧实力等来弥补相对下降的硬实力。

当发现这些措施作用有限时，美国撕下了“慈善霸权”的伪装，不惜以破坏国际秩序为代价，与其想象中的竞争者尤其是中国进行消耗战。粗略盘点一下特朗普和拜登两届美国政府违反国际规则的行为，就有退出世界卫生组织、退出伊朗核协议、操控跨太平洋伙伴关系协定（TPP）、瘫痪 WTO 上诉机构、重新制定北美贸易协议等，更不用说违反 WTO 规定，调高中国商品的进口关税、禁止向中国出口先进芯片和制造设备，等等。虽然拜登上台后声称“美国回来了”，重新加入了世界卫生组织等国际组织，但特朗普政府的大部分措施仍被其保留，且其在打压中国时更是变本加厉。可以说，这两届美国政府已经不习惯用国际法处理国际事务，而更多是依靠美国国内法的域外效力维持其霸权。

当然，这种现象并不令人费解，当霸权国认为现存国际秩序不利于其自身利益时就会毫不犹豫地主动打乱现存秩序并寻求建立新的国际制度，具体的措施是减少公共产品的提供，以维护自己的利益。同时，在经济层面制造贸易冲突，在安全层面挑动代理人战争，消耗挑战者的国力。但当美国减少公共产品提供，又组织同盟对抗中国时，同盟国未必会如其所愿。

通过对比可知，美国才是现存国际秩序的破坏者，而中国是全球化的捍卫者。中国政府多次呼吁维护公平自由的贸易秩序，且当美国瘫痪 WTO 上诉机构时，中国与欧盟等世界贸易组织成员达成了多方临时上诉仲裁安排。因此，当美国对中国无端指责时，除充分暴露了其虚伪性外，并无任何说服力。

三、美国为将国内矛盾外移而指责中国实行不公平贸易，亦足见其虚伪性

（一）美国面临的问题由其国内各阶层利益失衡所引起

前文提到，美国的国家利益与美国的资本利益并不完全一致，且美国的利益也并非符合所有美国人的利益，某项政策可能使美国某些利益集团受益，也会使某些团体和个人利益受损，有关全球化的政策即是如此。

资本天生就有扩张性，其不可能仅满足于在本国市场投资，在世界范围内为商品找到足够的市场并找到足够的投资场所是由资本的本性所决定的。正因为如此，全球化应运而生。对于以美国资本为首的西方资本而言，无疑是全球化的受益者。其在广阔的全球市场中打造了从原料、人工到环境、市场等一系列产业链，并控制原材料的供给，寻找最便宜的人工，吸纳各国的人才为己所用。

美国等西方国家积极为资本及商品的输出提供保障。在全球化的初期，其国家利益与资本利益是大体吻合的。欠发达国家的进步有限，对西方国家产业的冲击也有限。美国认为，一旦其获得某个产业的领先地位，不论是别国有意为之还是某些偶发事件使然，这一领先地位都不可能在一夜之间被彻底打破①。即使发展中国家的发展程度有所提高，百姓逐渐富裕，对资本而言，发展中国家的消费升级也不过是为其商品提供了更广阔的市场罢了。

但随着全球化的深入，各国发现可以改变环境，并且在没有高进入成本的产

① 戈莫里，鲍莫尔．全球贸易和国家利益冲突［M］．文爽，乔羽，译．北京：中信出版社，2018.

业内迅速改变生产能力，从而发展自己的优势产业。以一些新兴行业如电动汽车、数字经济应用端等为例，像中国这样正在崛起的发展中国家也能进入其产业链的上游。面对此种局面，资本（如跨国公司）觉得即使把某些先进制造业或部分研发业务分布于全球，只要通过资本运作进行控制，对其也是有利的①。这时，国家利益与资本利益就产生了分歧。

资本可以从它们开展实际活动的世界任何地方收回利润，然而在大多数情况下，大部分经济收益如工资、税收等都将留在增值地。对一国来说，重要的不是谁拥有公司，而是自己是不是经济活动的中心②。一国的实力很大程度上取决于其 GDP（国内生产总值）在世界上所占的份额，经济全球化有利于美国资本，但却限制了美国 GDP 在世界上的份额，大致在 25%左右。若美国的份额不能持续增加，其国内的工薪阶层，特别是那些产业输出行业的从业者就有可能成为利益受害者。这就会引发全球化受益者和受害者之间的矛盾。

（二）美国指责中国进行不公平贸易，显示出其虚伪性

如前所述，为转移矛盾，美国迫切需要寻找替罪羊，于是将矛头指向中国，指责中国进行不公平贸易。其提出的理由有三：一是指责中国窃取知识产权，二是指责中国政府对本国企业尤其是国有企业进行各种形式的补贴，三是指责中国在关税水平和具体行业的市场准入等方面与美国不对等。

1. 知识产权侵权问题

对知识产权侵权问题可以分为三个层面讨论：①与商标有关的知识产权问题，以及以微软公司为代表的计算机操作系统等软件侵权问题；②制造业的专利侵权问题；③所谓的合资企业强制转让专利等问题。

首先，在改革开放之初，由于中国民众的收入有限，假名牌服饰或盗版软件较为流行，这与我国的相关法律还不完善，对此认识不深有关，且几乎所有发展中国家都会经历这个阶段。随着我国市场经济的不断发展完善，现在的盗版问题已大幅减少，对微软操作系统的盗版已几乎绝迹。

中国在解决盗版等的知识产权问题上取得的进步也得到了外国投资者的认

① 例如，在数字经济应用端，中国可以说与美国处于同一水平线上，如腾讯、阿里巴巴、京东、百度、抖音等并不输于美国的同类公司，TikTok 甚至超越了国外所有的短视频公司。但这些公司背后其实都有外资特别是美资的背景。

② 戈莫里，鲍莫尔．全球贸易和国家利益冲突［M］．文爽，乔羽，译．北京：中信出版社，2018.

可。例如，2020 年德国汽车工业协会、法国波尔多葡萄酒协会等先后向我国公安部发来感谢信，对我公安机关全力打击销售假冒汽车配件、假冒波尔多葡萄酒等工作表示敬意和感谢①。

其次，在制造业打击所谓侵犯专利权等知识产权问题上，中国司法系统做出了违法必究、依法处罚的决定。2022 年《最高人民检察院关于全面加强新时代知识产权检察工作的意见》从刑事、民事、行政和公益诉讼四个维度，强调综合履职和综合司法保护。可以说，我国在这方面的保护程度已经与其他市场经济国家无异。

美国对中国近些年在知识产权保护方面的进步也是心知肚明的，于是其转变方向，指责中国要求外资企业在中国投资时必须合资，以便强制要求外方转让知识产权。关于这个问题要指出的是，其一，目前包括 WTO 等国际组织在内，没有制定统一的投资协议，因此中方做法没有违反任何国际协议。其二，中国与美国也没有达成任何投资协议，两国间关于投资的协议在特朗普上任前一直在谈判中，但并没有达成一致，且以目前中美之间的关系来看，今后在相当长时间内也没有可能达成。与欧盟的投资协议也因政治原因被搁置，而与欧盟各个成员国达成的双边协议中也没有涉及此问题。所以，中国的做法没有任何可被指责之处，况且，以市场换技术是发展中国家在与发达国家合作时的通常做法，对此也没有什么可被非议的地方。即使如此，中国依然表示有诚意解决此类问题，希望与各方在达成新的投资协议时就此问题进行商讨。但新协议无法达成或生效的责任在美国和欧盟方面，以此指责中国毫无道理。实际上，中国为了显示诚意，在特斯拉来华投资时，已单方面开了绿灯，允许其在华开办独资企业。

显而易见，美国无视中国在知识产权保护方面的进步和诚意，总是无端指责中国，而对印度在知识产权保护方面的缺失（如不承诺对医药方面的专利进行保护等）却轻描淡写，充分暴露了其虚伪本性。

2. 补贴问题

关于补贴问题，美国指责中国政府制定相关产业政策，补贴本国相关企业，尤其是国有企业。在此需要指出的是，中国政府制定产业政策，以补上自己在关键行业的技术短板，本是无可指责的。美国曾在 WTO 中就补贴问题控告过中国，在 WTO 专家组就中美之间有关补贴争端的各项裁决中，中美双方也互有胜负。

① 宋灵云．担当亮剑筑牢知识产权保护法律屏障［J］．中国防伪报道，2021（4）：18.

此外，当争端解决机构判定中国败诉时，我们总是遵照裁决执行。

虽然美国未采取任何明确的产业政策，但其对基础研究的持续支持使之获益匪浅，不断投入的政府资源帮助美国新创设了一批数量惊人的现代产业部门，并使美国在这些产业中获得了领导地位。可以说这也是某种程度的补贴，只不过由于发展程度不同，美国将补贴给予新产业的创造，中国将补贴给予需要发展的产业而已。并且，美国对现有产业的补贴也并非没有，其联邦政府、州政府等都会出台一些优惠补贴政策，近期美国为芯片产业提供540亿美元的补贴即为典型的例子。

此外，美国在2008年金融危机中的做法以及近期对硅谷银行的处置也是某种变相的补贴。有人或许会认为，这是在危机来临时的临时处置措施，但若这些危机及处置措施定期出现，就可视之为周期性补贴。以硅谷银行为例，若遵照市场经济的原理，硅谷银行倒闭，硅谷众多公司的存款随之损失是市场经济运行的结果，但由美联储买单后，实质上是由美联储对这些公司进行了补贴。并且，对银行的兜底支持会使美国的银行在与其他国家的银行竞争时，放松对风险的管理，其行为也将更加激进，这会使其在竞争中处于优势地位，在某种程度上这种兜底支持也可被视为补贴。

3. 关税水平及准入问题

所谓对中美拥有不同关税水平和不同准入条件的指责，也可以分别论述如下。

一方面，不同的关税水平是由WTO规定的，而WTO规则是由美国牵头制定的。并且，中国加入WTO的议定书也是与美国通过谈判商定的，更何况中国在加入时还承担了许多超过WTO条款的义务。所以，以中美享有不同的关税水平来指责中国极为无理。不仅如此，美国国会近期还煞有介事地通过决议，宣布中国已经是一个发达国家，不应该享有发展中国家的优惠政策，更充分暴露了其霸权主义的嘴脸。

另一方面，不同的准入水平也是由各个国家不同的发展水平决定的，并不是由谁单方面决定的。实际上，美国在中国的投资及收益远远大于中国在美国的投资与收益，这说明虽然表面上中国的准入水平低于美国，但实际效果却正相反，表明目前中美间的准入水平是适宜的。更何况，近年来由于美国反华举动甚嚣尘上，对中国资本的准入层层设障，其已开放的行业也在缩减甚至取消。例如，其正在进行的禁止TikTok在美运营的行为完全是个笑话，让人难以理解美国年轻人所展示的宠物或生活小情趣和美国的国家安全有何关系。

可见，美国对中国普遍增加的关税及对中国投资的禁止，使美国对中国进行不公平贸易的指责显得既滑稽可笑又极其虚伪。美国或许会这样辩解：虽然中国没有明显违反国际法，但就结果而言，中国的发展占了美国的便宜。且不说西方一直标榜程序正义，不追求实质正义。仅就实质正义而言，美国指责中国进行不公平贸易的说法也站不住脚。福耀玻璃董事长曹德旺先生曾就中美企业的实际税负做过比较，并通过对比成本及收益得出结论：在中国国内挣 100 万元，实际到手只有 42 万元，而在美国却有 60 万元①。由此可见，中美企业谁的负担更重，谁在进行不公平贸易。

综上所述，美国是因为对其国内不同阶层利益分配不均衡而引起的矛盾无法解决或不愿解决，才将矛盾外引。所谓的意识形态之争，表明美国在国际事务的处理上背弃了其多元民主的信仰，当其在破坏自己创建的国际秩序而中国成为自由贸易的维护者时，却污蔑中国破坏现存国际秩序。不论从程序正义或实质正义上都无法证明中国进行了不公平贸易，但美国却依然无端指责中国，这足以显示出其对华政策的虚伪和霸道。

① 关于 100 万、42 万、60 万货币单位的问题，当时曹德旺在对中美税负进行比较时并未具体说明是美元或人民币。在此可理解为在美国挣美元，在中国挣人民币，二者可相互换算。

课程思政融入仲裁理论与实务教学的路径探究

张　建*

一、问题的提出

《荀子·君道篇第十二》中载："法者，治之端也，君子者，法之原也。故有君子，则法虽省，足以遍矣；无君子，则法虽俱，失先后之施，不能应事之变，足以乱矣。"这一经典论述彰显了法律制定与法律实施之间辩证统一的内在联系。在建设法治国家、法治政府、法治社会的进程中，需要通过高等院校的法学教育，为国家培养高素质的法治人才。在全球化时代下，随着我国对外交往的不断深入，共建"一带一路"走深走实，我国亟待培养一批具有家国情怀、国际视野，通晓国际规则，善于处理涉外法律事务，能够参与国际合作与国际竞争，善于维护国家利益，勇于推动全球治理体系变革的高素质涉外法治人才。党的十八大以来，以习近平同志为核心的党中央在全面依法治国、建设法治中国的伟大实践中，着眼于全面建设社会主义现代化国家的战略谋划，深刻回答了推进社会主义法治国家建设等一系列重大理论和实践问题，创造性地发展了中国特色社会主义法治理论，形成了具有鲜明时代特征、理论风格和实践面向的习近平法治思想。习近平法治思想的提出，为新时代法学教育和涉外法治人才的培养提供了行动指南。

为深入贯彻习近平总书记关于加强涉外法治人才培养工作的重要指示精神，认真落实中共中央《法治中国建设规划（2020—2025 年）》和中央人才工作会

* 张建，首都经济贸易大学法学院副教授，硕士生导师，法学博士。

议关于做好涉外仲裁人才培养的任务要求，加强涉外仲裁人才队伍建设，2022年4月，司法部、教育部、科技部、国务院国资委、全国工商联、中国贸促会联合印发《关于做好涉外仲裁人才培养项目实施工作的通知》（司发通〔2022〕16号，以下简称《通知》）。《通知》指出：加强涉外仲裁人才培养，要坚持以习近平新时代中国特色社会主义思想为指导，深入学习贯彻习近平法治思想，全面贯彻落实党的十九大和十九届历次全会精神，创新涉外仲裁人才培养机制，优化涉外仲裁人才培养路径，着力培养一批具有国际视野、通晓国际规则，能够在跨境法律服务市场提供专业服务的中国涉外仲裁人才，建立适应中国国际仲裁品牌和国际商事仲裁中心建设的专业人才培育、培训工作格局，为建设法治中国提供坚实人才支撑和智力支持。

《通知》规定，要统筹利用现有资源培育涉外仲裁人才，通过组建涉外仲裁人才培养专家委员会、建立涉外仲裁人才培训基地、组建涉外仲裁高端人才库、开展涉外仲裁项目证书教育、实施法律硕士专业学位（国际仲裁）研究生培养项目和组织开展专题教育等重点举措，有序推进涉外仲裁人才培养工作。

《通知》要求，到2025年，建立起与国际通行仲裁制度相适应的涉外仲裁人才培养体系，遴选1 000名高端领军人才、培训1 000名职业进阶人才、培养1 000名青年后备人才，打造一支坚定不移走中国特色社会主义法治道路的高素质专业化涉外仲裁人才队伍。

本文以研究生仲裁理论与实务课程为例，立足习近平法治思想中关于培养涉外法治人才的重要论述，提炼这门课程中所蕴含的思政元素，阐述仲裁法教学中融入课程思政的路径与方法，为打造优质的涉外法律实务课程提供可行方案。

二、研究生仲裁理论与实务课程的思政元素提取

（一）仲裁协议效力受制于可仲裁性约束

作为以法治手段解决私人之间民商事纠纷的替代性方法，仲裁既具有与司法相似的共性特征，也具有与司法不同的独特性。法院的管辖权建立在各国诉讼程序立法的基础上，是典型的法定管辖权；而仲裁的管辖权建立在当事人之间仲裁协议的基础上，属于建立在合意基础上的约定管辖权。在仲裁理论与实务课程教学中，突出强调了仲裁协议是商事仲裁的基石。但是，私人之间的意思自治受到

法律的约束，当事人订立的仲裁协议并不能约定将所有类型的纠纷均交付仲裁解决，而是受到法律关于可仲裁事项的限制。所谓可仲裁性，是指通过国内仲裁立法的方式允许当事人约定仲裁解决的事项范围。换言之，法律在允许通过仲裁解决的纠纷与禁止通过仲裁解决的纠纷之间划定了界限，当事人只能在前者的框架内作出约定，而后者则关乎公共政策，只能通过国内法院进行诉讼解决或者通过国内行政机关进行行政解决。这背后体现了法律对私人行为的指引与规范，如果当事人在合同中约定仲裁解决的纠纷属于法律规定的不可仲裁事项，则仲裁协议将归于无效，仲裁庭并不能取得管辖权。值得一提的是，除了法律明确规定的可仲裁事项以及法律明令禁止的不可仲裁事项之外，还存在若干可以探讨的纠纷类型，如劳资纠纷、雇佣纠纷、反托拉斯争议、证券争议、知识产权争议、破产争议等。这些纠纷究竟是否可以仲裁？对此学术上和实践中仍然存在不同的观点，需要结合其他的部门法进行交叉研究。授课教师可以利用这一机会，通过向学生提出问题，或者通过布置课后思考题等方式，引导学生自主思考、自我探索、查阅资料、撰写论文，并与学术前沿及仲裁法的修订结合起来。这也正是研究生教学不同于本科生教学的特色所在，即课堂教学与课外研究可以通过发现问题、分析问题、解决问题而实现内在的互动和良好的衔接。学而不思则罔，思而不学则殆。在授课教师的启发与引导下，学生自主探索学术问题，这本身也是课程思政的内在要求。

通过讲述仲裁协议与可仲裁性之间的关系，能够生动地呈现出私人自治与国家干预之间的张弛关系，培养学生的法治思维，使其能够以法治观念为基础，在法治精神、法治原则的指引下，建立良法良规意识，并运用法律规范、原则等对有关事项、问题进行综合分析、理性判断和推理。这种教学展示方式，不仅仅是知识和技能的简单传授，更是思维的养成和观念的塑造过程，其深度契合了课程思政的目标和宗旨。

（二）仲裁员应保持独立、公正、不偏私

在著名的卡特琳娜诉诺尔玛案中，仲裁案件的双方当事人分别是挪威船东诺尔玛与葡萄牙船东卡特琳娜，双方当事人分别提供了证人向仲裁庭进行作证。负责审理本案的独任仲裁员是一名英国的御用大律师。在仲裁开庭审理程序的间歇，该仲裁员不经意间公开谈及其本人对不同国籍的当事人所持有的偏见，并说，诺尔玛所提供的证人是挪威人，挪威人通常是可信的，他们不像意大利人，

意大利人常常为了追逐私利而说谎，葡萄牙人亦是如此，故而本案中的是非曲直已经一目了然。此言一出，卡特琳娜及其代理律师即提出该仲裁员存在偏见，其无法在仲裁程序中保持独立性和公正性。鉴于案件尚未作出最终裁决，卡特琳娜向法院提出申请，以仲裁员存在偏私的可能性为由，要求撤换该仲裁员，并最终得到了法院的支持。该案是仲裁实务教学中颇具典型意义的反面案例，仲裁员祸从口出最终招致了被迫退出仲裁程序的后果，且对其个人担任仲裁员的职业生涯产生了负面影响。

在课堂教学中，通过讲解这起案例，可以直观地对学生提出警示。首先，作为法律人，不论是一方当事人的代理律师、企业法务，还是居中裁判的仲裁员、法官，都必须做到谨言慎行，对自身行为可能产生的法律后果进行预先评估，尽可能避免风险；其次，仲裁虽然是诉讼外的替代性纠纷解决机制，但是仲裁员的使命是居中断案，这决定了其必须自始至终保持独立和公正，不能够将案件事实和法律适用以外的个人好恶、私人感情掺杂进案件审理中，不论是在内心还是在行动上，都要保持不偏不倚，只基于证据和法律来形成内心确信并作出裁决；最后，在涉及不同国家当事人的国际商事仲裁案件中，对仲裁员中立性的要求有更高的标准，其不得对来自不同国家、不同民族、不同种族的当事人及案件参与者持有歧视或偏见，而是要自始至终保持道德约束。

事实上，我国也有诸多涉及仲裁员利益冲突及仲裁员回避的典型案例，教师通过讲述案例，可提出具体的法律问题。例如，当事人在哪些情况下可申请仲裁员回避？仲裁员与当事人存在利益冲突的评判标准是什么？我国各级人民法院在实践中能否以仲裁员不公正为由撤销或不予执行仲裁庭已经作出的仲裁裁决？关于仲裁员不具有独立性和公正性的证明责任应当如何分配？这些问题的提出，可以引导学生有意识地检索我国法院关于仲裁员独立性及公正性的仲裁司法审查案件。从长远来看，对案件的深度剖析和阐释，也可对学生未来的法律从业提供有益的启发，促使其自觉遵守职业道德及行为准则。

（三）仲裁应遵循正当程序原则

1953 年 9 月，《欧洲保护人权与基本自由公约》（以下简称《欧洲人权公约》）正式生效。该公约第六条规定，在决定任何人的民事权利与义务或在决定对某人的任何刑事罪名时，任何人均有权在合理的时间内受到依法设立的、独立而无偏袒的法庭之公正与公开的审判。这一条款在国际商事仲裁领域频繁得到

援引，用来判定仲裁程序是否遵循正当程序原则。

具体来讲，《欧洲人权公约》所确立的公平审判权及正当程序原则涵盖了以下五个方面：第一，司法独立理念。这不仅是司法机关公平、公正司法的制度保障，而是人权得以有效实现的制度保障。第二，公开审判理念。这一点主要适用于诉讼程序，鉴于仲裁具有保密性，除非双方当事人一致同意，否则原则上仲裁程序不对外界公开。第三，诉讼期限理念。即任何人有权在合理的时间内受到依法设立的、独立而无偏袒的法庭之公正与公开的审判，如果仲裁庭在案件审理活动中无故拖延或非法拖延，可能会因超出合理时限而被认定为程序违法。第四，无罪推定原则。该原则主要针对刑事诉讼，在国际商事仲裁中虽然不能直接适用，但其理念和宗旨却可以得到体现，即申请人需要提供证据证明被申请人需要承担某种责任，在证据不充分的情况下不能认定被告人须承担相应的法律责任。第五，当事人最低限度的程序保障理念。即不论是申请人还是被申请人，均享有知情权、辩论权、询问证人及要求证人出庭作证的权利、获得翻译及代理的权利等，这意味着仲裁庭原则上不能在一方当事人不在场的情况下与另一方进行单独接触并讨论案件相关的法律问题，否则将剥夺对方当事人的知情权和辩论权。

（四）社会公共利益在仲裁司法审查中的适用

1958 年，在美国纽约通过的《承认及执行外国仲裁裁决公约》（以下简称《纽约公约》）为仲裁裁决跨国承认及执行提供了法律保障，但该公约第五条亦设定了拒绝承认及执行外国仲裁裁决的法定事由。以经济制裁为切入点，如果仲裁庭在审理时未考虑经济制裁对交易进行造成的影响，则仲裁裁决在制裁作出国的法院很可能被拒绝执行，相关理由包括仲裁协议无效、未遵循正当程序、不具可仲裁性、裁决违反公共政策等。

1987 年 4 月 22 日，《纽约公约》对中国正式生效。1987 年，我国最高人民法院发出了《关于执行我国加入的〈承认及执行外国仲裁裁决公约〉的通知》，该通知实质上只是规定了案件的执行程序，对于如何依据公约第五条第二款第一、第二项的规定进行审查，判断外国仲裁裁决的可执行性问题等并未涉及。1994 年颁布的仲裁法，则仅适用于在我国境内进行的仲裁，对于《纽约公约》的缔约国所作出的外国仲裁裁决在我国的承认与执行，也没有进行相应规定。关于承认执行裁决中的公共秩序，我国民事诉讼法只加以了原则性规定。有学者通过观察和总结我国法院的仲裁司法审查实践，归纳了公共政策适用于国际商事仲裁的几类主要情形：第一，仲裁裁决的承认及执行与我国的宪法原则相抵触，危害我国的国家统一和民族团结；第二，仲裁裁决的承认及执行将损害我国的国家主权、安全及发展利益；第三，仲裁裁决的承认及执行将违反我国缔结或参加的国际条约所设定的义务，或者违反国际社会公认的国际法原则；第四，仲裁裁决的承认及执行将违反我国法律的基本原则；第五，仲裁裁决的承认及执行将违反我国刑法当中的规定，如仲裁裁决所认可的交易涉及贩卖毒品、赌博、洗钱等犯罪行为。

公共政策的适用是一个国家开放或封闭姿态的缩影，也是一国合作利益与非合作利益的博弈。在我国法院审理的申请承认及执行外国仲裁裁决案件中，被申请人通常会援引《纽约公约》中的公共政策抗辩，但获得我国法院支持者却寥寥无几。不论是我国法院还是外国法院，都不会轻易动用公共政策来作为拒绝执行仲裁裁决的理由，凡是能够将拒绝承认与执行外国裁决的理由归因于公共政策以外的其他理由时，应当援引其他理由，只有在极为特殊情况下法院才会援引公共政策的条款。

三、课程思政融入仲裁理论与实务教学过程的示例

（一）知识点概括及重难点

1. 知识点提要

仲裁员作为根据当事人的选任或经过仲裁机构的指派而裁断国际商事争议的主体，对涉案纠纷享有仲裁权。权力的形式需要受到法律的限制，仲裁员不可滥用职权，而应当严格遵循职业道德准则。此种准则不仅包括国际公约、国内立法等硬性规范的约束，而且包括仲裁规则、行为守则、国际律师协会制定的仲裁员职业道德规则等软法规范的约束。具体来讲，仲裁员应当严格遵循公正义务，屏弃各种偏私。除此之外，仲裁员应当恪尽职守，勤勉履职，全程参与仲裁程序。仲裁庭成员之间应当相互配合、彼此协作，首席仲裁员不应当限制其他仲裁员对裁决书草稿发表意见。

2. 授课重难点

通常，授课教师在讲解仲裁员行为守则时，需要将仲裁员这一职业的特殊性

讲解清楚，在区分仲裁员与法官、检察官、律师、公证员等其他法律职业的基础上，明确仲裁员的职业道德准则并不局限于法律的明文规定，而是还体现于行业协会整体、仲裁机构内部确立的日常行为准则中。

（二）课程引入

1. 材料一：仲裁员应严格遵循公正义务

在来宝中国有限公司（Noble China Inc.）诉李家昌（Lei Kat Cheong）案中，仲裁程序在加拿大渥太华进行，申请人选任了一位英国御用大律师格里菲斯（Griffiths）担任仲裁员，被申请人选任具有中国国籍的高宗泽担任仲裁员，这两位仲裁员共同选任英属哥伦比亚大学的波特（Potter）教授担任首席仲裁员。经过审理，仲裁庭于1998年4月作出仲裁裁决，支持申请人的仲裁请求。但是，裁决书上只有波特和格里菲斯的签字，中国籍仲裁员高宗泽因对裁决书持保留意见而拒绝签字。1998年7月，高宗泽向败诉方的代理律师提供了一份宣誓书，指控波特和格里菲斯在审理本案时持有明显的种族偏见，违反了仲裁员所应当承担的公正义务。基于此，败诉方以仲裁庭成员违反独立性和公正性为由，向加拿大法院申请撤销仲裁裁决。

2. 材料二：仲裁员须全程参与仲裁程序

CME诉捷克案与劳德（Lauder）诉捷克案是两起紧密关联的国际投资仲裁案件，其中，CME是一家荷兰公司，其控股股东是一名美国公民劳德，CME与劳德共同投资在捷克成立了一家电视台，由于捷克政府的干预，该电视台的运营陷入停滞。争议产生后，劳德依据美国与捷克签署的双边投资协议在英国伦敦提起了国际投资仲裁，与此同时，CME公司依据荷兰与捷克签署的双边投资协议在瑞典斯德哥尔摩提起了国际投资仲裁，从而形成了两起相互平行的国际仲裁程序。位于伦敦的仲裁庭率先作出了仲裁裁决，判定劳德虽然证明捷克政府违反了双边投资协议，但是并没有证明劳德由此遭受了损失，这份裁决对捷克政府有利。此后，位于瑞典的仲裁庭作出了一份不同的仲裁裁决，其不仅判定捷克政府违反了双边投资协议，而且判定其由此导致CME公司遭受损失，于是裁决捷克向CME公司赔偿3.5亿美元的损失。第二份裁决作出后不久，捷克政府向瑞典法院申请撤销仲裁裁决，理由包括一事不再理原则以及捷克委任的仲裁员没有全程参与仲裁程序等。

3. 材料三：仲裁员有权对裁决书草稿发表意见

在马绍尔群岛第一投资公司诉福建省马尾造船股份有限公司案中，申请人是希腊的船东，被申请人是中国的造船厂，前者指控后者因违反造船合同而构成违约，遂按照约定在英国伦敦提起仲裁。该案中，希腊船东委任哈里斯（Harris）担任仲裁员，中国造船厂委任中国国际经济贸易仲裁委员会原秘书长王生长担任仲裁员，这两位仲裁员共同选任亨特（Hunter）担任首席仲裁员。仲裁庭与各方当事人于 2005 年 9 月在伦敦进行了开庭，2006 年 1 月，首席仲裁员亨特向哈里斯、王生长发送了第一稿的裁决书，判定被申请人向希腊船东赔偿 5 000 万美元的损失。2006 年 2 月，王生长以电子邮件的方式向其他两位仲裁员提出了保留意见，哈里斯也反馈了对第一稿裁决书草稿的意见。2006 年 3 月 25 日，亨特向王生长和哈里斯发送了第二稿的裁决书。但事实上，王生长在 2006 年 3 月 20 日已被我国检察院刑事拘留，根本没有机会看到第二稿的裁决书。亨特与哈里斯在王生长未对第二稿裁决书反馈意见的情况下，于 2006 年 3 月 31 日作出了裁决书定稿。2006 年 5 月，亨特向双方当事人致函，表明仲裁庭经过合议，已按照多数意见作出仲裁裁决。此后，希腊造船厂向中国厦门海事法院申请承认并执行该仲裁裁决，中国的造船厂则向法院请求不予承认和执行该仲裁裁决。

（三）思政元素的融入

中华民族传统美德历史悠久，经过 5 000 多年的传承与发扬，形成了人类文明史上的宝贵道德遗产，其涵盖了中华民族优秀的道德品质、优良的民族精神、崇高的民族气节、高尚的民族情感以及良好的民族习惯，构成中华民族的“形”与“魂”。同时，中华民族传统美德也是我国人民长期以来处理人际关系、人与社会关系和人与自然关系的实践的结晶。担任仲裁员，不仅是从事一项职业，而且是社会对个人道德品质和职业声誉的认可。要成为一名优秀的仲裁员，要有高度的责任意识，要把当事人的权利义务关系划分清楚。从事仲裁员工作还需要耐心、胆识和智慧。对仲裁员职业道德准则的学习和研究，实际上是道德义务法律化的产物。我国仲裁立法对仲裁员设置了较高的门槛，不仅从学历上提出了高要求，而且从相关实务经验上提出了严要求。可见，能受聘成为仲裁员是对个人能力、学术造诣、社会影响等与个人名誉相关的因素综合肯定的结果；当事人选定由仲裁员来对他们的纠纷进行公断，也是出于对仲裁员信誉的认可。可以说，信誉是仲裁员的上岗证。故而，仲裁员在履行仲裁工作职责的过程中或者在其日常

本职工作中，都应当对自己高标准、严要求。我国的刑法修正案已经规定了“枉法裁判罪”，全国270余家仲裁机构都有各自的仲裁员守则。归纳起来，仲裁员的执业操守有以下几点。

第一，廉洁、公正。廉洁是指仲裁员不利用仲裁权谋取个人私利，不接受当事人请客、送礼及提供的任何利益。公正是指人与人之间权利或利益的合理分配关系，如果人与人之间的权利或利益分配过程、分配方式和分配结果是合理的，称之为公正，反之则称之为不公正。廉洁是公正的前提，但廉洁不等于公正。公正不仅要求仲裁员廉洁，而且要求仲裁员正直、诚实，有科学精神，坚持辩证唯物主义，防止主观片面性。廉洁公正是仲裁公正的基础与保障。仲裁员要对双方当事人的法律权利作出终局裁决，关系重大，唯有廉洁公正，方能担此重任。

第二，勤勉、认真。仲裁员要有高度的责任感，应把当事人的授权视作病人将治病的权力交给医生，责任重大。唯有兢兢业业，一丝不苟，认真核实证据，查明事实，正确适用法律，公平公正地解决争议，方能不辜负当事人的信任与期望。做好仲裁工作，不仅能维护当事人的合法权益，而且是为社会的发展和进步尽自己所应尽、所能尽的一份责任。仲裁员应该清楚，许多争议由于案情复杂，材料烦冗，当事人之间矛盾尖锐，往往是现象掩盖本质，真伪莫辨，稍有不慎就可能出现判断错误，给当事人带来不必要的损失。那种认为仲裁不过是兼职工作、无足轻重的想法，那种不认真阅卷、庭审、评议、制作裁决，得过且过的态度，那种对待仲裁漫不经心、疏忽大意、草率从事的做法，都是仲裁工作之大敌，应该努力克服。

第三，守时、保密。仲裁与法院最大的区别在于专家断案、注重效率，这也是由仲裁的管辖范围（经济生活）所决定的——时间就是金钱，时间就是效益。因此，仲裁员在裁断案件的过程中应当严格遵守仲裁规则对审理期限的规定，在追求公平公正的前提下，及时进行调解和裁决，以节约当事人的时间成本。另外，仲裁与法院的区别还在于不公开审理，以保护当事人的商业秘密。因此作为了解双方当事人内幕信息的仲裁员当然负有保密义务。

（四）引导思考及讨论

1. 如何理解仲裁员执业行为准则的性质？这些义务属于法律还是道德？

2. 如果仲裁员在具体案件的裁断中违反了道德准则，当事人能否向法院起诉索赔？

3. 仲裁员违反独立性和公正性是否会导致仲裁裁决被法院撤销？应当由谁来承担举证责任？主张仲裁员违反独立性和公正性的证明标准是什么？

四、结语

党的十八届四中全会审议通过的《中共中央关于全面推进依法治国若干重大问题的决定》明确指出，建设通晓国际法律规则、善于处理涉外法律事务的涉外法治人才队伍。目前，我国企业在“走出去”的过程中遭遇了各种各样的法律风险，学好仲裁法，最终是为了服务于国家的对外法治建设，在国际上为中国企业和公民依法维权提供服务和保障。故而，创新仲裁理论与实务课程思政建设，其最重要的路径与方法是将涉外法治与人才培养有机结合起来。例如，将最高人民法院发布的“一带一路”典型案例嵌入课堂教学中，既可增进学生对积极推进“一带一路”的法治化理解，又可提升学生的责任感、使命感，意识到自身负有推动国内法治和涉外法治建设的重任，从而积极主动地参与国际法秩序的构建与维护，以理性、法治的眼光审视国际问题，为构建人类命运共同体作出贡献。

课程思政视域下国际经济法课程教学创新路径探析

魏庆坡*

一、国际经济法课程实施课程思政必要性的分析

课程思政是新时代高校思政教育理念的创新发展，它将各学科的专业知识与价值观引导结合起来，使思政教育元素渗透进各类专业课程之中。在原有思政教育的基础上，课程思政拓宽范围，将课程内容与社会实际联结起来，增强大学生的国家认同感和民族自豪感，致力于将大学生培养成为践行社会主义核心价值观的优秀青年①。

法学课程的科目众多，每个科目都有其自身特性，很难从整体的角度对法学课程思政教育进行总结，设计出普适的课程思政教育方案。国际经济法是法学课程的核心科目，涉及复杂多变的国际经济关系，包括私人之间的国际商事交易行为、政府之间的经济合作与协调关系以及私人与政府之间多方面的经济关系与商事行为。国际经济关系中涉及很多主体及主体之间复杂的关系，包括自然人、法人、国际组织、国家及其关系等，这使得国际经济法的课程内容也十分复杂。教师除了讲授复杂繁多的专业知识内容外，在课程教学中培养学生的国家认同感以及民族自豪感也同样重要。其中，注重国际差异化，培养学生正确分析并判断变幻莫测的国际经济关系的能力是重点内容。本课程的思政教育，旨在培养学生在

* 魏庆坡，首都经济贸易大学法学院副教授，硕士生导师，法学博士。

① 梁文生．高校法学专业课程思政教育模式研究［J］．高教学刊，2021，7（22）：194.

复杂的贸易环境中，更好地适应国际贸易的发展需要，处理好国际关系①。在国际经济法课程中引入课程思政元素，是对传统教育思想的延伸和升华。推动思政课程与国际经济法紧密联系，既能有效地发掘思政元素，也可以最大限度地发挥国际经济法的教学效应和优势，使学生具备以我国利益为根本的出发点的意识，实践社会主义核心价值观②。在教学过程中，教师既要讲解我国的法律法规和有关政策，又要培养学生判断、辨别和应用国际关系的实践能力，还要帮助学生做到德法兼修，树立正确的价值观。除此之外，还要对学生进行思政教育，秉持公正、平等、和谐的理念，将理论知识与课程思政结合起来，不断健全专业课程与课程思政教育体系，建立公平互利的国际经济新秩序。

国际经济法是第二次世界大战后形成的一门新兴学科。目前来讲，西方发达国家已经得出了众多较为成熟的研究成果。但这些成果大多以发达国家的利益为研究目标，将发达国家作为出发点和研究角度。因此，其中也不可避免地夹杂了很多为了保护发达国家的现有利益而提出的对发达国家有利的理论和观点。这就需要教师在教学和指导学生的过程中，根据中国的具体情况，对西方发达国家的国际经济法知识和西方学者的观点进行仔细的识别和判断，并对内容进行反复思考和消化，在此基础上进行吸收和创新，形成符合我国实际的理论成果。

二、国际经济法课程实施课程思政的考虑因素分析

在选择国际经济法的课堂教学方式的过程中，既要将专业知识纳入其中，又要融入思政元素，但不能将思政元素生硬地拼凑进来。在进行知识教学的时候，思政教育应该与专业知识紧密地结合起来，让思政教育能够以一种春风化雨的形式自然而然地融入学生的内心。同时，不能守株待兔，而是要在国际实践案例中主动发掘思政元素，并在班级研讨中加以引申，无形中扩大课程思政的范围，加深学生对知识内容的印象。所以，在教学中要将诚信、守约、爱国等思政内容渗透其中，使学生在掌握专业知识的同时，也能在无形中受到正确思想的熏陶。除了专业知识本身之外，还应该重点关注前沿问题或热点问题，以此为突破口，选

① 曲天明．高校专业课融入思政的课程体系建设创新模式研究：以《国际经济法》课程为例［J］．课程教育研究，2020（5）：62-63.

② 陈楚钿．新时代法学专业课程思政育人研究［J］．学校党建与思想教育，2021（18）：66.

择有时效性和针对性的案例展开讲解，这对提高教学效果有很大帮助。因此，在国际经济法中实施课程思政应当考虑以下几方面因素。

（一）教师的思政素养与授课能力

国际经济法专业的教师都是法学科班出身的专业教师，其教育背景表明了他们所受的是一套完整的法律知识专业教育，拥有系统的法律专业知识。但是，在思政理论知识方面很多教师都没有进行过系统的训练和学习，因此还存在这样那样的一些问题。加之忙碌的教学、研究工作，使一些教师无暇对专业课中的思政要素、思想政治理论进行更深层次的挖掘。毕竟对于思政理论而言，要想了解和掌握它，就必须经过长时间的学习和研究。如果将这些内容全部交给专业教师，由于没有明确的可操作性和激励机制，许多法学教师在教学工作和科研工作的压力下，只能尽量做一些，有些教师甚至只能拼凑一部分以应付听课督导①。对于思政理论这一特殊科目，法学专业的教师一般都没有对其进行过系统学习，缺乏一定的理论深度。在国际经济法课程教学过程中，思政元素与专业课程相结合的效果很大一部分取决于教师，这就对教师的思政水平提出了很高的要求。

在具备思政素养的基础上，授课教师对思政内容的教学能力也很重要。例如，教师在进行案例教学时，应当对案例有深入体会和理解；应将案例内容与专业知识相结合，从案例的特殊性和普遍性入手，结合专业知识进行有目的的分析，帮助学生更好地理解和吸收②。教师还需要不断对自己的知识进行更新，对理论界和实践领域的发展趋势有一个整体的把握，对本学科的前沿信息有一个清晰的认识。只有进行了大量的研究，做好准备，才能游刃有余地进行讲解。

（二）学生对思政元素的获取情况

除了教师的引导和讲解外，学生的积极参与也很重要。只有学生把所学到的知识转化为自己的精神追求和发展意志，才能真正地实现教育目的。提高大学生对国际经济法学的内在认同，是促进其学好本课程的关键。当学生在心中对国际经济法课程的构建有了一种认同时，他们就会根据国际经济法的课程教学要求来

---

① 王方，柴建，王燕妮．高校教师课程思政的难点、方法与对策［J］．高等工程教育研究，2023（1）：124.

② 田歧立．新时代高校全面推进课程思政建设的师德逻辑及实践指向［J］．国家教育行政学院学报，2023（1）：95.

改变自己的世界观、人生观、价值观，从而把立德树人中的价值导向，变成一种积极的行动规范来遵守。在传统的教学方式下，学生们大都是简单地从教师所讲的内容中获取知识，大多是被动学习而非主动获取，这在一定程度上影响了教学效果。因此，在进行国际经济法课程思政建设的过程中，应该将学生的热情充分激发出来，引导学生主动、积极地参与课程思政建设的过程。对此，可在课前、课中、课后利用不同的形式鼓励学生参与。例如，在课前布置材料派发任务，课后以小组为单位进行讨论研究，小组展示等，从而让学生充分参与课程建设，主动自愿地进入教学过程，实现教学相长。

在大量的专业知识学习中，案例教学可以激发学生的兴趣，调动学生的学习热情，大大提升其参与度。国际经济法作为法学专业课，有其鲜明的特点，如专业内容与学生的生活有一段距离，其内容日常中不经常使用等，这在一定程度上影响了该课程的开展。对此，可在课堂上运用个案教学方法，提高学生对个案的兴趣，并通过课后的活动使其更具实效性。在如何提升学生的积极性与兴趣方面，除了课上的内容讲授，在课外也可以开展一些活动来辅助课堂教学，以锻炼学生的相关能力。例如，开展演讲比赛、学科竞赛、模拟法庭等活动以提高学生积极性。通过对比赛的辅导，教师可以更好地掌握比赛的特点和薄弱环节，从而在教学中有的放矢地加以解决。将抽象的理论内容落地为现实中的法律实践，从而形成一个理论和实践相互促进的良性循环，可促使学生塑造高尚的道德品质和职业修养，建立起一种正向的法律职业精神。

（三）思政元素的融入情况

目前，发达国家与发展中国家相比在综合国力上存在着较大优势，尤其是在经济力量上。此外从全球来看，发达国家往往拥有更多的话语权。大部分国际经济组织的核心成员都是发达国家，且国际经济条约的缔造者也是发达国家。因此，对发展中国家而言，许多这样的惯例和规定并不公正。因此，在讲授国际经济法课程的过程中，教师要抓住几个重点，特别是涉及思政教育的重点时，应及时激发学生的爱国主义意识，这才是最重要的①。换言之，教师在进行案例教学时，在关注课程专业特色的同时，也要考虑到思政元素的融合。因此，教师要从思政的视角，由案例走向实际，让学生更好地理解案例，更好地解决实际问题。

① 石慧．试论“知识传授+价值引领”的教学实现路径［J］．中国大学教学，2019（Z1）：26.

同时，借助课程思政开展高校德育工作，注重对大学生的家国情怀的教育，使之形成科学的人生观、价值观，从而成长为新时代的优秀法律人才。

思政教学一直是学校教育系统中不可或缺的一环，对提升学生的整体素质具有重要作用。同时，立德树人的目的是对学生的知识、能力、价值观等全方位地进行良好培养。因此，单靠思政专业课教学无法达到理想的教学目的，而专业课程思政的实施，可以发挥各学科教学与思政教育同步发展，使显、隐两种教学方式有机结合的协同作用。

三、国际经济法课程实施课程思政的理念思路分析

在进行课程思政的教学设计时，既要符合社会科学研究的普遍规律，又要符合课程自身的特殊性。因此，本文根据课程思政的内涵与要求，提出以下在国际经济法教学中融入课程思政时应当秉持的理念。

第一，先启发，后灌输。课程思政元素融入国际经济法课程应当是一个逐渐渗透、潜移默化的过程。在教学过程中，应让学生对国际经济法课程中的思政元素建立认知并产生认同感，并最终实现内化。对此，教师可以选择一些含有思政元素的、与现实生活密切相关的例子，并对这些例子进行分析和讲解，让学生能够对实际生活中的真实案例做出一个准确的判断。将渗透与灌输两种方式有机结合起来，让学生从被动学习转变为主动自觉学习，并主动地把知识运用到生活中去。

第二，理论与实际相结合。国际经济法课程中的思政元素不仅体现在理论中，而且与实际情况紧密相关。因此，应将课程思政元素与专业知识的教学进行有机结合，从国际经济关系中寻找和挖掘思政元素①。将理论与实际相结合，既可以提高学生的学习兴趣，又可以提高学生在实际情况中分析问题和解决问题的能力。此外，将理论与实际联系起来的教学设计，也可以通过实践来说明理论的形成过程，并根据实际情况对理论进行补充和修正。

第三，从历史与现实的双重角度融入思政元素。国际经济法是一门将历史和现实有机地结合起来的法学专业课程。把国际经济法专业内容与思政元素融合在

① 徐英军，孔小霞．论法学类专业开展课程思政的总体设计与实施要点［J］．中国大学教学，2022（7）：72.

一起进行授课的时候，教师既要注意选择横向的现实事例，也要运用纵向的历史事件①。应从中国的角度面向整个世界，将国际经济法学的发展趋势与中国的发展趋势、中国的政策与国际通行做法、历史使命与时代使命等有机结合起来，让国际经济法学专业的思政元素既有历史的渊源，又有现实的依据，在继承历史的同时更有与时俱进的特点。

第四，教师与学生协同培养。在国际经济法教学中开展课程思政教育，对学生和教师来说都是一种全新的尝试和挑战。国际经济法教师的思政水平与法治人才培养的质量有着直接的关系，对其是否能够完成立德树人的教育教学任务有着至关重要的作用。因此，要转变传统教育观念，提高教师的教学水平，以促进课程思政教育的逐步发展。要以任课教师的师德教育为重要基础，对教师进行政治素养考察和专业伦理培训，使任课教师能够较好地在专业课程中融入思政元素，更好地培养学生的思政水平。

第五，运用多种模式提高课程思政效果。在将思政元素融入国际经济法课程的问题上，传统的线下教学方式拥有自己的教学优势，如案例教学、情景教学等。但在线下教学的同时还应充分发挥先进的线上教育资源，积极利用线上教学的优点，以此提升思政元素融入专业课程教学的效果。例如，线上教学的学习内容可以场景再现、实现全员教学反馈、针对不同问题采取不同解决方式等，从而在思政元素的融入过程中发挥锦上添花的功能，并带来良好的教学效果。在互联网融入生活的背景下，通过积极开展网上论坛等形式进行线上课程思政教育，可以让思政教育不再困于固定的时间和空间，从而很好地弥补线下教育的缺点。当代大学生生活在数字时代，其生活与学习在很大程度上都有赖于数字手段。因此，应借助大数据信息化、精准化、科学化的优势，不仅开展对书本理论的教学，而且通过各种新兴方式在学生中深入开展调查，鼓励并支持学生积极参加与法律相关的公益实践活动，将基础知识和思政教育进行有效融合并落实到实践中。通过高校媒体如微信公众号、官方微博等新媒体途径，对各项应普及的、涉及我国利益的、与我国紧密相关的国际经济法知识进行常态化宣传。将时事新闻和专业法律知识相结合进行普法宣传活动，对此可以借助文章、视频等载体通过各类新媒体窗口进行宣传，鼓励学生通过多种形式参与线上及线下的思政教育融合活动。

---

① 张驰，宋来．“课程思政”升级与深化的三维向度［J］．思想教育研究，2020（2）：97.

四、国际经济法课程实施课程思政的具体举措

为了在国际经济法教学中融入课程思政教育，最大限度地发挥课程思政的教学效果，在明确了国际经济法课程思政建设中应该考虑的因素及理念、思路的基础上，本文选择了以下切入点作为国际经济法课程实施课程思政教育的具体方案。

（一）提升教师课程思政能力和水平，加强教师队伍综合素质

教育工作者应当具备良好的课程思政素养，为人师表，在传道授业解惑的过程中树立良好的师风师德①。只有如此，才可以引领学生们的健康成长，推动他们的身心健康发展②。因此，在课程思政视野下，强化专业教师的思政意识，增强其思政教学能力是十分必要的。教师只有树立正确的思政意识，才能提升自身的教学水平、传授国际经济法知识，才能更好地完成“以德为本”的教育任务。将思政元素渗透到课堂教学中，有利于学生对思政思想的深刻领悟和汲取。因此，国际经济法教师要在教学中参考思政专业课教师的建议，与思政专业课教师进行协作，加强交流，不断提升自己的思政素质和理论水平。与此同时，专业课与思政课之间存在着密切的联系。在对教学时间和教学内容进行安排时，教师既要了解专业知识和基本技能，还要适当分配各个部分的学时，并加强自身对思政元素的挖掘能力。在教学内容上，教师要清楚地知道哪些知识点适合于什么样的案例，能够开展什么样的思政教育，也就是要清楚地知道如何才是教学内容和思政教育的最佳结合。这些都要与教学大纲中的思政教学目标相适应，并反映在教师的教案中。在教学考核上要注意与思政教育的融合，并将课程思政反映在考核内容中。在成绩构成上，应对教与学做出过程性评价，以考查学生平时的思政素养。在选编教案时，也要注意从现实生活中挑选思政题材，紧跟时代潮流，结合时事新闻，充分发掘国际经济法教学中的思政元素，深刻领会中国式现代化的发展理念和实质。

---

① 韩宪洲．以课程思政推进师德师风建设的内在逻辑与现实路径［J］．思想理论教育导刊，2021（7）：126.

② 年亚贤，王政．高校专业课教师课程思政育人能力提升探析［J］．学校党建与思想教育，2023（4）：53.

除了提升教师的个人思政素养外，还要培养整个教师队伍的思政素养并对此进行考察，让教学主体坚定理想信念①。国际经济法教师要在实践中起到模范作用。首先，只靠教师自己学习思政内容，并不能有效提高整个教师队伍的政治素养，对此应当通过相互交流、集中讨论的方式，将教师团队的力量充分发挥出来，达到提升教师队伍整体思政素养的目的。因此，学校、学院要创造便利的环境来实现教师之间的交流探讨。其次，学校、学院也要对教师的思政情况保持高度重视，并强化对教学环节的管理，向教师强调授课中应遵循的尺度范围和底线并进行监督机制的设计。为使教师在课内外的一言一行都得到端正，应对法学教师队伍的师德师风进行严格的规范。

综上，国际经济法专业课程的教师要以习近平法治思想为理论基础，引导学生运用马克思主义来看待问题，站在中国自身角度来解决问题，将学科教学和思政元素有机结合起来，从而达到教书和育人的双重目的。在育人理念上也应当有所转变，打破以往孤立、片面的思维模式，综合考虑国内外法律差异、社会背景及文化差异等对学生产生的影响，使思政元素与法律专业的教学内容相融合，起到润物无声的作用②。同时，教师在课堂上应当引导学生去体会和理解中国法律体系中所蕴含的国家和民族情感，以身作则，帮助学生建立起正确的法律价值观，使学生能够在法律价值面前分清主次，做出正确的选择。

（二）将课程思政与国际经济法专业教材相结合，发挥思政载体的显著作用

教材是思政教育的主要载体，也是思政教育的主要内容。在教材的编写上我们也要借鉴其他国家的经验，与时俱进，强调引进新知识，在教材中融入法学前沿热点。在习近平法治思想的指导下构建新的法学教材体系，是我国国际经济法教材编写的必然要求③。因此，应该从如下几个方面来加强对课程思政教材的建设，在此基础上进行课程思政教育改革。其一，在教材编辑上要将法学专业知识本土化，形成符合现实情况的教材体系。在中国特色社会主义法治理论的指导下，构建具有中国特色的法学教学思想、模式、理念，使学生对本国法律有更深

① 马怀德．法学类专业课程思政建设探索与实践［J］．中国高等教育，2022（6）：9.

② 刘伟琦．法学课程思政教学改革的新理路：法治中国情怀培育［J］．黑龙江高教研究，2021，39（10）：148.

③ 杨军．论我国法学教材编写存在的问题及解决［J］．中国大学教学，2014（6）：87-90.

刻的理解，并在法学教育中建立起道路自信。其二，在教材内容上要把思政目标和思政内容有机融入教材中。应在各个部分明确课程思政的教学目的，明确各部分内容所要整合的思政内容，逐渐在教材中融入思政元素。其三，在教材评价上加强对教材内容的评估，完善教材奖惩制度。一方面可增加科研经费，鼓励科研工作者积极参与学科思政教学；另一方面应积极筛选出优秀的思政教育教材，以提升思政教育的教学质量。其四，对教材的选择不必局限于法律教材或思政教材，各类爱国题材的影视作品、文字书籍、画作广告等都可以包含在内，以拓宽学生接受思政教育的途径和方法。

除了传统教材外，新的教学工具中也应当融入思政内容。修订后的教学大纲增设了“育人”的教学目标，明确了教学中不仅要有知识的传授，而且要融入课程思政元素，帮助学生树立正确的三观。另外，还在教学大纲中增加了思政素材和思政育人点两个方面①，这些都可以为授课教师在进行课程思政教学设计时提供借鉴之处。

本课程的思政教案在增添“育人”大纲的情况下进行一些调整，增加了主体教学内容、教学内容研究进展、总结回顾、教学思路设计等内容。其中，主体教学内容又分为教师、学生以及设计意图。这样，一方面，让教师在备课的同时也可以准备资料，明确学生的活动内容，达到更好的教育效果。另一方面，在课程完成之后，教师也可以对照原有设计意图对自己的教学进行检查，从而达到更好的教学效果。

国际经济法课程思政课件的制作以大纲和教案为基础，但它并不是单纯地重复教案内容，而是具有自己的特点。先对上节课讲授的知识内容进行复习，通过热点案例、时事新闻，以音频、视频为载体，引出本节课所要学习的内容。这种形式可以引起学生的注意，激发其兴趣，并在引入新内容的同时有效地复习之前所学的内容。

（三）课程思政应与国际经济法学科特色相结合，进行教学改革

新时代的法学教育在教学内容的考虑和教学形式的安排上都有了新的要求和新的期望②。目前，我国部分高校教师对课程思政的价值观念认识不够，出现了

① 刘冰，林丽丽．国际经济法课程开展思政建设的若干思考［J］．海峡法学，2021，23（2）：87.

② 马福运，张晗．新时代课程思政建设的问题指向及破解路向［J］．思想理论教育导刊，2022（11）：124.

把思政元素与政治宣传混为一谈的情况。这也引起了人们对形式重于内容、功能重于结构等问题的关注。造成这种情况的主要原因是缺少对课程思政进行改革创新的系统性思维，无法将课程思政与专业特点从里到外进行融合①。因此，应当根据国际经济法自身的特点来实施课程思政教学改革。

首先，深入发掘专业课程中的思政教育资源。在进行国际经济法课程的教学时，应进一步厘清新时代中国特色社会主义法治的基本原理和法治理念产生的时代背景，厘清我国法治的制度特色、优越性等内涵，增强学生对中国特色法治的道路自信。其次，科学合理地安排思政课的教学内容。在课程思政改革时，应当对低、高年级的学生进行有差异的教育，对学生的接受能力以及学生思想形成的黄金阶段进行充分考量，循序渐进地传授思政元素。同时，应着力培养学生法律职业道德，让学生清楚地认识到我国法治体系、法律制度的优越性和独特性，培养学生公正诚信的法律职业素养。

国际经济法与推动构建人类命运共同体、建立新型国际关系、建设“一带一路”、共商共建全球治理的中国方案紧密结合，本课程思政的开展可使学生具备为中华民族谋复兴、为世界谋大同的家国之心，促进有立场、有格局、有能力运用国际经济法来捍卫国家利益的法治专业人才的培育②。

（四）线上线下相结合，运用多种手段共同推进国际经济法课程思政建设

线上教学的功能是指通过大大小小的平台，将专业知识中的思政元素以多种形式呈现出来，在实现专业知识的传授的同时对学生进行思政教育。线上教学过程不受时间和地域的限制，可以反复进行。在科技信息飞速发展的情况下，我们应该在教学中有重点、有目标地不断推进教育改革和创新。借助教育云和学习通等线上教育平台，让学生在线上、线下的思想政治课程中保持自主性。这不仅能推进教育的现代化，而且能促进教育观念的更新，实现高质量的教学资源共享。

尽管线上教学具有显著的优势，但在国际经济法课程思政建设过程中传统的教学手段也是必不可少的。例如，当面讲授、小组讨论发言、教师点评、案例教学、情景教学法、角色互换教学法等传统的线下教学手段都有其各自的独特之

① 张淑辉，高雷虹，杨洋．高校课程思政混合式教学困境及改进策略［J］．教育理论与实践，2023，43（3）：57.

② 刘超．高校思政课程混合式教学的优化路径研究：评《高校思想政治理论课混合式教学研究》［J］．科技管理研究，2022，42（23）：245.

处，并且任课教师对它们的运用也都比较熟练。所以，它们也是国际经济法课程思政建设过程中必不可少的教学手段。在线下教学时，教师可以采用各种传统的、适宜于面对面的教学方式，鼓励学生进行直接沟通、自由发言，让学生更好地理解国际经济形态的发展趋势，提高其国家自豪感和民族自信心，掌握中国经济发展的要义，理解中国的经济发展策略。在授课时，专业课教师要根据中国的实际情况，选择具有中国特色的思想政治材料，以生动、形象的形式进行授课，并结合专业课的特点，力求做到思政元素和专业知识的完美融合，充分调动学生在课堂上的积极性，提高课堂的活跃性和生动性①。在进行线下教学的时候，教师应尽可能选择一些贴近生活的案例，并对知识进行进一步拓展，用实践教学的方式呈现国际经济法中的思政元素，让内容变得更加生动。这对学生接受新知识，提高解决问题的能力具有重要意义。

（五）贯彻立德树人理念，培养学生德法兼修的职业素养

对于德法兼修这一点，应建立一个全员、全过程、全方面的教育模式，确立为党、为国的教育观念，以立德树人的效果作为衡量学校各项工作的基本标准②。为此，应构建一套完备的法学专业人才以及国际经济法人才培养体系，既要把培养具有坚定政治立场的法学人才当作“着力点”，又要把立德树人这一目标定位在“落脚点”上。在理论与实践结合的基础上，理论的发展对实践提出了新的要求。对此，要把习近平法治思想纳入教材，并为学生搭建与社会和法治实践部门交流的通道，加强校方与当地法治部门的协作，构建“法治人才培育共同体”。在高等法学教育中，法治实践部门是一个非常重要的参与者，也是最大的获益者。所以，法治实践部门要将自己在法学教育中所起到的积极的作用发挥出来，为学生提供一条参与法学实践的道路，并锻炼将其与现实相结合的能力。与此同时，还可以让学生在实践过程中充分认识自己的国家，掌握国家的发展趋势，从而提高他们的法律职业素质，并培养起一种法治人才应该具有的责任感和使命感。

加强对法治人才的培养，是落实习近平法治思想，构建高质量法治人才队伍

---

① 高锡文．基于协同育人的高校课程思政工作模式研究：以上海高校改革实践为例［J］．学校党建与思想教育，2017（24）：17.

② 孟庆瑜，黄博涵．高等院校法学专业课程思政建设的思考［J］．河北经贸大学学报（综合版），2022，22（3）：41.

的基础性工作。高层次的人才培养体系，主要表现在对教育目标的设置、对知识体系的设置以及对教育方法的选择。但是，目前的法学教育中仍然存在着一些问题，如课程内容模糊、教学程序随意、教学方式落后、只注重专业技能的传授而忽视政治素质的培养等。确立法治人才培养目标，是教学内容科学化和体系化的必要条件。在专业课程中，要把德法兼修的思想与思政元素有机融入国际经济法专业的培养计划中，在教学大纲、单元模块、教学内容、课程考核等方面进行变革型改革。此外应立足学生的需要，着眼于提高学生能力。传统的课堂教学注重知识的灌输，而忽略了对学生的启发和指导。对此，在课程思政元素融入中，应进行从“教”到“学”的转变。在学生的认知中，教师是合作者、引导者和推动者①。在教学过程中，应以问题为中心，使学生对走中国特色社会主义法治道路的必要性和必然性有深刻体会，提高他们的创造性和实践性。

因此，培养学生时应当坚持德育先行，强化中国特色社会主义的理论素养和价值取向②。通过对新时代中国外交事业的展示，以提升学生对人类命运共同体意识的认同感，引导学生明确社会责任与担当。同时，让学生了解我国对外贸易的丰富实践，以提升学生对中国特色社会主义制度优越性的认同感，引导学生思考新兴全球化时代的中国担当，积极参与全球治理，并带领学生思考“全球治理”“人类命运共同体”思想如何指导中国在国际秩序变革中发挥更大的作用③。

五、结语

实施课程思政的目的，就是要把创新思维、认知能力、探究精神、信念态度、家国情怀等内容与思政元素相结合，使学生学会应用马克思主义的世界观和方法论，加深对社会主义核心价值观的认识，对中华优秀文化、社会主义先进文化进行传承与传播。国际经济法的课程思政教育贯穿课程全过程，体现在教学内容、教学过程、教学方式的方方面面，为此应强调将课程思政融于教学，用润物无声的方式对学生产生潜移默化的影响。课程思政的核心重点应集中在两个方

① 高锡文．基于协同育人的高校课程思政工作模式研究：以上海高校改革实践为例［J］．学校党建与思想教育，2017（24）：16.

② 陈楚庭．法学专业“课程思政”教学改革探析［J］．学校党建与思想教育，2020（16）：52.

③ 廖祥忠．构建以党建为引领的思想政治教育体系 提高新时代育人质量和办学水平［J］．党建，2021（8）：60.

面：首先，与法学专业的其他课程相比，国际经济法具有专业性强、内容多而杂的特点。根据本课程的特点，应在教学中采用各种教学方法和手段把内容讲精、讲透，并以此帮助学生树立不怕困难、勇于挑战的价值观。同时，应采用大量生动的真实案例培养学生诚信、严谨的职业素养①。其次，本课程的专业理论知识与国际时事紧密联系，所以除了教授专业知识外，还应向学生介绍我国的经济形势、发展趋势、贸易政策等。同时，可结合近年来与我国有关的国际经济热点事件引导学生探究案例背后的因果关系、立场目的等，以增进学生对中国经济发展现状的了解，坚定爱国主义信念，树立学生的历史使命感和责任感。

总之，应通过引领学生走进国际经济法这一领域的机会，使其充分认识到国际经济利益关系的复杂性，体会到作为法学专业的学生维护中国国家利益的责任感与使命感。激励学生努力学习，运用法律知识为中国经济和法律的持续健康发展做出贡献。

① 李瑞琴．新时代高校有效推进课程思政的再认识：以国际经济学课程思政实践为例［J］．中国大学教学，2022（12）：26.

税法专业课程思政的背景、意义及路径

胡　翔*

一、税法专业课程思政的背景

（一）税法课程思政的出发点

税法是国家法律的重要组成部分，是国家宏观调控的主要工具之一，其规范的行为是国家参与分配，从而为国家政权的正常运转所需要的财政资金提供保障，税收是国家财政收入的主要来源。另外，税收是国家调控经济的重要杠杆，具有调节收入分配、优化资源配置、促进经济增长的作用。在国际贸易中，税收不仅起着保护国家利益的作用，而且起着调节个人收入的作用。税法课程是为税法学专业学生开设的以税法理论和基本制度为主要内容的限选课程。通过本门课程的教学，使学生掌握税法的基本概念，理解税法的基本理论，学会理论联系实际，掌握运用所学理论知识和税法的原理、方法分析现实财税法问题；学习掌握税法业务实践的思维方法和基本操作技术。本课程是一门理论与实践相结合的课程，它阐述了纳税人权利保护的理念，也初步对接财税法律业务。

税法课程思政教学要充分发挥课程育人功能，以育才和育人相统一作为培养人才的根本任务。结合税法课程专业教育，应在学生学习税务处理过程中充分融入思想政治教育元素，重新设计教学体系和教学内容，创新教学模式和教学方法，在知识传授和能力培养中强调对学生的价值观引导，从而实现全面育人的教学目的。进一步看，将思政元素引入税法专业课程旨在实现专业育人与思政育人

* 胡翔，首都经济贸易大学法学院讲师，硕士生导师，法学博士。

相统一，提升学生的职业精神、思想道德品质，激发学生的学习兴趣，有效提升教学质量，培养全面发展的高质量人才。例如，结合社会热点，理解国家税收政策对社会资源的宏观调控作用；结合明星逃税漏税事件，增强学生依法纳税意识；等等。

税法课程不仅是法学专业的核心课程，而且是经济类专业的重要基础专业课，并且是大部分高校所开设的重要通识课程之一，具有影响面广、受益者众、教育效果明显的特征。培养正确的税收理念、税收文化与税收知识，不仅关系到学生家国情怀的培育，而且涉及学生的公共精神、社会责任意识的养成。因此，税法课程是全面推进专业课程思政的重要阵地与载体。教师作为培养学生的关键性主体，应当充分认识到专业素养与思想道德教育对学生未来发展的意义和价值。

税法课程思政建设要坚持立德树人的根本任务，将社会主义核心价值观贯穿课堂教学始终。根据社会主义核心价值观，确定本课程思政的核心理念为“税以修身齐家，法以治国平天下”。每个人、每个家庭、每个企业组织均依法纳税，此即为“修身齐家”；加强税收法制管理，建立良好经济秩序，使国家经济繁荣，进而构建“人类命运共同体”，此即为“治国平天下”。

（二）税法课程思政的基本目标

税收和财政是维持国家机器运转和前进的两个轮子，缺一不可。一个家庭的运转靠的是家人的劳动收入和消费支出，一个国家的运转就要靠这个国家每一个劳动者的支持，也就是靠每一个劳动者和劳动者集体（即企业）向国家缴纳所得税和增值税，或缴纳交易税、财产税、消费税等各种税，全部的税收归入国库，就是进入国家财政。税收是国家收入的主要来源，每一个国家都非常重视税收。只有国家的税源和税收充足，国库才能充裕，国家财政才能强大。当然，国家财政收入还有其他渠道，如发债、卖地、国际贷款、没收非法财物等。

税法课程思政建设的终极目标是以知识为载体，为国家培养身心健康的有用人才。鉴于本课程内容主要是对相关国家法律、政策背景、政策目标、社会效益的解读，故从本课程设置之日起，围绕该核心理念的思政元素就作为本课程内容的天然内涵，贯穿教学过程始终。通过诠释税法课程内容承载的胸怀天下的“社会责任”、精进修德的“工匠精神”等思政理念，让学生通过专业知识的学习，成为志向高远、德才兼备的税务专才。

具言之，本课程的目标包括两个方面。

其一，实现税法专业课程的“隐性思政”。思政理念在专业课程的教育中属于隐性的融入方式，讲求的是“润物无声”。为此，应结合专业课程的特点，深入挖掘课程内容蕴含的思政内容，进行扩大性解释；并将政治经济学理论、社会主义道德观、社会主义核心价值观、心理健康等与教学内容、教学设计和方法有效结合。

其二，采用多种税法教学方式，加强思政教学环节设计。教学方法是教学理论与教学实践永恒的主题，是现代教学研究中一个引人注目的研究领域，是专业课思政改革中必须严肃对待、认真钻研的课题。在高校思政课上，选择合适的教学方法对思政课的开展将起到事半功倍的效果；反之，则会削弱学生对课程的兴趣与热情，降低教学效果。应将课堂教学与教学改革的方法结合起来，可以通过问卷调查、组织座谈等方式了解学生的需求，通过案例教学、角色扮演等方式传递具有时代特色的正确价值观，在传道授业解惑的同时传递正能量。

二、税法专业课程思政的任务

税收是国家实现政治和经济职能的有效工具。在我们的日常生活中，税法的影响也无处不在。随着国家经济的发展，税收的不适应性和不完善性也逐渐表现出来，所以学习税法不只应关注其现实作用，对其的不断变化也应该时刻关注。国家通过税收参与了一部分社会产品或国民收入的分配与再分配，所以通过税收的变化可以看出市场经济中存在的问题及其发展方向，以及国家经济政策的导向。为了适应市场发展需要繁荣中国经济，税法的改革也是必然的。这也是税法稳定经济、维护国家利益之职能所要求的。时刻关注税法变化是学好税法和应用税法的关键所在。在日常生活和学习中，税务是无处不在的。作为一名公民，面对这项具有政治和经济双重意义的义务时，应该持积极的态度。认真学习税法、时刻关注税法，不但可以维护自身的权利、提高生活质量，还能在今后的学习或工作中敏锐把握经济动态，提高信息利用率。由于税法调整的对象涉及社会经济活动的各个方面，与国家的整体利益及企业、单位、个人的直接利益有着密切的关系，加之在建立和发展我国社会主义市场经济体制的过程中，国家通过制定、实施税法加强对国民经济的宏观调控，因此税法的地位越来越重要。正确认识税法在我国社会主义市场经济发展中的重要作用，对于我们在实际工作中准确把握

和认真执行税法的各项规定是很有必要的。

当前税法专业课程思政建设亟待完成以下基本任务。

其一，强化税收历史教育。税收历史教育是税法课程思政教育的重要内容。通过国家发展史和税制变迁史的教学，一是厘清我国税收历史发展脉络，通观源流、以史为鉴，增强学生“四个自信”；二是明确税收制度以及税收活动对一个国家发展乃至于国家兴衰的重要影响。在税法的教学内容安排上，一方面，要设置专门的章节，从背景、目标、内容和成效等方面系统介绍税法发展的历史，特别是改革开放40多年来我国税收制度的改革发展史，全面揭示我国税制发展演变的内在逻辑以及税制改革的成效，并结合我国经济社会发展成就，折射出我国在课税权上的科学运用以及税收在国家建设和社会发展中所发挥的重要支撑作用。另一方面，要将税收历史教育有机融合到具体税种制度的教学当中。通过介绍相关税种的起源及其在我国的制度变迁历史，让学生知其然并知其所以然，深化认识税种性质及设置目的、税制改革原因以及税制发展趋势等，做到史学教育与国情教育的有机融合，在税收史学中认识税收国情，在税收国情中体会税收发展历史。

其二，强化税收法治教育。税收法治教育是税法课程思政教育的应有之义。税收法治是依法治国的基础性内容，税收法治教育是法治教育的重要基础与前提，税法课程是此类教育中一个不可或缺的重要载体。强化税收法治意识，就是要不断提升人们对税收法律制度的自觉认可、敬畏、遵从的程度，税法课程承担着开展税收法治教育的重任。在税法的教学中，一方面要传授和宣传税收法定原则的精神要义，重视强化正确行使公权力的教育。公权力来自人民，其属性为“公”而非个人权利，公共组织中任何独立个人均不构成公权力实施的主体，只能基于公共利益代表组织履职，而不能运用公权力谋取私利。从这个层面上讲，就是要通过税收法治教育来达到人们敬畏权力、养成公共精神的培养目标。另一方面要指导学生全面掌握我国现有税种法律规范，深入理解征税对象、纳税义务人、应纳税额计算、税收优惠和税收征管等基本制度规定，明确在税法面前应该怎么做、哪些不能做。具体到教学过程中，不能仅局限于传授税法规定的内容条款，而是要将税收立法的宗旨原则与政策导向讲深讲透，实现法治教育的内化于心，培养人对税法遵循的自觉性。

其三，强化“人民性”税收价值理念培育。在税法的教学中，应基于新时代背景，强调税收在解决我国经济社会发展不充分、不平衡矛盾中发挥的重要作用。与此同时，应深入挖掘税收的“人民性”的内涵，在“为人民谋幸福”“为民族谋复兴”的内涵基础上，充分认识到税收在构建“人类命运共同体”中的重要性，将税收教育与国内国际形势教育有机统一起来。

其四，强化税收职能教育。对此，应赋予税收职能新的内涵以及时代意义，要突破传统税收职能理论局限，在国家治理视域下去理解税收职能的综合性，在重视税收经济调节功能的同时，还要注重发挥税收在政治治理、社会治理等方面的职能作用，进一步深化学生对税收本质属性的认识。基于此，在税法的教学中，要将国家治理体系与治理能力现代化的进程和要求，融入理解税收制度设计理念中；要将国家税收政策调整及其最新动态，合理嵌入税收制度规定的教学中。通过税收职能教育，使学生充分理解进入新时代后，以减税降费改革、增值税改革、个人所得税改革等为代表的税收实践对优化治理体系、提高治理能力发挥的重要作用，从而充分展示税收在我国社会经济发展中所发挥的保障功能，提升公民的纳税自豪感。

三、高校开展税法专业课程思政建设的理念

高校在开展税法学专业课程教学的过程中，应当深刻理解和认识税法学课程思政的育人内涵，在此基础上运用科学的方法和措施，大力推动高校税法学课程思政改革、创新、发展，最大限度提升税法学课程思政的整体水平。

众所周知，税法学专业的政治属性很强，这也使税法学课程思政的育人功能同样强大，且具有十分突出的内容。在开展税法学专业教学的过程中，不仅要使学生了解和掌握更多的专业知识，而且要积极引导学生把握正确的政治方向。只有这样，才能使税法学专业课程教学更具有针对性和特色化，同时能够在培养学生综合素质方面实现更大突破。因而，从这个意义上来说，税法学课程思政育人内涵首要地体现为有效培养学生的政治意识和政治立场。这也要求广大税法学专业课程教师具备较强的政治素质，在开展教学的过程中融入更多思想政治元素，最大限度地培养学生的综合素质。

税法学专业课程的深刻内涵，还表现为不仅能够将税法学专业与思想政治教育进行融合，而且能够适应新时代高校税法学人才培养工作的较高标准和要求，最大限度地推动高校税法学专业改革和教学创新，促进高校税法学专业内涵式发展和高质量发展，进而打造具有较强吸引力、影响力的税法学专业品牌。例如，

通过大力加强和改进税法学课程思政，可以使学生准确理解和认识“税收法治”和“社会主义公平正义”相结合的重要性，避免学生只看到“征税”“税负”等税法学理论的表面。总之，在人才强国战略下，构建更具有科学性、系统性的税法学课程思政体系，对于推动高校税法学专业人才建设至关重要，这应当成为高校开展税法学专业课程教学的重中之重。

随着高等教育改革的不断深化，培养优秀人才已经成为重要的发展方向，高校在教育、教学、管理工作过程中应当更加重视构建具有创新性的育人体系与育人机制。将税法学专业课程教学与思想政治教育进行深度融合，大力推动税法学课程思政向纵深开展，能够更有效地发挥税法学的育人功能。对此，高校应当通过深入调查研究与分析论证，进一步深化对税法学课程思政育人功能的理解和认识，在此基础上采取更加有效的措施，努力探索出一条税法学课程思政的科学路径和创新方法。

四、高校开展税法专业课程思政建设的价值构建

从税法学课程思政税法学育人功能来看，其价值构建主要体现为以下内容。

“专业知识与道德情操并重”是税法学专业人才培养的目标。从这一目标来看，“德”在税法学专业人才培养方面占据首要地位。通过构建税法学课程思政，能够使思想政治教育更具有融合性和渗透性，对于落实“专业知识与道德情操并重”的税法学专业人才培养目标具有很强的支撑作用。当前，很多高校在开展税法学专业教学的过程中已经深刻认识到这一点，在教育、教学、管理过程中不仅重视强化学生法治意识，而且重视强化学生的政治素质，引导学生树立正确的“三观”，有效贯彻社会主义核心价值观。因而，高校在开展税法学专业教学的过程中，应当从培养优秀税法学专业人才的战略高度入手，大力推动税法学课程思政体系建设，努力推动税法学课程思政实现更大突破。

高校在培养税法学专业人才的过程中，应当符合社会主义国家的性质。构建税法学课程思政，不仅可以推动高校税法学专业课程改革，而且能够使税法学专业具有鲜明的价值取向。随着改革开放的不断深化，税法学专业学生接触了更多的知识和文化，西方法律制度对学生也产生了很大的影响，如果不进一步健全和完善税法学课程思政体系，势必导致学生的认知受到较大的影响。因而，大力加强和改进高校税法学课程思政，是社会主义高校办学要求的充分体现，既有助于

学生树立正确的“三观”，也能够使学生深化对国情、世情的理解和认识，真正做到用马克思主义引导学生、提升学生、培养学生。

对于有效促进税法学课程思政育人功能建设来说，至关重要的一点就是要不断推动税法学专业课程改革，将税法学课程思政纳入高校课程改革当中，明确税法学课程思政目标和方向，坚持德育与税法学育人相结合，在对学生进行知识传授的基础上，更加重视价值引导和政治引导。应围绕落实“专业知识与道德情操并重”的税法学专业人才培养目标，大力加强法律道德意识培育，不断强化税法学课程思政的针对性和特色化，将思想政治教育贯穿技术性法律知识教育全过程，倾力培养学生树立科学和正确的法治思维，积极引导学生强化自身的法治道德和法治素养，使学生深刻理解和认识“最低限制的道德是法律”，这对培养学生综合素质、厚植学生家国情怀至关重要。

还应注意，税法学教师是国家税收法治工作队伍的重要组成部分，他们的能力如何直接关系到税法学育人能否取得重大成效。高校在推动税法学课程思政的过程中，应当最大限度地强化税法学专业教师的思政教育能力，切实加强对他们的教育培训。一方面，教师要具备良好的道德品行，在此基础上才能使“传道、授业、解惑”得到学生的认可，通过“身正为范、德高为重”切实发挥表率作用。另一方面，教师应当深入研究税法学课程思政的有效实现形式，将思想政治教育融入税法学专业课程教学的各个领域，教学过程中要切实做到不机械、不照抄照搬，而是辩证地传播西方法治思想，有针对性传授马克思主义法治理论，强化学生对“税收法治”与“分配正义”相结合的理解和认识，激发学生的爱国主义情感。

构建税法学课程思政和深化税法学育人功能，至关重要的一点是促进税法学专业融合创新。因此，不能简单地将税法学专业课程教学与思想政治教育放在一起，而是要在深度融合、系统融合方面狠下功夫，将其纳入“三全育人”当中，推动税法学课程思政创新发展。要结合学生的实际情况，有针对性地开展思想政治教育，特别是要将思想政治教育融入税法学专业课程教学当中，着眼于解决学生信仰取向功利化、价值目标短期化、价值主体自我化等诸多不良倾向，从意识形态的角度对学生进行持续引导，以此达到润物无声的目的。在促进税法学课程思政融合创新方面，也要进一步强化实践育人的有效功能和作用，促进文化育人与实践育人深度融合，让学生在实践中加深对“税收法治”和“以德治国”的理解和认识。

五、高校开展税法专业课程思政建设的具体路径

（一）思政融入——以个税法教学为例

以税法课程第六章第二节“综合所得应纳税所得额的计算”为例。该章节为税法学中的核心章节，其知识谱系为：税法 → 个人所得税法 →所得分类 →计税依据 → 综合所得→ 应纳税所得额。相应地，其思政聚焦点为：个税立法中对“收入额”“费用扣除标准”“专项扣除”“专项附加扣除”设计的制度基点与人文关怀。具体可参见表 1。

表 1　税法专业课程思政的具体举例

知识点	思政元素	教学目标
收入额	政策引导、制度普惠	学习并掌握综合所得中的收入额是如何确定的；理解国家通过税收制度确保以“按劳分配”为主体的理念，即劳动最光荣
基本费用扣除	保护税本，藏富于民	学习并掌握个人所得税法中有关综合所得基本费用扣除标准的规定，了解国家如何界定全体国民的“课税禁区”
专项扣除	增进福利、强化社保	学习并掌握社会保险、住房公积金等费用在收入额中的扣除制度，了解国家在个税制度中的福利保障
专项附加扣除	分配正义、调节差距	学习并掌握差异化的专项附加扣除设计，了解政策的实用性，体会我国个税制度的人文关怀与制度价值

（二）授课方法

具体而言，本课程思政的授课方法如下。

其一，讨论式教学。通过对核心问题的讨论，加深学生对问题的理解，增强学生的主动学习能力和对问题的判断能力。

其二，分组式教学。由学生自由组合，根据事先选择的教学专题和辅助参考资料到讲台上讲解对该专题的理解并回答其他同学的提问。这种教学方法能充分调动学生的参与性和创造性思维，培养学生的表达能力和自信心。参与学生人数一般控制在 5~6 人，学生的表现记入学生期末成绩。

其三，发现问题式教学。每一次上课前推荐学生阅读下次课的参考资料，课上让学生自己提出问题，教师回答。通过学生提问、教师回答的方式，有针对性地解决学生的知识问题，有侧重地组织教学。

（三）教学手段

本课程思政的教学手段遵循现代化多媒体教学技术为主，传统的黑板式教学为辅等多种形式相结合的原则。绝大多数情况下采用现代化的教学技术手段实行备课、上课和课后辅导，即备课时以自有讲义为蓝本，辅以网络教学资源（包括最新的进展、图片和案例等）；上课内容全程采用 ppt 进行教学或互联网络传输、下载；课后辅导充分利用学校提供的现代化教学设施，如学校的网络资源、多媒体教室等，实现教学材料上网查询。目前，本课程已完成了网络课程的基本建设，包括教案、教学大纲、讲义、知识点等教学资源的即时访问、下载等。另外，建立公共邮箱与学生交流、互动，及时收集和解答同学们在学习过程中存在的疑问，实现网上的课程讨论、学习。

（四）课程思政要点示明

本课程的教学目的，归根结底是让学生在专业知识学习中获得思政效果。从课程的设计要素来看，需要学生掌握以下基本内容。

其一，税法是国家组织财政收入的法律保障。为了维护国家机器的正常运转以及促进国民经济健康发展，国家必须筹集大量资金，即组织国家财政收入。

其二，税法是国家宏观调控经济的法律手段。我国在建立和发展社会主义市场经济体制过程中，一个重要的改革目标就是从过去习惯于运用行政手段直接管理经济，向主要运用法律、经济的手段宏观调控经济转变。

其三，税法对维护经济秩序有重要的作用。由于税法的贯彻执行涉及从事生产经营活动的每个单位和个人，一切经营单位和个人通过办理税务登记、建账建制、纳税申报，其各项经营活动都将被纳入税法的规范制约和管理范围，从而比较全面地反映出纳税人的生产经营情况。

其四，税法能有效地保护纳税人的合法权益。国家征税直接涉及纳税人的切身利益，如果税务机关随意征税，就会侵犯纳税人的合法权益，影响纳税人的正常经营，这是法律所不允许的。

其五，税法是维护国家权益、促进国际经济交往的可靠保证。在国际经济交往中，任何国家对在本国境内从事生产、经营的外国企业或个人都拥有税收管辖权，这是国家权益的具体体现。

法治政府建设背景下思政元素融入国家赔偿法课程教学的目标与实践

孙如意*

“教育是国之大计、党之大计。培养什么人、怎样培养人、为谁培养人是教育的根本问题。育人的根本在于立德。”党的二十大报告为高等教育发展提供明确指引，也对课程思政的开展提出具体要求。2020 年教育部发布的《高等学校课程思政建设指导纲要》明确提出，“落实立德树人根本任务，必须将价值塑造、知识传授和能力培养三者融为一体、不可割裂。全面推进课程思政建设，就是要寓价值观引导于知识传授和能力培养之中，帮助学生塑造正确的世界观、人生观、价值观，这是人才培养的应有之义，更是必备内容”。这就对课程思政建设提出了更加具体的要求。按照这一要求，我们在研究生课程国家赔偿法中也积极探索课程思政建设之路，从而将价值塑造、知识传授和能力培养三者融为一体，建立系统性的授课体系。

一、基于国家赔偿法专业特色的课程思政

课程思政是围绕课程展开的思政，不能脱离课程展开思政。因而，课程思政的框架设计、思政元素的融入以及授课思路等都必须紧紧地围绕课程而展开，凸显专业特色。在国家赔偿法的课程思政建设中，要先明确国家赔偿法课程在研究生课程体系中的定位、国家赔偿法在法律体系中的位置以及国家赔偿法课程的培

---

* 孙如意，首都经济贸易大学法学院讲师，硕士生导师，法学博士。本文系北京高校青年教师创新教研工作室的成果，获北京市教育工会支持。

养目标。

（一）国家赔偿法的学科体系定位

国家赔偿法在行政法学体系中属于责任法、权利救济法。国家赔偿法第一条规定："为保障公民、法人和其他组织享有依法取得国家赔偿的权利，促进国家机关依法行使职权，根据宪法，制定本法。"第二条规定："国家机关和国家机关工作人员行使职权，有本法规定的侵犯公民、法人和其他组织合法权益的情形，造成损害的，受害人有依照本法取得国家赔偿的权利。"从其立法目的上可以看出，国家赔偿法旨在为权利受到侵犯的公民、法人和其他组织提供权利救济，通过国家赔偿程序填补权利损失。因此，国家赔偿法与行政诉讼法共同构成了公民权利救济渠道。学习国家赔偿法就要认识到国家赔偿制度是权利救济制度、是国家承担责任制度。在此基础上，国家赔偿法建构的国家赔偿责任制度在推动法治政府建设、保障公民基本权利、加强权力监督与制约、强化国家责任等方面能够发挥重要作用。

（二）国家赔偿法的课程体系定位

国家赔偿法的授课对象是硕士研究生一年级学生。硕士研究生在本科阶段已经经过了比较系统的法学学习，具备初步的法学知识体系，具有较强的求知欲，对宪法学、行政法学已经具备初步的基础；视野较为开阔，善于运用网络媒体以及中国知网、北大法宝、中国裁判文书网等学术检索工具进行文献检索，能够阅读英文文献；具备分析问题的基本能力，能够围绕特定主题进行自主研究。这样就要求教师在国家赔偿法课程教学中尊重学生的自主性，充分发挥学生的积极性和主动性。同时，还应看到硕士研究生的知识体系还不够系统，尤其是欠缺对国家赔偿法的深入学习。考虑到这种情况，在授课过程中，要通过讨论、对话等方式，挖掘国家赔偿法课程中的思政元素，引导学生参与课程讨论。作为研究生课程，在授课过程中，要在全面、系统介绍国家赔偿法基本原理、法律规范和相关教学案例的基础上，结合我国国家赔偿的实践，使学生能够融会贯通，形成系统的国家赔偿法律意识。

二、国家赔偿法课程思政的授课目标与思路

分析了国家赔偿法课程在学科体系中的定位以及在课程体系中的定位之后，应根据国家赔偿法的课程特色，明确授课目标，梳理授课思路。

（一）授课目标

国家赔偿法作为一门法学课程，主要培养的是学生的规范分析和运用能力。因此，在授课目标上要注重从以下三个方面进行展开。

首先，价值塑造方面。在现代法治国家建设中，有权利就有救济已经成为基本共识。在公法视野中，公民依据宪法、民法、社会法等实体法或者程序法享有的权利、利益受到国家权力侵害时，国家不仅要通过行政复议、行政诉讼等渠道撤销违法、不当的行政行为，确保行政权力的合法律性，而且要给予当事人必要的救济。该种救济可以填补损失，切实保障公民权利，建设法治政府，等等。同时，对权利受到侵害的当事人予以救济，也是国家承担责任的重要形式。这是因为，在人民主权理念下，国家的一切权力属于人民，国家机关行使人民通过法律授权的职权，在根本意义上，国家机关要对人民负责、受人民监督。当国家机关及其工作人员违法、不当行使权力，造成公民权利受到侵害时，国家应当承担起赔偿的责任，这体现了责任政府的理念。所谓责任政府，就是要求政府积极地回应、满足和实现公民的正当要求，承担道德的、政治的、行政的、法律的责任。责任政府是对行政政府的控制机制，是民主政治和民主行政的必然要求。

国家赔偿法作为权利救济法、国家责任法，其特点决定了要从国家治理体系和治理能力现代化的视角来理解国家赔偿制度。建立和发展国家赔偿制度是全面依法治国的必然要求。党的二十大报告提出："全面依法治国是国家治理的一场深刻革命，关系党执政兴国，关系人民幸福安康，关系党和国家长治久安。必须更好发挥法治固根本、稳预期、利长远的保障作用，在法治轨道上全面建设社会主义现代化国家。"法治与国家治理体系和治理能力现代化有着内在的联系和外在的契合，法治是国家治理的基本方式，推进国家治理体系和治理能力现代化在本体上和路径上的体现就是推进国家治理法治化。现代法治为国家治理现代化提供了良法的基本价值，提供了善治的创新机制。国家赔偿制度不仅发挥着规范国家权力运行的作用，而且能有效促进权利保障，是国家治理法治化的重要制度

构成。

其次，知识传授方面。通过本课程教学，使学生具备较为扎实的知识体系，能够以系统思维、体系思维分析专业问题，提供专业意见，这是国家赔偿法课程的基本目标。具体来说，需要通过国家赔偿制度的建立、发展过程，使学生掌握国家赔偿的理论基础，理解国家责任理念的产生与发展，国家赔偿机制建立后的自主演变逻辑；通过学习国家赔偿法以及相关司法解释、司法案例等，使规范与实践发生关联，以更加开放的视角，把握规范与实践的互动关系，既要看到不断推进的法治国家建设实践呼唤更加完备的国家赔偿制度，也要看到国家赔偿规范对实践调控能力的有效性与有限性；通过国家赔偿制度与国家补偿制度、行政诉讼、行政复议等权利救济与权力控制机制的比较，形成较为系统的知识体系。

在学习国家赔偿法时，要综合考量公民权利救济、国家经济水平、公务员积极性等因素对国家赔偿制度的影响。国家赔偿范围、归责原则、救济程度等制度的设计并非只是逻辑的自然延伸，而是立法机关在综合考量的基础上进行的制度设计，体现了较强的目的性。在学习国家赔偿法，理解国家赔偿制度、具体规范时，要从整体的视角进行把握。既要考虑到国家赔偿对公民权利的救济功能，也要考虑到国家赔偿需要以国家财政作为支撑，财政收入水平的高低会直接影响到公民权利救济的程度。同时，也要考虑到我国法治政府建设的实际情况、公务员整体执法水平等问题。国家赔偿制度要促进法治政府建设，但却不能走得过快，否则公务员的执法积极性会受到削弱。

最后，能力培养方面。徒法不足以自行。国家赔偿制度的建立，为该制度确立了基本的逻辑起点和价值基础。但国家赔偿制度的发展，尤其是国家赔偿实践，并非仅仅依靠立法便可以自主实施的。实际上，国家赔偿法并非在纯粹的理想空间中运作，也并非自顾自地发挥作用。相反，在整个法律体系之下，国家赔偿法与其他制度、机制之间存在有机的关联性，既影响到其他制度的运作，也受制于其他制度。因此，对国家赔偿法就不能够仅从静态的角度进行演绎，而是要从动态的角度进行观察。

法律的生命不在于逻辑，而在于经验。学习国家赔偿法就要从法解释学、法政策学这两种视角展开。

其一，法解释学的角度。拉伦茨认为，“法律解释的最终目标只能是探求法律在今日法秩序的标准意义（即今日的规范性意义），而只有同时考虑历史上的立法者的规定意向及其具体的规范想法，而不是完全忽视它，如此才能确定法律在法秩序上的标准意义”。因此，法律解释不仅是一项技艺，而且是法律适用者自我拘束的重要手段。“不应该放任由解释者个人自由解释，而应以确实、可事后审查的方式来进行，为此我们必须提供解释者一些可作为准则的解释标准。”因此，解释者必须掌握解释的方法，从而拘束解释者的主观任意性，实现解释的可确证、可审查性，增强解释的说服力。具体来说，在解释过程中，要综合考虑文义、法律意义脉络、历史上的立法者之规定意向、目标及规范想法、客观的目的论以及合宪性解释等要求，以阐释法律规范文字承载的规范意图。在国家赔偿法的授课过程中，也要培养学生运用法律解释方法的能力。在法律解释的过程中，要将部门法的解释适用与宪法价值相关联，确保宪法价值、精神通过部门法得以更加有效的实施。具体来说，国家赔偿法以规范权力和保障人权作为目标，因此在法律解释中要融入习近平法治思想、社会主义核心价值观，以实现法律解释与法律适用契合法治国家、法治政府和法治社会建设的基本要求。

其二，法政策学的角度。我国立法机关在通过行政诉讼法之后，便着手制定国家赔偿法。国家赔偿法并非创设了国家赔偿制度，而是对分散的立法进行体系化整合，形成了国家赔偿制度体系。我国宪法规定，公民有权在权利受到侵害后向国家提出赔偿请求。但在立法过程中，围绕国家赔偿责任是否成立、国家赔偿责任主体以及国家赔偿适用范围等问题产生了较大的争论。国家赔偿法在2010年经过较大规模修改，拓展了赔偿范围，改善了救济程序，调整了责任原则，等等。回顾国家赔偿制度确立、发展的历史演变，有利于更好把握我国法治国家建设的特殊性。因此，在对国家赔偿法的学习过程中，不能将眼光局限于国家赔偿法的条款，而是要从国家治理体系和治理能力不断发展的角度来理解国家赔偿的政策目的，从宏观角度来把握国家赔偿的制度定位。

（二）授课思路

在国家赔偿法的授课过程中，将围绕典型案例—法律规范—基本制度—基本原理的方式进行有序展开。

首先，分析典型案例。党的十八大提出，法治是治国理政的基本方式。党的十八届四中全会作出《中共中央关于全面推进依法治国若干重大问题的决定》，法治国家建设进入新的历史阶段。在此背景下，司法体制改革有序推动。习近平总书记强调：“司法体制改革在全面深化改革、全面依法治国中居于重要地位，对推进国家治理体系和治理能力现代化意义重大。”近些年来，我国司法机关先

后纠正了呼格吉勒图案、聂树斌案、张玉环案等刑事冤假错案，给予受害者及其家属高额的赔偿费用。同时，在行政赔偿领域中，也不断加强行政赔偿，最高人民法院发布朱红蔚等行政赔偿指导性案件。这些案例表明，我国国家赔偿制度在有效规范权力行使、促进基本权利保障等方面发挥了重要的作用。

其次，结合典型案例进行规范分析。在引入上述典型案例的基础上，对国家赔偿法的相关法律规范进行法解释学的分析，包括国家赔偿责任主体、权力行使行为、侵害后果以及因果关系等内容。通过历史解释、目的解释、文义解释等方法，分析法律规范的内涵。同时，总结案例，提炼出法院解释法律、适用法律的基本思路、具体方法以及审查基准等要素，从而使学生掌握基本的知识技能。

再次，由规范分析入手，深入学习国家赔偿法确立的基本制度，包括诉权保障、归责原则、举证责任分配、赔偿范围、正当法律程序、司法审查模式等。通过分析制度背后的法理逻辑、实践逻辑，认识到国家赔偿法在推动依法行政、建设法治政府、加强权利保障等方面的功能。通过国家赔偿案件的审理，明确行政权与司法权之间的界限，加强行政权的司法控制，从而更加有效地促进行政争议的解决。

最后，探讨国家赔偿建立的法理基础。主要包括国家赔偿建立的宪法基础，如人民主权原则、人权保障原则等。我国宪法明确规定，国家的一切权力属于人民。各国家机关要对人民负责、受人民监督。国家机关违法、不当行使职权，损害公民权利时，应当承担国家赔偿责任。2004 年宪法修正后加入“国家尊重和保障人权”条款，国家不仅要积极实现公民权利，而且负有尊重、不侵犯公民权利的基本义务。因此，人民主权原则和人权保障原则构成了国家赔偿制度建立的宪法基础。此外，还要掌握国家赔偿制度建构的理论基础，如特别牺牲理论、公平负担理论等。

习近平总书记指出，“法治是人权最有效的保障。我们坚持法律面前人人平等，把尊重和保障人权贯穿立法、执法、司法、守法各个环节，加快完善体现权利公平、机会公平、规则公平的法律制度，保障公民人身权、财产权、人格权，保障公民参与民主选举、民主协商、民主决策、民主管理、民主监督等基本政治权利，保障公民经济、文化、社会、环境等各方面权利，不断提升人权法治化保障水平”。完善国家赔偿制度，推动国家赔偿法的实施，充分体现了我们党高度重视人权法治保障。

三、结合培养目标，将思政理念融入课程全过程

（一）课程目标纳入课程思政

《中共首都经济贸易大学委员会首都经济贸易大学关于印发深化课程思政建设的意见的通知》提出，“课程是人才培养体系的最基本单位。课程思政是高校落实立德树人根本任务，铸就教育之魂的理念创新和实践创新”。国家赔偿法课程立足首都经济贸易大学高水平研究型大学的办学定位，以及坚持培养德智体美劳全面发展、富有创新精神和实践能力的高素质应用型、创新型人才的人才培养目标，秉承立德树人的教育理念，坚持知识、能力、素质有机融合，将党的领导原则、全过程人民民主理念、人民代表大会制度、中国特色人权发展道路等理念融入课程目标，强调在课堂教学中嵌入社会公正、平等原则等法治基本价值和基本理念，不断提升思政教育的有效性，从中国独特的法治文化、现实国情、党的领导等方面深入展开，帮助学生树立社会主义法律信仰，培养现实主义的法治情怀，做使命担当的社会主义接班人。

（二）教学内容融入课程思政

“专业与课程的逻辑关系决定了专业思政与课程思政具有天然的一体性，专业思政是深化课程思政的基石和平台。”国家赔偿法课程思政建设，要求在教学内容设计上，既要强调对国家赔偿法的知识学习，建立更为系统的知识体系；也要凸显价值引领功能，增强学生的法治素养，使学生通过学习该门课程更加系统掌握我国法治理念、法律制度以及法治实践基本情况。在学习的过程中，应以习近平法治思想为指导，充分认识到我国法治建设的系统性、全面性，掌握“十一个坚持”的核心要义、基本精神和实践要求，即坚持党对全面依法治国的领导；坚持以人民为中心；坚持中国特色社会主义法治道路；坚持依宪治国、依宪执政；坚持在法治轨道上推进国家治理体系和治理能力现代化；坚持建设中国特色社会主义法治体系；坚持依法治国、依法执政、依法行政，共同推进法治国家、法治政府、法治社会一体建设；坚持全面推进科学立法、严格执法、公正司法、全民守法；坚持统筹推进国内法治和涉外法治；坚持建设德才兼备的高素质法治工作队伍；坚持抓住领导干部这个“关键少数”。

在教学国家赔偿法的教学过程中，应落实立德树人根本任务，不断增强学生“四个自信”，做到“两个维护”，捍卫“两个确立”。鼓励学生将法治理念与法治实践相结合，自觉投身法治国家建设事业。

（三）教学方法助推课程思政

在教学中应采用多种教学方法，将党的领导、中国特色社会主义发展道路、民族复兴、中国特色人权发展道路等价值观融入课程教育过程，在潜移默化中培育学生的社会主义核心价值观。采用知识讲授法、案例研讨教学法、启发式引导等多种教学方法，增强课堂教学中的互动。鼓励学生调动已有的知识储备，主动参与课程设计、课程讲授等环节，化被动为主动，自主挖掘国家赔偿法课程中的思政元素。

四、发掘思政元素，融合专业性与思政性

应结合国家赔偿法课程特点，在授课过程中引入课程思政因素，将党中央提出的最新理念贯穿课堂教学始终，使学生认识到我国法治建设取得的成就，坚定“四个自信”，践行法治理念。

（一）思政元素1：学习习近平法治思想，推进法治政府建设

习近平总书记提出，全面依法治国是一个系统工程，要整体谋划，更加注重系统性、整体性、协同性。法治国家、法治政府、法治社会相辅相成，法治国家是法治建设的目标，法治政府是建设法治国家的重点，法治社会是构筑法治国家的基础。2020年11月16日至17日，中央全面依法治国工作会议在北京召开。在本次会议上，习近平总书记指出，推进全面依法治国，法治政府建设是重点任务和主体工程，对法治国家、法治社会建设具有示范带动作用，要率先突破。要用法治给行政权力定规矩、划界限，规范行政决策程序，健全政府守信践诺机制，提高依法行政水平。《法治政府建设实施纲要（2021—2025年）》提出：“把法治政府建设放在党和国家事业发展全局中统筹谋划，加快构建职责明确、依法行政的政府治理体系，全面建设职能科学、权责法定、执法严明、公开公正、智能高效、廉洁诚信、人民满意的法治政府，为全面建设社会主义现代化国家、实现中华民族伟大复兴的中国梦提供有力法治保障。”

国家赔偿法是权力拘束之法，也是权利保障之法。当国家机关及其工作人员违法、不当行使权力，侵害公民权利时，国家应承担起赔偿责任。这充分体现了我们党推进法治政府建设的基本要求。有权必有责，用权受监督，侵权要赔偿。国家机关及其工作人员行使了国家权力，就要承担起相应的法律责任。否则，有权无责将纵容部分国家工作人员的违法行为。因此，国家赔偿法强化了对行政权的监督，使行政权力在法律划定的界限、规则范围内行使，遵循行政决策程序，充分发挥法治的定规矩、划界限功能。由此可见，国家赔偿法是推动法治政府建设的重要制度保障。

（二）思政元素2：破解新时代主要矛盾，推进营商环境法治化

党的十九大报告指出："中国特色社会主义进入新时代，我国社会主要矛盾已经转化为人民日益增长的美好生活需要和不平衡不充分的发展之间的矛盾。"人民群众不仅对物质文化生活提出更高的要求，而且对民主、法治、公平、正义、安全、环境等方面也提出多样化、更高层次的要求。在风险社会中，政府要积极作为，以满足多样化的社会需求，减少社会风险。行政法在实现分配正义、促进利益均衡等方面发挥着重要作用。国家承担的职能越来越多，国家促进公共利益的作用也就越来越大。然而，随着国家职能拓展、作用范围扩大，也会增强行政侵权风险。因此，通过国家赔偿法可以实现利益的均衡化，确保公共利益与个人利益之间的平衡。社会进步产生的代价、国家权力拓展产生的风险成本，可通过国家赔偿程序由国家来承担。这有助于缓和社会矛盾，更好满足人民日益增长的美好生活需要，促进均衡发展，使人民共享改革发展成果。可见，实施国家赔偿法，加强权利救济，不断提升人权保障水平，将增强民众的安全感、幸福感，落实以人民为中心的法治理念。

市场经济是法治经济。习近平总书记指出："法治是最好的营商环境。""要把平等保护贯彻到立法、执法、司法、守法等各个环节，依法平等保护各类市场主体产权和合法权益。要用法治来规范政府和市场的边界，尊重市场经济规律，通过市场化手段，在法治框架内调整各类市场主体的利益关系。要把工作重点放在完善制度环境上，健全法规制度、标准体系，加强社会信用体系建设，加强普法工作。"坚持社会主义市场经济改革方向，核心问题是处理好政府和市场的关系，使市场在资源配置中起决定性作用，更好发挥政府作用。法治既能够为政府规范市场发挥保障作用，也能够有效规范政府权力，防止权力越位、缺位，促进

政府有效作为，避免政府消极不作为或者滥作为。为规范政府权力，不仅要在组织法、程序法、行政诉讼法和行政复议法等方面加强权力控制，而且要在权利救济和损害赔偿等方面进行完善。从行政过程论的视角看，国家赔偿制度是行政法治的重要组成部分，不仅发挥了末端的合法性控制功能，而且发挥了重要的损害填补功能。因此，实施国家赔偿法能够有效规范政府权力，将权力滥用的成本内化为政府财政负担，进而施加必要的财政拘束。同时，由国家财政承担赔偿费用，能够为权利救济提供更加充分的制度保障，进而加快建设全国统一大市场。

（三）思政元素3：加强权力制约与监督，推进国家治理体系和治理能力现代化

加强权力制约与监督，是我国宪法的一项基本权利，也是人民代表大会制度的必然要求。在人民代表大会制度下，各国家机关是分工与协作的关系，而非对立与制衡的关系。各国家机关在党的领导下，共同致力于实现国家目标。因此，加强权力制约与监督，能够确保国家权力始终符合人民利益，防止权力异化、腐化。习近平总书记深刻指出："权力是一把双刃剑，在法治轨道上行使可以造福人民，在法律之外行使则必然祸害国家和人民。把权力关进制度的笼子里，就是要依法设定权力、规范权力、制约权力、监督权力。全面依法治国，必须紧紧围绕保障和促进社会公平正义来进行。公平正义是我们党追求的一个非常崇高的价值，全心全意为人民服务的宗旨决定了我们必须追求公平正义，保护人民权益、伸张正义。"党的十九届四中全会明确提出，"坚持和完善党和国家监督体系、强化对权力运行的制约和监督"。可见，强化对权力运行的制约和监督，保证公权力不滥用，是国家治理的关键环节之一。进入新时代，国家治理面临新任务和新目标，实现国家治理体系和治理能力现代化是实现我们党长期执政的重要保障。国家治理体系和治理能力现代化主要体现为国家治理的制度化和法治化，应通过法治途径不断提升我们党依法治国、依法执政、依法行政的水平。

国家赔偿法体现了以法治思维、法治方式规范权力运行，确保行政机关依照法定权限和程序行使职权，履行职责的基本要求。通过司法监督，加强对行政行为合法性审查，可确保行政机关始终在法治轨道上行使行政权。实质性解决行政争议，可防止公权力滥用，从而推进国家治理体系和治理能力现代化。

（四）思政元素4：保障公民基本权利，健全人权法治保障机制

尊重和保障人权是我国宪法的基本原则，也是我国宪法确立的基本价值理

念。这就意味着一切国家机关都应当以尊重人权和保障人权作为权力行使的目标，不得随意侵犯公民权利，不得怠于履行法定职责。在党的领导下，社会经济不断发展，人民生活水平不断提高、权利意识也不断增强。国家机关是公共利益的代表者，国家机关行使权力是为了追求公共利益、增进公共福祉。公众利益和个人权利之间产生冲突已成为常态，因此，更好地平衡公共利益与个人权利已经成为法治建设中必须解决的问题。法治在加强中国特色人权保障方面具有基础性、支撑性作用。但是，在实践中，有些国家机关不当、违法行使权力，侵犯公民、法人和其他组织权利的现象仍然存在，人权法治保障还存在不少短板。为此，“要深化法治领域改革，健全人权法治保障机制，实现尊重和保障人权在立法、执法、司法、守法之中的全链条、全过程、全方位覆盖，让人民群众在每一项法律制度、每一个执法决定、每一宗司法案件中都感受到公平正义”。对于侵犯人民群众合法权利的行为，不仅要依纪依法严肃查处、坚决追责，而且要给受到侵犯的公民以合理赔偿。从这个角度看，国家赔偿制度的建立和发展，有助于加强权利救济，切实保障公民基本权利、维护社会公平正义；有助于规范公权力，提升人权司法保障水平。

五、结语

党的二十大报告指出，“教育是国之大计、党之大计。培养什么人、怎样培养人、为谁培养人是教育的根本问题。育人的根本在于立德。全面贯彻党的教育方针，落实立德树人根本任务，培养德智体美劳全面发展的社会主义建设者和接班人”。为此，我们应在专业课教学中讲好我国法治建设成就、融入法治建设理念，通过构建本土化、自主化的法学教育体系，将立德树人贯彻课程全过程。通过价值引领、知识传授和能力培养，提升学生综合素养，培养中国法治建设事业的建设者和接班人。

推进人与自然和谐共生的现代化：对环境法课程思政建设的若干思考

史一舒*

2018 年 9 月 10 日全国教育大会召开后，教育部制定了《关于加快建设高水平本科教育 全面提高人才培养能力的意见》，要求"把思想政治教育贯穿高水平本科教育全过程，坚持正确办学方向，坚持德才兼修，提升思政工作质量，强化课程思政和专业思政"。至此，从"单一授课"向"专业化+课程思政"的转变，在全国掀起了一场火热的实践。环境与资源保护法是以"社会法"为核心、以"公共性"为逻辑出发点的法律体系的二级学科，其本身就包含着大量的思政要素。党的二十大报告把人与自然的和谐共生作为专题章节，对生态文明的新部署进行了深入的论述。中国特色生态文明的思想和内容十分丰富，其中包含的生态文化、生态意识、生态道德等思想，以及追求生产发展、生活富裕与生态良好等内容，无一不体现了人与自然和谐共生的现代化思维，是中国式现代化发展取得的物质成果、精神成果和制度成果在生态领域的重要体现。在我国人与自然的现代化建设如火如荼开展的今天，把思政元素融入"生态文明"的教学之中，对促进生态环境教育的发展具有不可替代的作用，同时也有助于学生对"绿色发展""双碳计划""生态文明"的认识和把握，促进学科建设与思政建设"同向而行"的发展。

一、环境法课程思政实施现状

（一）开展环境法课程思政受到教学内容体系化欠缺的局限

从学科的角度来看，不同于传统学科"总论-分论"的理论框架，环境法作

* 史一舒，首都经济贸易大学法学院讲师，硕士生导师，法学博士。

为新兴学科，其内部知识系统兼具零散性与复合性特征。在实践方面，我国现有环境保护法律法规 30 多项，环境保护标准、规范性文件、地方性法规 30 多项。因此，环境法体系的教学内容十分复杂，涉及的领域也十分广泛。从本质上说，环境法本身就是一部“生态文明思政课程”。从 2012 年党的十八大开始，我国就坚决屏弃轻视自然、支配自然、破坏自然的现代化模式，坚持可持续发展，坚定不移地走生产发展、生活富裕、生态良好的文明发展之路，有力推动了人与自然和谐共生的现代化建设。在环境政策蓬勃发展的同时，环境法体系也在不断壮大与演进。习近平主席在《湿地公约》第 14 次缔约方会议上发表讲话时说，中国湿地保护工作取得了历史性的成绩，建立了保护制度，制定湿地保护法。中国要实现人与自然的协调发展，推动湿地保护工作的高质量发展。湿地保护法自 2022 年 6 月 1 日起正式施行，不仅弥补了我国的法律空白，而且进一步建立健全了我国的生态文明制度体系，使我国的湿地治理步入法治化的新阶段。

在当前环境法教学中存在以下问题。首先，环境法体系在理论上还没有形成一致意见，难以像民法、刑法、行政法等那样采取统一的“总论-分论”的教学方法，也不能根据具体的理论系统进行逐步的学习。大量的零散知识，会让学生产生困惑，无法找到一条合理的思路。其次，环境与资源法课程的教学内容比较复杂，但其课时量却通常不足以支撑起整个环境法体系的学习。教学过程中，教师难以向学生提供所有“思政关联学术”的教学内容，也没有足够时间进行整体性与系统性学术培训和实践教学，这对于深入开展环境与资源保护法思政教学、启发学生“思政关联学术”思考能力十分不利①。

（二）开展环境法课程思政受到教学方法选择的局限

“人与自然的和谐共存”是一项综合性的系统工程，它的实现需要系统思维、系统观念和系统的方式。近年来，国家围绕“保护环境、治理污染、维护公共卫生、推动生态文明”这一主题，从发展的战略高度提出了一系列新的环境保护论断，如“绿水青山就是金山银山”“像保护眼睛一样保护生态环境”“山水林田湖草是一个生命共同体”等，对中国生态文明的美好梦想进行了生动的诠释。然而，目前在教学手段的运用上存在着单一、重复、机械等问题。一是对教学方式的选择存在问题，缺乏适合环境法的教学方式。在课程的教学设计中，由

① 李亚菲．环境与资源保护法课程思政教学改革研究［J］．西北高教评论，2021（1）．

于教材的随意插入和设计的片段性等问题较为严重，某些课程的教学设置中存在将抽象的理念和思想灌输到特定的课程之中、对社会主义核心价值观的机械注入、碎片化选取教学内容等现象。这种碎片化、零散性、机械性甚至是主观上的任意性，常常使学生感觉到一种死板的价值观导向。这样的教学方式不仅违背了德育的本质，而且违背了立德树人的本意与需求，严重阻碍了课程价值导向功能的全面实现。二是在实施环保法律教育的过程中存在一些问题。在实施课程思政时，一些教师在课堂上强行或机械地引入了一些思想政治教育要素，削弱或消解了学生主体作用。高校思想政治教育是一种既不能离开学生也不能忽略其主体地位的系统工程，缺乏学生的主体性和积极参与，就无法达到良好的课堂教育和课程的育人效果。因此在课堂上，要加强对学生的主动性培养，使学生在课堂上进行更加积极多元的思考和探索。

（三）开展环境法课程思政受到传统教学方式的局限

由于传统教学方式的局限，在环境法的授课中，不论是教学过程还是教学评价，都属于教学方法体系中的“课堂讲述法”。在教学过程中，教师会向学生讲授有关的法律和法律知识，并结合教学实例，让学生能够更好地了解和吸收这些知识；在现行考试制度下，一些大学生平时不认真学，经常在考试前进行突击复习。因此，其知识的根基并不牢固，这种教学和评价方式对实施课程思政有很大的影响。目前，本课程的思政建设还没有在课堂上得到全面开展，更不用说在分析案例、解读法律条文等法律应用中的思政融入了。这种情况之所以会发生，一方面是因为教学时间有限，另一方面也是因为目前我国还没有形成一套完整、体系化的环境法课程思政的教学模式，其在课程中的具体实践路径不畅通、范围狭隘，这就导致了法律“德育”的质量与成效不理想。

对此，应“通过网络技术，打破时间和空间的限制，利用大数据进行分析和深度挖掘，让传统的课堂教学模式发生了巨大的变化”。现在，传统的教师讲授学生接受，学生先知后行、先课堂后生活的教学模式正逐渐被教师指导下的个性化学习和自适应学习所取代，学生先学后教、从体验探索中发现问题和不足再行解惑和补充学习的模式将成为课堂教学的主流。“传统的讲授课堂被解惑答疑的‘翻转课堂’取代，枯燥乏味的死记硬背被线上线下无缝衔接的‘混合式学习’取代。”当讲授、传授、背诵、记忆的课堂被体验、发现、探究、创新的课堂取代后，传统教师的课堂中心地位就被彻底颠覆了。这对教师的能力和素质提出了更高的要求和全新的标准。习近平总书记指出，“专家型教师队伍是大学的核心竞争力”。著名科学家钱伟长说：“教，关键在于‘授之以渔’。”全世界的大学课堂，已经或正在经历一场深刻的革命。通俗一点讲，就是改变传统教学“满堂灌”的模式，让学生在教师的指导下积极行动起来，让所有学生全身心地去探索、体验和思考，积极主动地获取知识和培养技能。

二、“人与自然和谐共生的现代化”——环境法课程思政建设目标

（一）将“人与自然和谐共生的现代化”与环境法课程进行实质性融合

社会所需要的法律人才，不但要有卓越的专业技术，还要有“法律知识以外的高尚的道德”。环境法课程的思政建设必须立足当代大学生的实际需要，突出“思政”的教学设计，把习近平总书记“人与自然和谐共生法治理念”融入课程教学中；要充分运用网络教育资源，充实教学内容，实施“第二课堂”，增强“育人”的作用。加强对习近平总书记“人与自然和谐共生法治理念”理论的认识，增强对依法治国的认识与信心。通过对中国生态文明体制的变革和由此而产生的环境法治变革的深刻理解，建立起对环境法治的坚定信念。坚持社会主义核心价值观，弘扬优秀传统文化，弘扬社会公共道德；将优秀的职业道德等内容纳入课程教学，实现知识与价值的有机统一；培养学生的综合素质、人文素养、职业道德。在开展环境法课程教学的基础上，必须把思想政治要素与课程内容相结合，从学科的角度来认识学科知识，建立学科知识体系。当前环境法的关注重点在风险预防、公众参与、公益诉讼、生态环境损害赔偿、环境法典化等多个方面。环境法的宗旨是保护和改善环境，保障公众健康，推进生态文明。因此，教师在环境法课程思政的教学准备中可以从以下三个方面着手。

1. 课程设计符合逻辑认知，激发学生的学习兴趣

在教学过程中，教师要时时注意社会实践，并将其与环境法知识点相结合，充分发掘其课程思政的要素。例如，在学习野生动物保护法时，可以将新冠疫情与非法野生生物交易引起的公共卫生危机相联系，使学生意识到野生动物保护的重要性；在此基础上，加强大学生的生态安全意识，使他们理解生态安全是当前国家安全的重要组成部分。又如，在讲解环境行政公益诉讼的过程中，通过讲授环境法相关知识要点，组织学生就“济南市章丘区人民检察院监督处置危险废物

污染环境行政公益诉讼案件”进行研讨，让学生既能了解到行政诉讼法和有关司法解释中有关行政公益诉讼的原告资格、范围、举证责任和法律责任，也能意识到，只有这样的制度才不至于让我们的下一代承受前代人埋下的苦果。

2. 采用大小案例组合拳方式

在常规知识点讲授中，案例不必过于复杂，可设计或选择小型、简单的案例，通过举例说明，帮助学生理解与掌握抽象理论知识。针对重要的知识点，可通过选取具有典型性、时代性、争议性的案例或事例，全面展示案例的发展脉络，以案释法，对相关的行政法规范、原理以及我国的环境法实践进行细致讲解与剖析，进而就争议问题引导学生互动讨论，加深对环境法理论的理解掌握，在此基础上由教师就案例的分析意见进行总结和评价，纠偏补漏。

3. 注重与国家法律职业资格考试衔接

针对学习重点分散、内容变化多、难以把握要领等问题，在教学体系安排中，一是引导学生把握环境法学理论体系与知识结构，关注基础法律概念和法律条文的分析和解读，夯实环境法基本理论知识；二是注重与国家法律职业资格考试衔接，以考试大纲为导向，以真题为例证，系统讲授重点知识点，并将之贯穿课程思政全过程，以锻炼学生的逻辑思维能力、分析能力，培养学生的职业能力。

（二）实现从课本本位向学生本位的转变

课程思政是为了充分发挥专业课、通识课的资源和作用而设计的。在环境法的教学中，应把思想政治教育的方法与技术结合起来，把思政教育与学生主体相结合，把思政教育有机地贯穿整个教学活动始终；从情感出发，重视课程学习体验、学习效果，探索多元的教学方式。钟南山院士有一次在接受采访时说，“医生看的不是病，而是病人”①。其实这话放在教师身上也有现实意义，作为环境法学科的教师不仅仅是传授专业知识，还在引领各种类型、思想各异的学生。不同的学生，他们对知识的理解和积累是不一样的；学生的学习习惯千差万别，一成不变的教法很难达到很好的教学效果。更具风险的是，由于一成不变的教法易于实施，因此，有的教师容易养成惯性，也就是不自觉而陷入教学的安逸之中。

① 专访钟南山院士：“医生看的不是病，而是病人”［EB/OL］.［2020-02-10］. https：//m. gmw. cn/baijia/2020-04/07/33717760. html.

对教师来说，从“课本本位”到“学生本位”的转变，既是一种教学理念的转换，也是“育人”之中比较高的一个门槛。

1. 尝试多样化的课堂教学方式

从法学学科的特点出发，有学者认为，法律学科的思政应该构建“事实、价值、实践”三环，实现求知、铸魂、践行三者的有机融合。“求知”“铸魂”“践行”的主体是“以人为本”，即“以人为主体”，以“课前、课中、课后相结合”的立体教学模式，充分发挥学生的主动性和能动性。在课堂之前，教师要把课堂上的 ppt 和思政资料通过网络分发给学生，让他们有足够的时间去阅读和思考。在教学过程中，教师要从学生的视角，用生动的语言和易于引发学生共鸣的话语，通过案例、探究、体验等多种形式使学生在课堂上发言；教师是听众，也是批评家。课后，教师可组织学生进行辩论会、听证会、模拟法庭等活动，以模拟庭审等形式再现思政材料，使学生以自己模拟的身份，更深入地感受思政元素，进而将之内化为自己的品德和意志品质。

2. 摸索课程考核评价方式的转变

在实施环境法课程思政模式下，要充分发挥学生在课堂上的积极作用，使其积极参与课堂活动，这种活动不仅要求教师改变思想，而且要求学生从被动学习变为积极参与。在重视课程评估的大背景下，可以探索多种新的课程评估与评价方法，以激发学生积极参与课程建设。以平时的学习成绩为例，可不以上课人数为基础，而以参加课堂讨论、模拟庭审等活动为参照。因为教室里有很多学生，所以需要学生进行小组活动，每个小组都有自己的任务和协作的方法，这样可以培养学生的团队意识和协作精神。在教学中，教师还可以提供分数，让学生互相打分，以体现社会主义核心价值观中的公平和公正。在平时课程中，课堂表现可占期末总成绩的 30%~40%，从而使学生不完全依赖于期末的闭卷笔试分数。例如，可以提供 10 分钟~15 分钟让学生表达自己对高水平学术作品的理解，在法学文本基础上进行规范的剖析与理论思索，通过深入的研读与评论激发学生质疑文本、寻找答案的勇气，以及对其所蕴含的人文关怀与价值取向的思考。同时，这种阅读训练还可以使学生以论证为基础，促使学生与文章进行深入交流，并引导学生坚持辩证唯物主义的观点和方法，以优秀的作者为榜样，树立起尊重知识的意识。

三、“人与自然和谐共生的现代化”之环境法课程思政路径选择

（一）深入解析顶层设计与实定法的交互回应

习近平总书记指出，生态兴则文明兴，生态衰则文明衰。习近平生态文明思想是以习近平同志为核心的党中央治国理政实践和理论创新在生态文明建设上的集中体现，是新时代新征程下我国生态文明建设的根本遵循与行动指南。人与自然和谐共生的现代化是习近平生态文明思想的重要内容之一，充分反映了全面建设社会主义现代化国家的内在要求。党的十八大以来，中国全面推进生态文明建设和体制改革，建设美丽中国，把生态文明建设融入经济建设、政治建设、文化建设、社会建设的各方面和全过程，着力解决突出环境问题，并将其作为当前生态环境保护领域最重要的任务。党的二十大报告将人与自然和谐共生的要求列为专章，进一步对生态文明建设提出新的部署。只有践行习近平生态文明思想，全面贯彻落实生态文明建设，全面推进经济社会发展绿色化与低碳化的转型，建设中国式的现代化，实现人与自然和谐共生，才能更加有效地实现社会经济高质量发展。

环境法课程思政重点的在于将生态文明思想和环境法学的知识相结合，使教师在课堂上自然地融入思政教育，达到育人无形、润物无声的作用。这就要求教师在课堂上进行相关学习、专题报告、专题讲座等一系列活动，以加深对课程思政的认识与掌握，并培养专业教师把握机会的能力。本课程的思政教育不是随意地在教室里进行的一种扩展式的教学，而是要以反复琢磨、制作系统化的环境法课程思政教材为基础。教学资料是开展教育工作的必要物质基础，是思想政治教育的有形载体。教师要把思想政治教育的核心内容与具体的课堂组织与教学方式相结合，提供讲义、案例、学术论文，以视听资料、社会调查报告等方式，将具有思政元素之课程知识点的教学内容展示出来，以构成一套完整的课程思政教材体系①。

（二）聚焦环境资源法治的价值演变来开发课程思政

具体实践中，为了“授之以渔”，不论是针对本科课堂，还是针对研究生课

① 李兴宇．多学科交叉背景下“环境与资源保护法”课程教学改革：以北京林业大学为例［J］．中国林业教育，2021（6）．

堂，笔者都将之设计成了系列专题研讨模式。首先，笔者会制作 ppt，图文并茂，提出问题和要求，引导学生去探索和思考。例如，在“新冠疫情背景下的野生动物保护问题研究”专题中，笔者在课堂中提出了一系列问题：新冠疫情与野生动物保护是否有关联？在野生动物保护方面是否有相关的法律法规？由于所有学生都在新冠疫情防治过程中有切肤之痛，同时对野生动物保护有着天然的兴趣，这一系列问题马上引起了他们的强烈兴趣。其次笔者引导他们去搜索相关学术论文和专著并研读，同时告诉他们如何查找相关国际法和国内法规定，以引导学生一步一步地去寻找问题的答案。授课前一至两周布置任务，要求学生分组至少解决上述问题中的一个，录制 10~15 分钟音频并辅之以 WORD 文档或 ppt。同时，笔者也会从中发现一些共性问题，如很多学生随便拿个条约规定或某个国家法律的规定就来分析中国的某种现象或事件，完全无视法律的效力范围这一重要因素，完全无视法律制度和社会历史文化背景深度关联这一规律，这是严重的方法论错误。对此，笔者会制作 ppt，通过细致讲解以纠正这一严重的普遍性问题。在思想争锋和言语较量中，他们的认识和思考更上一层楼，同时也会提出一些棘手的问题，对此笔者可以引导他们做进一步的探索。在笔者的精细构思和耐心指导下，学生在课外也需要进行广泛的资料检索和海量的专题文献阅读，课堂上的绝大部分时间则用于展示、讨论和辩论和纠错、释疑、点评、提问，以及做进一步研究进行导引。从教学效果来看，学生主体地位高，参与的积极性高，产出的作品令人惊喜。

总的来看，任何制度设计和运行都承载着立法者对社会经济矛盾的深层认识和价值追求。我国的环境资源法律体系既有大量的自身特点，也借鉴了国外的经验。关注环境资源法治的价值演进，也是高校课程思政资源建设的一个重要视角，具体如表 1 所示①。

表 1　环境法治资源的价值

环境法治资源	资源价值
环境保护观	让学生了解习近平生态文明思想所蕴含的中国传统文化底蕴、当代中国环保观念的革新，以及对全球环境问题的大国责任

① 江海，朱鹤群．思政教育融入环境资源法课程教学的路向［J］．宿州教育学院学报，2021，24（4）：72-77.

续表

环境法治资源	资源价值
环境法律关系	阐释公众“在美好的环境中过幸福舒适的生活”环境权益需求，引导学生自觉遵守和执行环境规划、环境影响评价等制度，塑造“人与自然和谐共处”的生态法治观
环境法律目的	组织讨论野生动物保护法律制度的设计、运行，凝练多元化、多层次的环境法律目的——保护公众生命健康，维护生态系统多样性，推进生态文明建设
环境法律原则	民法典的一个鲜明特点就是创制了生态环境保护的法律原则（即“绿色原则”），把生态环境保护列入民事主体的法律责任和法定义务之中，充分体现了我国生态文明的法治理念和保护生态环境的坚强决心，也为全球的生态环境治理提供了中国方案
国际环境法	让学生充分认识到，中国是一个有责任感的国家，在全球气候变化、生物多样性保护、新冠疫情防治等问题上践行“人类命运共同体”的思想与实践，充分体现了我们国家的软实力和社会主义制度的优势
环境法律责任	在环境法典编纂中，法律责任的制度设计和安排是一个关键而困难的问题。环境法典编纂应当以环境法体系化为基础，回应生态文明建设的需要，推动生态环境管理体制改革

（三）促进环境法课程思政建设的体系化

在实施课程思政的过程中，必须对课程思政进行科学设计与完善，使之更好地承担课程思政的教学任务。课程思政是一个综合性、系统性的教育工程，由其所衍生出来的课程体系应该同样具有系统性、协调性和适应性。当前，在课程体系方面，突出的问题是缺乏科学且有力的整合设计。一是纵向系统的堵塞。课程思政建设需要各个学科在纵向上充分利用各种课程的思政资源和思政要素，根据不同的年级、不同的阶段和不同的人才培养进程，实行从浅到深的层次的教学。以“从点到面”的教学模式来看，应遵循“以点为中心”的教学模式，而非讲授“重复”的教学内容。二是横向系统的协作比较松散。课程思政建设需要各相关学科在横向上结合各自的特点进行思政元素的融合，根据教学的性质，结合多维的视角，形成一套完整、系统、相互配合的课程体系。三是高校德育协作机制的有效性不高。高校德育工作需要打通各方面的教学环节，形成协同化的育人机制。在全面实施课程思政工作的过程中，很容易忽视专业课之外公共基础课、实践课等学科的思政元素的融合问题，而其他各种隐性教育资源、网络资源甚至家庭资源也还没有被激活，社会和其他渠道之间的协同效应还没有得到很好的开发。

因此，环境法课程思政建设中必须打破传统的学科框架，在教学中注重培养学生具备自然环境科学的基础知识，引导学生在了解生物链、生态系统、自然规律的基础上展开法学研究。在环境法课程改革中，教师要适当增加自然科学和环境科学的基础知识，从宏观的生态学视角来审视环境法学的社会、法律问题，统筹考虑科学技术和人文情怀对自然领域的影响。教育改革要努力营造开放、浓厚的生态文明学术研讨环境，在生态整体视野中观察、反思环境法律体系；在潜移默化中超越自己的专业视角，把握生态文明的总体知识框架，形成生态整体观的大视野①。

---

① 落志筠．“环境与资源保护法学”课程思政教学改革探索［J］．鹿城学刊，2022，34（2）：53-58，96.

探究式教学激励机制下课程思政融入路径研究
——以“证券法与期货法研究”课程为例

孙宝玲*

“证券法与期货法研究”是法学专业硕士研究生的选修课程，选修的学生专业集中在民商法学、经济法学与国际法学等方向。法学专业硕士研究生课程旨在培养德法兼修的复合型法治人才。同时，为深入贯彻落实习近平总书记关于教育的重要论述和全国教育大会精神，全面落实立德树人根本任务，深入贯彻落实中共中央办公厅、国务院办公厅《高等学校课程思政建设指导纲要》文件精神，法学专业研究生课程也应注重课程思政建设①。课程思政建设中值得关注的一个重要问题是课程思政元素在各专业课程中的融入路径，在法学硕士研究生课程中也不例外。本文以探究式教学为载体，以探究式教学的激励机制为路径，探讨课程思政元素融入法学研究生课程的可行之路。

一、探究式教学与硕士研究生课程的适配性

（一）法学专业硕士研究生的培养目标

法学专业硕士研究生的培养目标是根据社会主义市场经济和社会主义法治建设的需要，从法学研究、教学和法律实务的需要出发，培养法治人才。研究生培

* 孙宝玲，首都经济贸易大学法学院讲师，硕士生导师，法学博士。

① 教育部．高等学校课程思政建设指导纲要［R］. 2020；张志勇．素质教育的提出、内涵、发展及其实施环境［J］. 人民教育，2021（11）：48-56.

养中的重要环节即研究生课程，因而需要提高研究生课程对培养目标的针对性，通过研究生课程设计与实施的完善提高研究生培养质量。在专业素养方面，法学专业研究生应掌握扎实的理论功底，且知识面较宽、具备一定研究能力。在职业素养方面，法学专业研究生也应适应社会发展需要，具有国际化视野，敢于肩负国家发展、社会进步的重要使命。研究生课程的培养目标是培养兼具专业素养与职业素养的应用型、复合型人才。

具体而言，要培养德法兼修的复合型法治人才：在“德”方面，法学专业研究生应热爱祖国、具有坚定正确的政治方向，且对国家和社会具有高度责任感、对法律职业具有道德感与敬业精神；在“法”方面，法学专业研究生应具有扎实的法学基础理论和系统专业知识，掌握国内外本专业理论研究的发展状况及我国立法、司法实践的发展动向①。同时，法学专业研究生也应熟练掌握一门外语，能够阅读专业外文资料并进行初步的学术交流，不仅具备法学的国际化视野，而且能作为中华法学人才在国际法学平台上产生一定影响。

（二）探究式教学对研究生培养的意义

在法学专业研究生的培养中，探究式教学可发挥巨大作用。探究式教学是指以探索与钻研为基础的教学方法。在法学专业研究生的培养中，可解读为法学专业研究生通过典型案例分析，通过实地调研公安、检察院、法院、律所等相关实务部门，通过发现生活中的法律问题等各种形式，运用自己掌握的理论基础分析、解决法学专业问题，从而实现自我价值与社会价值的教学方法②。

具体而言，首先，通过探究式教学，法学专业硕士研究生可以在自主研究、创新创造的过程中加深对国家与社会的责任感，在问题探究的过程中不断反思、总结、改进，增强法律职业道德和敬业精神。探究式教学改变了传统的教师“授业解惑”的教学模式，而是以学生为主体，使之通过自主学习获得知识、运用知识的教学模式。探究式教学能够使社会责任感和课程思政目标潜移默化地融入法

① 李志豪，王晓辉．德法兼修育人视域下法学实践教学改革的应用研究：以中原工学院法学院/知识产权学院为例［J］．创新创业理论研究与实践，2021，4（10）：17-19．

② 贾春平．探究式教学在研究生教育中的实施探讨［J］．行政事业资产与财务，2021（16）：121-122；张东娜．高职会展专业实践教学环节设计研究［J］．宏观经济管理，2017（S1）：159-160．

学研究生课程中，实现知识与思政双重培养的目的①。

其次，在探究式教学中，学生可围绕某一法学问题主动探索、加工处理法学理论与具体立法，应用法学知识解决法律问题。不同于本科生，研究生对法学专业知识的掌握已经较为系统，探究式教学促进了学生对国内外理论研究发展状况的深入思考，可使其在法学实际问题的探究中洞察我国立法与司法实践的发展动向，从而激发研究生的发散思维与创新思维，实现全面育人目标。

最后，探究式教学具有较明显的开放性与灵活性。学生除了通过查阅文献、实地调研、案例研讨等多种形式自主学习外，教师的适时指导与启发对其的培养作用也必不可少②。例如，教师通过提出具有研究价值的课题或项目，激发学生的学习欲望，使之在问题的探究中不断思考，从而培养其批判性思维与独立思考的习惯。又如，教师可在学生的阅读资料设计中穿插外语资料的学习任务，或在研讨中引导双语交流，从而进一步提高其外语阅读与交流能力，以国际化视野为投身社会主义现代化建设做好准备。

总之，探究式教学对于研究生课程实现其培养目标而言具有重要价值，是一个能够满足研究生综合性培养要求的平台与载体。本科生教育的特点是注重学生知识体系的建立，课程较多且一般是大班授课，教学重点是对法学基础知识的讲授；而研究生教育的特点是对学生独立思考、独立工作能力的培养，可实现小班授课、探究式教学，其教学重点是研究能力与创新能力的培育。在研究生课程中采取探究式教学、师生互动的教学模式，可有效实现法学研究生德法兼修的复合型人才培养目标。

二、探究式教学激励机制对课程思政建设的意义与价值

为深入贯彻落实习近平总书记关于教育的重要论述和全国教育大会精神，教育部制定了《高等学校课程思政建设指导纲要》，要求全面推进高校课程思政建

① 薄萌萌．高校教师在“课程思政”改革中的元认知过程：质性研究的视角［J］．教育学术月刊，2020（4）：68-74，111；周雨，黄泽智，蒋传命．生物化学探究式教学的应用与效果评价［J］．科教文汇（中旬刊），2015（4）：58-59.

② 贾春平．探究式教学在研究生教育中的实施探讨［J］．行政事业资产与财务，2021（16）：121-122；王林．高校体育课程探究式教学刍议［J］．体育与科学，2003（2）：77-78.

设①。课程思政建设是落实立德树人根本任务的战略举措，也是全面提高人才培养质量的重要任务②。课程思政建设的目标要求和内容重点之一是将课程思政融入课堂教学建设全过程③。对法学专业硕士研究生课程而言，高校课程思政要贯穿课堂授课、教学研讨、案例分析、作业论文等各教学环节始终，创新课堂教学模式，推进现代信息技术在课程思政教学中的应用，激发学生学习兴趣，引导学生深入思考，不断拓展课程思政建设方法和途径④。在这一方面，探究式教学激励机制可发挥重要作用。

（一）基于 ARCS 动机模型理论的教学激励机制

至今为止，探究式教学激励机制中将动机原理、动机策略和教学设计有机结合的最综合、最全面的理论是 ARCS 动机模型理论，其有效性和实用性也得到了国内外教育实践的证实⑤。ARCS 动机模型理论是指以注意力（attention）、切身性（relevance）、自信心（confidence）、满足感（satisfaction）等四个方面的策略为基础的动机激发模型⑥。该理论模型的建构基础是行为主义强化动机理论，即人受到强化后特定行为出现的概率高于未受到强化时行为出现的概率⑦。若能够明确教学过程中学生的学习动机与激发重点，从而确定相应的激发策略，将极大激发学生的学习兴趣。再将之与探究式教学相结合，即可为课堂教学建设全过程的学习兴趣激发与课程思政元素融入提供抓手。

具体而言，在注意力策略方面，教师可通过创造变化、幽默、质疑等情景，

---

① 张靖，陈晨．课程思政与人才培养高质量发展：中山大学信息管理学院的实践和思考［J］．图书情报工作，2022，66（1）：39-45.

② 董杰，朱美意．基于文献计量分析的课程思政研究现状统计分析［J］．兵团教育学院学报，2021，31（4）：28-33.

③ 姚立健，金春德，彭何欢．农林高校工科专业课程思政教学体系构建与实践［J］．高等农业教育，2021（3）：100-105.

④ 辛如彬．“互联网+课程思政”育人特征、困境与实施策略［J］．河南工业大学学报（社会科学版），2021，37（1）：84-89；刘玲．高校课程思政的资源及开发研究：基于《高等学校课程思政建设指导纲要》分析［J］．高教学刊，2021，7（19）：164-167.

⑤ 李正嫆．基于 ARCS 动机模型的高中化学鲁教版必修 2 微课设计与应用［D］．重庆：西南大学，2020；芮雨佳．基于 ARCS 动机模型对高中化学探究式教学的激励策略探析［D］．哈尔滨：哈尔滨师范大学，2021.

⑥ 芮雨佳．基于 ARCS 动机模型对高中化学探究式教学的激励策略探析［D］．哈尔滨：哈尔滨师范大学，2021.

⑦ 张世富，周萍，王天桥．教育心理学的学习理论［J］．昆明师专学报，1989（3）：67-84；芮雨佳．基于 ARCS 动机模型对高中化学探究式教学的激励策略探析［D］．哈尔滨：哈尔滨师范大学，2021.

通过或将教学内容具体化或为学生参与教学过程提供机会等方式吸引学生的注意力，激发他们的学习兴趣。例如，通过走动交流，变换语气，使用肢体语言、停顿或道具等变化教学情境，吸引学生的注意力①；通过使用与教学内容有关的奇闻轶事、案例研究、人物传记等具体化某一法学问题，使之以更为直观的方式呈现给学生②。

在切身性策略方面，可通过将教学内容与学生的经验、当前价值、未来价值及需求等相匹配，或提供榜样与选择等方法提高教学内容对学生的切身性，进而激发学生学习兴趣。例如，在法学硕士研究生的教学中，可通过在回顾学生已有的法学知识、技能的基础之上，设计新知识的引入，或与学生过去所学知识相类比而引出新概念，或通过找出学生的兴趣所在并与教学相联系等方式，以经验为基础设计教学内容，提高学生对新内容的学习兴趣。

在自信心策略方面，可通过明确学习要求、设计难度适宜的学习任务、帮助学生树立学习期待、鼓励学生反思学习效果的归因、树立学习信心等方法提高学生的学习自信心，从而激发学生学习动机。例如，为学生提供清晰的自我评估手段，或向学生解释评定成绩的标准，以明晰其学习要求；或提供难度适宜的学习材料，帮助学生确立切合实际的学习目标等树立并维护其学习自信心，激发学生进一步学习的动机③。

在满足感策略方面，当学生在教学过程中获得满足感时，就会得到激发并不断参与教学过程，产生获得新知识的渴望与动机。因此，可通过创设情境使学生获得运用知识的自然结果、意外奖励、积极结果，避免对学生的学习动机造成消极影响，以及合理强化学习任务等方法来提高学生在教学过程中的满足感。例如，通过让学生在实际情境中使用新掌握的技能，使法学硕士研究生在学习了新的法学理论后将之应用于分析一个实际的案例情境；并给予优秀或有进步的学生口头表扬，以及时向学生提供有用的反馈信息等，从而向学生提供学习的自然结果与积极结果，在满足感方面提高学生的学习兴趣。

（二）以探究式教学激励机制作为课程思政融入路径

基于吸引注意力、提高切身性、建立自信心、提供满足感的学习动机激励策

① 刘海娟．高职院校青年教师教学能力提升路径研究［J］．职业，2019（30）：71-72.

② 马芳，王聿泼．教育心理学［M］．南京：南京大学出版社，2018：264.

③ 陈静慧．基于 ARCS 动机设计模式的“大学英语 B”微信辅助教学［J］．北京广播电视大学学报，2015（6）：30-34.

略，可以很好地适用于针对法学专业硕士研究生的探究式教学过程中。在探究式教学过程中，通过注意力策略、切身性策略、自信心策略与满足感策略等四个角度进行教学设计，可以极大激发学生的学习兴趣，使其在掌握专业知识、体会课程思政元素的同时不丧失学习动机。ARCS 理论与其他理论最大的区别，是前者并不注重将动机概念进行抽象界定，而是从实践层面分析动机如何生成，并相应提出了激发学习动机的教学策略①。

习近平总书记在 2014 年与北京师范大学师生座谈时，明确要求“广大教师要用好课堂讲坛，用好校园阵地，用自己的行动倡导社会主义核心价值观，用自己的学识、阅历、经验点燃学生对真善美的向往，使社会主义核心价值观润物无声地浸润学生们的心田、转化为日常行为”②，要求把培育和践行社会主义核心价值观融入国民教育体系③。《高等学校课程思政建设指导纲要》指出，“落实立德树人根本任务，必须将价值塑造、知识传授和能力培养三者融为一体，不可割裂。全面推进课程思政建设，就是要寓价值观引导于知识传授和能力培养之中，帮助学生塑造正确的世界观、人生观、价值观”。

对法学专业硕士研究生进行探究式教学，并在其中适用 ARCS 动机激励策略，可在教学全过程中有效地将价值塑造、知识传授与能力培养融为一体，使学生在学习过程中体验价值、知识与能力的融会贯通。在主动获得正确的价值观、知识与能力的同时强化学习的动机，以已知带动对未知的学习动力，在主动、积极与渴望中学习，这样也会在此过程中潜移默化地实现价值观塑造的效果，乃至形成主动追求新知识及践行正确价值观的原动力。

三、“证券法与期货法研究”中的课程思政要素挖掘与融入

“证券法与期货法研究”课程主要面向研究生一年级。由于选修本课程的研究生在本科阶段基本上都未修过证券法或期货法课程，因此本课程的内容设计中

---

① 芮雨佳．基于 ARCS 动机模型对高中化学探究式教学的激励策略探析［D］．哈尔滨：哈尔滨师范大学，2021.

② 习近平．做党和人民满意的好老师：同北京师范大学师生代表座谈时的讲话［M］．北京：人民出版社，2014：6.

③《习近平总书记教育重要论述讲义》编写组．习近平总书记教育重要论述讲义［M］．北京：高等教育出版社，2020：49-59.

包含证券期货法的基础知识与理论，并在此基础上引导学生自主思考，形成专业性与批判性思维，培养学生的研究能力与独立思考能力①。本课程主要由五部分组成，即证券法概论、投资者保护机制、上市公司收购与证券监管机制、期货法概论及期货交易与结算。

在本课程的投资者保护机制部分，信息披露制度与民事责任是投资者保护的核心。该部分涵盖投资者保护的双重机制，涉及发行公开、发行之后的信息持续公开、证券侵权责任中违法行为、损害后果、因果关系与归责原则的界定等内容，并连接典型的证券违法行为，起到勾画证券法“骨架”、搭建证券侵权责任分析结构的作用，特别是本课程中所提到的康美药业案是我国首例证券纠纷特别代表人诉讼案，标志着我国特别代表人诉讼制度成功落地实施。下面，本文以“信息披露制度”这节课为例，以探究式教学为载体，以 ARCS 学习动机激励策略为抓手，以价值塑造、知识传授与能力培养为目标，设计“证券法与期货法研究”课程的思政元素融入路径。

（一）激发学生的职业使命感

以 ARCS 学习动机激励模型为基础，以证券期货法规范的实际应用为拓展，引导学生从“被动学习理论”升级为“主动思考问题”，再上升为“反思规范价值”，从而提供学生独立自主的法学思辨能力，激发为我国法治事业发展储备专业技能的职业使命感。

“证券法与期货法研究”课程在强制信息披露制度、市场欺诈理论等方面理论性较强。在对抽象理论的教学中，“具体知识点与理论体系的割裂性”以及“抽象理论与具体实践的割裂性”成为授课教师优化授课内容、学生吸收内化知识点的难点所在。因此，如何在本课程的授课模块切换中使学生始终明晰证券法规则的体系位阶、把握信息披露与民事责任这一理论线索，温故而知新，形成理论与实践、微观与宏观的联动，成为本节课教学设计中的重要考量。授课教师讲授时以探究式教学为载体、以 ARCS 学习动机激励模型为基础，以“导入、目标、前测、参与、后测、总结”六阶段确保课堂内容的推进高效、精准。遵循主动性与目标导向原则，与翻转课堂相结合，综合采用多种教学活动组织策略，注重学生深度参与。

---

① 周敏．研究性教学：文献检索课教学创新探索［J］．科教文汇（中旬刊），2009（12）：32，49.

“信息披露制度”这节课先以“翻转课堂——学生以‘信息披露制度’为主题进行展示”为引导，促使学生思考强制信息披露制度对于证券市场参与者的重要意义，并联系自愿披露基本理论，反思强制披露与自愿披露的有效性及立法选择。在发行公开的授课环节，则继续采用 ARCS 学习动机激励模型，通过“互动提问——请两位同学分别模拟投资者与发行人之间的信息交流过程（假设发行人是一家欲公开发行新股的出版公司）”，由学生思考发行证券时应予公开的内容作为该小节前测，关联起知识点之间的体系顺承关系。通过注意力、切身性、自信心、满足感等动机刺激策略的组合设计，使学生在模块学习中的认知“割裂感”有所缓解，并能自然形成“向理论中寻求实践解答”的意识。

（二）实现知识、能力与价值观三位一体

摆脱平铺直叙的传统讲授方法，运用探究式教学方式，不仅在理论上体现“教学重点的挑战性”，而且在实践案例中体现“教学难点的重要性”，围绕自愿披露中的信息不足困境与弱势一方保护要求，搭建一般性原理与具体化应用的关联性，实现知识、能力与价值观的三位一体效果。

传统证券期货法课堂受法教义学影响，以教师主动传授、学生被动学习为模式，将证券期货法学理论构建成置于高阁之上的精密规则，而缺少对现实交易问题、投资者决策心理的回应，使得“发行披露”“临时公开”等来源于现实的交易市场现象以抽象面目示人。这一教学传统的弊端在于：第一，学生仅具备照本宣科或应试解答能力，却失去了自主思辨意识，而在法律技能应用领域，发现问题的能力往往比解答问题的能力更为可贵；第二，学生虽具备抽象思维，但无法运用归纳与演绎逻辑方法将抽象理论与具体实践相连，导致其已有知识难以拓展和重构，从而与法律回应社会经济发展的现实需求不符。因此，本节课通过引入与学生关系密切的证券新闻情境，引导其从发现问题到归纳原理，再到探究价值，层层递进，实现理论素养与学习方法的双重提升。具体而言，本节课通过律师工作报告、审计报告、保荐书、招股说明书等四个文件，引导学生思考其背后的意义，继而引出发行公开中招股说明书应予披露的具体内容。

以“成都红光实业弄虚作假案”为例，引导学生判断招股说明书中的作假手法，考察其对发行公开中相关知识点的掌握，再以此为基础展开对虚假陈述违法行为的讨论。在公开的程序部分，以证券法、公司法、《首次公开发行股票并上市管理办法（2022 修正）》等相关规范研讨为例，引导学生思考公开程序中

从申请、受理、审核、批准到公开、发行的过程要素以及各要素所需时间对发行人与投资者的意义。在发行之后的信息持续公开部分，通过学生接触的相关信息场景，引导学生分析信息披露制度中的重复性问题所在，并以公开的意义与原理为线索，由其自主探索发行之后信息持续公开的规范路径，形成“一般”与“特殊”的串联。

（三）培养兼具业务能力和家国使命的法律人才

本节课旨在“润物无声”地将课程思政引入信息披露制度内容教学，联系公开理论与诚实信用原则，倡导诚实守信的价值观与交易理念，以此培养兼具业务能力和家国使命的法律人才。例如，以证券法修订后“证券虚假陈述民事赔偿”问题的改善，展现国家运用证券法原理防范化解金融风险、保障社会主义金融法治安全的有益实践。

证券法的基本原理是通过公开的手段达到保护投资者的目的。通过强制信息披露制度，发行人与投资者双方的利益需求与风险成本得以精准安排，从而实现社会整体福利的提高。这是通过国家强制在实现经济效率、公平秩序的同时，保护投资者利益的智慧所在。在信息披露制度的意义这一部分的授课中，授课教师通过“翻转课堂、问题引导”等引起学生注意、激发学生自主思考兴趣的探究式教学过程，引导学生思考强制信息披露制度背后的经济学原理，认识到证券法要求的公开原则对社会效率提升、资源充分利用的独特贡献，培养学生将专业知识与家国使命相联系、为国家制度进步而储备才干的意识。

在临时公开部分，通过解读“中青朗顿案”中证监会与发行人之间的行政诉讼纠纷，向学生传达我国证券法执法建设中联合社会多方资源，以事实为依据、以法律为准绳，实现执法优化的改革方向。联系本课知识点，为学生展示行政执法、司法工作现代化建设的鲜活案例，形成理论学习与行政执法实践、司法实践的联动。

在发行公开部分，以《IPO 文件造假！两家上市公司被监管重罚，未来或面临因实施重大违法遭强制退市》《行政处罚及市场禁入事先告知书（广东柏堡龙股份有限公司）》等证券市场中的公开失真实例，阐释发行公开中的法律概念与运行实态，引导学生对比发行公开失真与保护投资者利益的冲突与矛盾，并联系《最高人民法院关于审理证券市场因虚假陈述引发的民事赔偿案件的若干规定》等证券虚假记载民事赔偿的规定，《关于规范金融机构资产管理业务的指导意见》对资产管理统一执法的强化，以及证券虚假陈述民事赔偿前置程序的缓和乃至取消等一系列法治组合拳，启发学生思考强制信息披露制度的用意，并进一步阐释信息披露制度对国家防范化解金融风险的独特意义，从而激发学生对法治建设的深入理解，引导其形成服务于国家需求的职业使命感。

四、结论

习近平总书记在北京大学师生座谈会上指出："关于教育和办学，思想流派繁多，理论观点各异，但在教育必须培养社会发展所需要的人这一点上是有共识的。"① 培养社会发展所需要的人，具体而言，就是培养社会发展、知识积累、文化传承、国家存续、制度运行所要求的人②。法学研究生的课程思政建设也应深入贯彻落实习近平总书记关于教育的重要论述，将课程思政元素潜移默化地融入专业课教学过程中，内化于学生的价值观中，使学生成长为我国社会发展所需要的法治人才③。对于人才培养机制，习近平总书记在北京市八一学校考察时指出，要"深化人才培养模式、教学内容及方式方法等方面的改革"④。深化教育领域综合改革离不开人才培养模式的创新，其中关键在于创新教育教学方法⑤。为此，教学中应注重学思结合，使学生将学习、观察、实践同思考紧密结合起来，保持对新事物的敏锐度，学会用正确的立场观点方法分析问题，培养学生解决问题的意识与能力⑥。

在研究生课程思政建设中，探究式教学与基于 ARCS 的学习动机激励模型可发挥重要作用。探究式教学主要通过对问题的探究过程引导学生进行知识获取、运用与反思。在此过程中，教师对学生的学习与思考过程进行概括总结、引导评价等，使学生在获得知识的同时形成正确的价值观。在探究式教学过程中，学生

① 习近平．在北京大学师生座谈会上的讲话［M］．北京：人民出版社，2018：5.

②《习近平总书记教育重要论述讲义》编写组．习近平总书记教育重要论述讲义［M］．北京：高等教育出版社，2020：91.

③ 刘冬华，郭梨，赵江平．专业课程融入思政工作的教学改革实践探讨［J］．教师，2021（1）：19-20.

④《习近平总书记教育重要论述讲义》编写组．习近平总书记教育重要论述讲义［M］．北京：高等教育出版社，2020：163.

⑤《习近平总书记教育重要论述讲义》编写组．习近平总书记教育重要论述讲义［M］．北京：高等教育出版社，2020：164-165.

⑥ 周海晏．课程思政教育中的中国话语建构［J］．思想政治课研究，2018（6）：74-77.

学习动机的激发与学习兴趣的保持至关重要，教师可利用 ARCS 学习动机模型理论，实现教学形式多样化，灵活设计学生的学习动机激励策略。在探究式教学与 ARCS 学习动机模型的实践中融入课程思政元素，既可培养德法兼修的法治人才，亦可推而广之，培养社会发展所需要的各类人才。

国际经济法研究课程思政案例设计

金晓晨*

一、课程简介

随着世界经济的全球化和区域化程度的日益加深，以及商品与生产要素的跨国流动，必然会在国际贸易、国际投资、国际融资和国际税收等国际经济活动中产生广泛且复杂的国际经济关系。与此相应，调整国际经济关系的国际经济法的研究范围也十分广泛，包括国际贸易法、国际投资法、国际金融法、国际税法等内容。鉴于国际经济法作为法学专业必修的核心课程之一，学生在本科阶段已学习了国际经济法的基本概念与基本原理，本研究生课程将主要采取专题教学的形式。考虑到课程的“国际性”和“时政性”特点，本课程既立足中国实际，又放眼世界。除反映当前国际经济法的热点和重点问题外，还重在开阔学生思维，培养学生的国际化视野，以使学生通过本课程的学习，进一步了解国际经济法发展的新动向、新问题及发展前沿，加强对国际经济法学理论的研究，并提高其分析和运用国际经济法律规范处理国际经贸关系中复杂问题的能力。

推动当今世界正处于百年未有之大变局，加之中国日益走近世界舞台中央，故我们亟待加强涉外法治工作，培养涉外法治人才，以推动实现强国目标。未来的涉外法治人才不仅是建设者与接班人，而且是中国梦的主要宣传者与践行者，因此本课程作为国际法专业学术研究生的必修课程，坚持“德法并重”、立德树人，将思政教育融入教学，以习近平新时代中国特色社会主义思想铸魂育人，将教学内容同维护国家主权、维护国家利益相结合，将国际经济法课程中的价值追

* 金晓晨，首都经济贸易大学法学院教授，硕士生导师。

求和国家治理体系的建设方向相结合，将国际经济法理论的传授与社会主义核心价值观、“四个自信”等有机融合，以爱国情、强国志、报国行为主线，让学生在学习国际经济法的同时于潜移默化中坚定社会主义理想和信念。

二、设计思路阐释

国际经济法研究的课程思政设计思路主要围绕如何解决下述两个问题展开。

第一，课程设计如何使学生易于接受？为解决传统的思政教育不易被学生接受而流于形式的问题，本课程将思政教育融于学生所学的专业知识中，立足学生的身心发展特点，特别是针对当今大学生的独立精神与自我意识大幅提升的情况，结合学生学习兴趣及接受知识方式的改变，从具体问题入手，紧扣学生关心的国际经济法律新议题，帮助学生从国际视野与中国视角融合的角度看待和分析问题。让学生明白国际经贸法律规则是各国利益博弈的结果，故应以国家利益为联结点，采取实证分析与比较研究的方法，通过对不同法律制度的比较，以及世界与中国发展大势的比较、中国特色措施与国际普遍做法的比较来分析问题①。例如，以构建人类命运共同体的视角分析中西异同，指出我国构建和谐法治社会中需要完善之处以及西方以双标谋其私利之处，这样不仅可使学生对某一方面的具体问题有更为深入的认知，而且可使学生切身体会我国法律制度的优越性及可改进之处。让学生明确站在国家立场，以开放的心态与多元化的视角理解与掌握国家经济法律规则，培养学生的爱国主义情怀。

通过润物无声、平易近人的方式，让讲授内容更贴近学生，使思想观念、价值取向等的灌输变得更富亲和力、感染力②。以学生更加感兴趣的教学讲授，引导学生参与课程思政价值观念的学习。在向学生传授专业理论知识的同时，帮助学生端正世界观、人生观、价值观，培养学生用马克思主义的立场、观点、方法认识问题、分析问题和解决问题，使课程内容更具有易接受性，真正使思政价值观念内化为学生的行动准则。

第二，课程设计如何引导学生主动参与课程思政改革探索？研究生相比本科生思维更活跃、知识储备与社会阅历更丰富，具有更强的自主研习能力，故对研

---

① 刘冰，林丽丽．国际经济法课程开展思政建设的若干思考［J］．海峡法学，2021，23（2）：82-87.
② 任海涛，张惠虹．法学学科课程思政教学范例［M］．上海：华东师范大学出版社，2021.

究生的培养也应更强调自主学习和主动探究。尽管如此，对于研究生而言，若无教师的引导，其往往更注重学科专业层次的探究，并且或认为课程思政形式多于内容，不值得探究，或不知如何在这方面进行探究，即不具备深入探究的技能和方法。专业课的课程思政建设成效很大程度上取决于学生的获得感，学生的积极性、主动性只有被切实唤醒，才能更加积极地参与思政学习①。因此，教师可通过师生互动教学带领研究生一起思考、探索思想政治观点、精神价值元素的方式，引导研究生共同讨论与挖掘国际经济法研究课程中的思政元素，主动参与思政的发现、分享和领悟，充分发挥其积极学习和探究的能动性②。

三、教案设计

（一）教学内容与方法

1. 教学内容、教学重点与难点

本专题课程内容是“国家司法豁免权的新发展及中国立法展望”。国家司法豁免权是国际经济法研究中一个极具理论和实践意义的热点问题，对其进行探讨与研究对中国深度参与国际合作有着重要的现实意义。

本专题总课时为 6 个学时，共包括四个部分：①国家司法豁免权的基本理论；②国家司法豁免权理论的新发展；③美国的《外国主权豁免法》（FSIA）；④我国国家豁免立法现状及展望。

教学内容的重点与难点主要是：①绝对豁免主张与相对豁免主张之争；②相对豁免的典型代表即美国 1976 年《外国主权豁免法》的主要内容，教师可通过中国在美国运用该法案的案例帮助学生加深对其的理解；③《联合国国家及财产管辖豁免公约》如何协调发展中国家与发达国家的分歧；④中国对待司法豁免权的立场与态度，以及对未来立法的展望。

2. 教学方法

本专题要求学生课前查阅资料，了解相关内容后参加课堂学习。课堂教学除教师讲授外，还采用案例教学、分组辩论与讨论等方式进行学习与探讨。

---

① 任海涛，张惠虹．法学学科课程思政教学范例［M］．上海：华东师范大学出版社，2021.

② 王义康，李海芬，王一．高校研究生课程思政实施中的问题与对策研究［J］．研究生教育研究，2022（3）：57-60，82.

（二）教学目标

1. 知识目标

①了解绝对豁免主张与相对豁免主张的区别；②理解采取相对豁免的发达国家与发展中国家关于判别商业行为标准与利益诉求的区别；③掌握法院地国与被诉国因豁免立场不同而对案件处理结果产生的不同影响；④理解美国《外国主权豁免法》规定的国家不享有豁免的情况与法院管辖权的关系；⑤理解《联合国国家及财产管辖豁免公约》如何调和折中发达国家与发展中国家的分歧；⑥理解中国对待司法豁免权的态度。

2. 能力目标

通过帮助学生加深对国家司法豁免权理论、立法与争端解决实践的理解，培养并提高其严谨的逻辑思维和归纳概括能力，以及综合分析能力和实践应用能力，并能立足中国立场，从中国国情出发，探寻中国在国家司法豁免权方面的对策。

3. 价值目标

要求学生理解我国对司法豁免权发展的立场、态度与观点，理解我国在参与国际谈判与国际规则的制定过程中所坚决维护的自身核心利益和致力于解决的重要问题，从而有助于学生以国家利益为联结点分析探讨问题，树立国家经济主权观念，培养爱国情怀，提高对我国政治制度、价值观念、国家利益的认同与自觉维护，并以法治思维和法治手段维护国家利益。

（三）“第一讲 国家司法豁免权的基本理论”的教学内容与思政融合

1. 知识点

本讲内容主要是回顾复习。国家司法豁免权是指一国的行为及其财产免受其他国家内国法院的司法管辖，包括管辖豁免与执行豁免。国家享有司法豁免的依据是主权平等原则以及所有物从属于物主的原则。

2. 思政融合

在回顾国家司法豁免权的基本理论时，引入“湖广铁路债券案”。通过此案使学生认识到国家豁免在法律和政治外交方面具有对立统一性①，其既是法律问

① 叶研．论当代中国的国家豁免政策选择［J］．国际法研究，2022（1）：39.

题，也是涉及国家对外关系和利益的政治问题。尽管国家豁免首要地表现为国际法问题，但其亦被普遍认为是“政府无法彻底回避的、有关外交关系的政治敏感问题”①，国际法和国际政治紧密相连，不仅互为影响，而且互相制约、相辅相成。因此，要研究国际经济法理论与实践，就要研究国际经济法与国际政治的相互关系，这对于了解世界经济发展趋势、推动国际经济法的发展以及建立国际经济新秩序具有十分重要的意义。

20 世纪初，各帝国主义国家通过争夺铁路借款权作为拓展其在华经济利益和政治势力的重要手段。清政府不顾国人反对，于 1911 年与美、英、德、法等四国银行团签订了湖广铁路借款合同。中华人民共和国成立后，废除了旧中国订立的一切不平等条约。根据国际法“恶债不予以继承”的原则，新中国对诸如湖广铁路借款这样的恶性债务不予以继承。1951 年，该债券本金到期，在市场上也早已成为废纸一张。但在美国，却有人以低价收购这种债券，想借此谋取暴利。1979 年，持有湖广铁路债券的美国公民杰克逊（Jackson）等 9 人在亚拉巴马州北部地区法院指控中国政府不偿付 1911 年发行的湖广铁路债券，要求中国偿还债券本利共计 1 亿多美元。该法院受理了此案，将中华人民共和国列为“被告”。中国政府指出美国法院违反了国家主权豁免原则，但是，美国法院不顾中国政府的强烈反对，做出了缺席判决并要求中国政府赔偿原告 4 130 多万美元。中国政府于 1983 年聘请当地律师在美国地方法院代理特别出庭，提出了撤销“缺席判决”和驳回起诉的动议。由于此案发生在中美建交后不久，两国关系融洽，美国政府方面对我国的应诉给予了支持，并向该法院出具了对中国有利的“利益声明”，支持中国的动议。该法院也认为应当为公共利益而对该案进行一定的自由裁量，因为“不这样做会对重要且微妙的中美关系带来不利影响”②。此后该地方法院以 1976 年美国《外国主权豁免法》没有溯及力为由，撤销了此前的“缺席判决”。之后原告提起的上诉，亦因同样理由被驳回。

3. 思考讨论

（1）美国政府对“湖广铁路债券案”的态度如何，为什么？

（2）简析国际法与国际政治的区别与联系。

---

① 龚刃韧．国家豁免问题的比较研究［M］．北京：北京大学出版社，2005.

② M N SUZANNE．Sovereign immunity and the PRC［J］．International financial law review，1984（3）：34.

4. 参考文献

[1] 杨泽伟. 国际法与国际政治 [J]. 学术界，1999 (4).

[2] 徐崇利. 科学主义国际关系理论与国际法原理 [J]. 国际关系与国际法学刊，2014 (1).

[3] 何志鹏. 新时代国际法理论之定位与重构：接榫国际政治的互动探究 [J]. 法学评论，2020 (4).

[4] 黄进. 国家及其财产豁免问题研究 [M]. 北京：中国政法大学出版社，1987.

[5] 龚刃韧. 国家豁免问题的比较研究 [M]. 北京：北京大学出版社，2005.

[6] 梁云祥. 国际关系与国际法 [M]. 北京：北京大学出版社，2012.

[7] 刘志云，等. 国际关系与国际法跨学科研究：探索与展望 [M]. 北京：法律出版社，2017.

[8] D ARMSTRONG，T FARRELL，H LAMBERT. International law and international Relations [M]. London：Cambridge University Press，2012.

（四）“第二讲 国家司法豁免权理论的新发展”的教学内容与思政融合

1. 知识点

随着国际经贸关系的不断发展，国际经济的合作更加频繁深入，各国在国家及其财产管辖豁免问题上也日益表现出绝对主义与限制（相对）主义两种不同理论与实践的分歧。传统上，国家豁免被认为是“绝对的”，即一国国家及其财产在外国法院享有绝对的管辖豁免和执行豁免。所以在“绝对豁免主义”时期，各国法院普遍认可外国国家及其财产的绝对豁免权。然而，自 20 世纪中期以来，越来越多的国家开始转向“限制豁免主义”，对外国国家的商业交易等非主权行为不再给予管辖豁免，国家主权豁免的例外也就构成了限制豁免的基础，其中商业交易例外是国家主权豁免例外中最为重要的例外情形。

判断一个国家的行为是否构成商业交易行为通常有两种标准，即行为性质标准和行为目的标准。通常，发展中国家的国家经济参与度较高，坚持目的标准可最大限度地维护自身的豁免权，且其出于扶持本国民族经济的需要也往往采取目的标准，即主张某一行为是否基于政府公共目的是判定该行为是不是商业行为的标准。中国政府也持该主张，并早在 2001 年向联合国大会秘书处提交的关于国家豁免的报告中就指出："确定合同或交易是否属于商业交易时必须考虑国家从事交易的目的，以使国家的公共目的不受损害。"发达国家则相反，其资本主要自本国流向发展中国家，因而为保护本国私人投资者的利益，多采用性质标准，即只有国家或以国家名义才能从事的行为是主权行为；若国家从事了私人也能从事的行为，则无论其目的如何，都是商业行为。

此外，对于执行的财产采取何种豁免，发展中国家与发达国家也有不同。发展中国家坚持所有国家财产的绝对豁免；发达国家则主张将国家财产区分对待，即国家财产应依性质进行划分，反对发展中国家不加区分一律豁免的主张。

为了协调和统一各国在国家豁免问题上的立法与司法实践，联合国大会于2004年通过了《联合国国家及财产管辖豁免公约》，该公约被认为是国际社会从绝对豁免向限制豁免过渡的标志性事件，在经历了漫长的磋商与谈判之后，一方面，该公约最终采取了商业行为的判别以性质标准为主，同时考虑目的标准的混合判定标准，从而在一定程度上兼顾了发达国家与发展中国家的利益考量，弥合了分歧。另一方面，将执行财产区分为判决前和判决后，对于前者适用绝对豁免原则，以满足发展中国家需要；对于后者采用限制豁免原则，以更多地维护发达国家的利益。

2. 思政融合

组织学生分别以发展中国家与发达国家的视角，就绝对豁免与限制豁免的利弊与后果进行辩论，使学生认识到绝对豁免与限制豁免之争实际上是因各国国情差异和国家利益需要而进行的博弈。由于在经济全球化进程中，不同经济体之间经济发展不平衡会产生不同的利益诉求，因此国际经济交往与合作难免会产生矛盾、冲突和障碍，而要促进国际经济交往与合作，就需要化解有关矛盾和冲突，消除障碍，协调利益，建立共同的国际规则，以加强法治和法律的确定性，而《联合国国家及财产管辖豁免公约》就是调和发展中国家与发达国家不同立场的产物。自20世纪80年代起，我国即积极参加了该公约的起草和磋商，对推动公约的顺利通过付出了努力，并于2005年签字加入该公约。该公约不仅有助于提升发展中国家全球治理的话语权，而且有助于维护我国发展空间和长远利益，符合我国的"全球治理应该秉持共商共建共享原则，推动各国权利平等、机会平等、规则平等"的主张①，体现了合作共赢的发展观。

① 何志鹏．新时代中国国际法理论的发展［J］．中国法学，2023（1）：289.

3. 思考讨论

（1）发展中国家与发达国家关于商业行为的判别标准有何不同，其不同的原因是什么？

（2）法院地国与被诉国因豁免立场不同，对案件处理结果有何影响？

（3）以《联合国国家及财产管辖豁免公约》的制定，谈谈如何理解全球治理规则的法治化、民主化。

4. 参考文献

[1] 陈纯一. 国家豁免问题之研究——兼论美国的立场与实践 [M]. 台北三民书局，2000.

[2] 夏林华. 不得援引国家豁免的诉讼 [M]. 广州：暨南大学出版社，2011.

[3] 陆寰. 国家豁免中的商业例外研究 [M]. 武汉：武汉大学出版社，2016.

[4] 纪林繁. 不得援引国家豁免商业交易诉讼研究 [M]. 北京：法律出版社，2016.

[5] HAZEL FOX CMG QC，P WEBB. The law of state immunity：3rd edition [M]. London：Oxford University Press，2013.

（五）"第三讲 美国《外国主权豁免法》"的教学内容与思政融合

1. 知识点

我国涉及国家豁免的案件多集中在美国，且随着中美之间竞争关系的加剧，此类相关案件还会增加。同时，美国作为最有影响力的经济强国，其有关国家豁免的立法与实践最为突出，也最为丰富。所以，我们有必要研究美国法院对该类案件的判决规律，寻求我国的应诉对策。不仅如此，美国《外国主权豁免法》在一定程度上推动了有限豁免理论的发展，特别是其关于豁免例外中的商业例外对实务界有着重要的影响，因此，美国立法与实践对于中国国家豁免的相关立法（尤其是有关商业例外的制度设计）具有借鉴意义。

美国 1976 年出台《外国主权豁免法》的主要目的之一，就是采用统一和确定的限制豁免主义立场。该法规定了外国国家豁免与美国司法管辖权的联系，将在美国对外国国家之诉中所适用的豁免规则与司法管辖规则统一于该法之中。依据该法，美国法院在对外国国家所从事的行为具有管辖权时必须满足两个条件：

第一，该外国国家的行为属于商业行为，因而不享有司法豁免权；第二，该外国国家所从事的商业行为与美国存在足够的联系。换言之，即使一个国家不享有司法豁免也并不代表美国法院必然拥有管辖权，该国的商业行为与美国之间必须满足该法有关“关联要件”的要求，这样美国法院才能行使管辖权，也就是说必须符合下列条件之一：①基于该外国在美国进行的商业行为而提出的；②基于与该外国在别处的商业行为有关而在美国完成的行为提出的；③基于与该外国在别处的商业行为有关且在美国领土以外进行，但在美国引起直接影响的行为提出的。

2. 思政融合

通过分析美国法院如何审理中国被诉的以下两个案例帮助学生理解美国的《外国主权豁免法》，并向学生指出在学习研究国际经济法时，除了要坚持道路自信、理论自信、制度自信与文化自信外，还应具有国际化的视野。在中国与世界共处和共同发展的进程中，本着我国主张的开放包容、互学互鉴的新合作原则，加深对其他国家法律的理解就显得尤为重要，只有知己知彼，兼容并蓄，才能不断取得进步和发展。

案例一。2003 年 8 月，仰融夫妇以及香港华博财务有限公司将我国辽宁省政府以非法侵占财产权为由诉至美国哥伦比亚特区地区法院。此案涉及诸多法律问题，其中国家主权豁免的标准及其适用成为关注的焦点。美国法院基于《外国主权豁免法》就此案的国家主权豁免问题进行了分析。通过双方的举证查明，我辽宁省政府成立工作小组并通知仰融，其控制的基金会名下的所有股本权益是国有财产并要求将这些财产转让给政府。辽宁省政府此举是典型的国家行使征收权的主权行为，并非商业行为。由于美国法院否定了辽宁省政府的行为是商业行为，所以该行为不构成“商业行为”的主权豁免例外，美国法院对此无管辖权，故法院驳回了仰融一方的起诉。

案例二。2005 年 5 月，美国公民莫里斯依据其持有的旧中国 1913 年发行的债券在美国联邦法院对中华人民共和国提起诉讼，请求判决中华人民共和国偿还本金。与仰融案相似，本案原告也向美国法院主张中方被告实施的是符合《外国主权豁免法》中商业豁免例外的商业行为。本案法官认为，首先，从行为的性质出发，发行债券的行为属于商业行为；其次，该行为虽然属于商业行为，但其在美国未产生直接影响。因该债券在 1939 年就已停止支付，所以原告在 2000 年仍然购买该债券的行为被认为是“介入行为”，干扰了直接影响中所要求的因果关

系，所以不构成“直接影响 ”。并且，本案中除购买者为美国国籍之外，其他与债权相关的主要因素都在美国领域之外，如债券发行支付的协商谈判地点、债券的计价单位、支付本息的城市等，只凭原告购买者的国籍这样一个联系是不够的，因此不能认为“在美国”的要件成立。所以，美国联邦法院最后判决该商业活动例外的“直接影响”标准没有被满足，同时也不构成“在美国”的要件。最终，中国政府提出的要求撤销案件的动议得到了批准。

通过上述两个案例，学生对美国法院如何适用《外国主权豁免法》以及中国如何利用美国法律获得有利结果有了更清楚的认识，并为探讨中国应如何应对此类诉讼提供了借鉴。一方面，可利用法律的途径解决法律的问题，积极应诉以主张自己应有的权利，把握自身的话语权，维护国家主权和国家利益。另一方面，也可通过外交途径争取司法豁免（如我国在“湖广铁路债券案”中的应对）。如前所述，审理主权豁免案件会引发敏感的外交关系问题，因此国家司法豁免的认定权兼具司法权与对外事务权两种属性①，美国行政部门可以依据“利益声明”向法院提出豁免建议，以便法院在对当事人权益与本国对外关系利益进行权衡的基础上居中裁判。也有学者提议，我国的国家豁免立法可借鉴美国经验，赋予行政部门在外国被告的司法豁免问题上阐述意见的权力，合理配置我国的司法豁免认定权，以适应我国日益增长的对外关系需要，防范他国滥用国家豁免诉讼，促进我国对外关系的法治化②。

3. 思考讨论

（1）我国如何应对在美国的主权豁免诉讼？

（2）如何借鉴美国《外国主权豁免法》以更好地开展我国的相关立法工作？

4. 参考文献

［1］李庆明．中国在美国法院的主权豁免诉讼述评［J］．国际法研究，2022（5）．

［2］孙昂．国家豁免案件的管辖权问题研究：在司法与外交复合语境中的探讨（上）［J］．国际法学刊，2020（4）．

［3］孙昂．国家豁免案件的管辖权问题研究：在司法与外交复合语境中的探讨（下）［J］．国际法学刊，2021（1）．

① 张启扉．美国司法豁免认定权的配置及其启示［J］．国际经济法学刊，2021（4）：135.

② 张启扉．美国司法豁免认定权的配置及其启示［J］．国际经济法学刊，2021（4）：142.

[4] 张启扉．美国司法豁免认定权的配置及其启示［J］．国际经济法学刊，2021（4）．

[5] 郭华春．外交介入国家豁免诉讼之“补缺”功能与结构安排［J］．法商研究，2017（6）．

[6] 王卿．国家豁免权的正当程序保障问题研究［M］．北京：法律出版社，2016.

（六）“第四讲 我国国家豁免立法现状及展望”的教学内容与思政融合

1. 知识点

现行我国有关国家豁免的法律规定零散且不成体系，仅在一些法规中对国家豁免的特定问题有所涉及，在国家豁免领域缺少一部专门立法来明确我国对待国家豁免的立场。我国虽在司法实践中坚持绝对豁免立场，但对一些采用限制豁免的国际立法又持积极态度，这种对国家豁免不明确的立场和态度给司法实践带来了不便与不确定性。不仅如此，我国外国国家豁免法的缺失既使得我国公民与企业的海外利益无法得到有效保护，如在遭受外国侵害时无法在国内寻求司法保护，我国法院在处理国家豁免案件时也无法可依；又因我国对国家豁免的不确定态度使外国投资者难以安心，无法可依的不确定性结果使其对我国司法难以树立信心，认为我国无法提供稳定的营商环境，从而影响了我国对外资的吸引力。因此，我国需要制定一部独立的外国国家豁免法。

在学界对我国立法宜采取何种豁免立场的多年探讨中，比较典型的有三种观点：多数学者主张接受限制豁免，也有学者主张采取限制的绝对豁免①，另有学者主张采取对等原则②。

我国相关部门也已经充分意识到了在国家豁免问题上进行立场调适和立法准备的重要性③，并经多年多方努力，于 2022 年 12 月出台了《中华人民共和国外国国家豁免法（草案）》。该草案共 22 条，其中第七条规定，外国国家与包括中华人民共和国在内的其他国家的自然人、法人、非法人组织进行的商业活动，

① 叶研．“限制的绝对豁免”：中国国家豁免的实践特色与立法进路［J］．国际经济法学刊，2022（1）：15-33.

② 徐树．中国国家豁免立法中的对等原则：概念内涵、法理依据及制度设计［J］．国际法研究，2022（2）：21-39.

③ 何志鹏，都青．法治中国视野下的国家豁免问题：从日本、韩国比较法角度的探究［J］．甘肃政法学院学报，2017（2）：36.

在中华人民共和国领域内发生，或者虽然发生在中华人民共和国领域外但在中华人民共和国领域内产生直接影响的，对于该商业活动引起的诉讼，该外国国家在中华人民共和国的法院不享有管辖豁免。并且，法院在认定一项行为是否属于商业活动时，应当综合考虑该行为的性质和目的。由此可见，该草案采取的是限制豁免原则，并且对商业行为的界定采取了与《联合国国家及财产管辖豁免公约》相似的混合标准。此外，该草案在对法院的司法管辖权方面借鉴了美国立法，指出外国国家的商业行为只要与我国有足够的联系，在我国法院即无管辖豁免。

2. 思政融合

一方面，依法治国是我国的基本方略，其前提是有法可依，因而我国外国国家豁免法的缺失与依法治国的要求不符。所以，制定我们自己的外国国家豁免法是完善中国特色社会主义法治体系、推进国家治理体系和治理能力现代化的需要。

另一方面，制定我们自己的外国国家豁免法可为我国公民和企业走出去、为“一带一路”倡议的落实保驾护航，为中外投资者提供明确的法律预期，提升我国的司法公信力，这也是打造国际化、法治化、便利化的营商环境的需要。

3. 思考讨论

（1）请分析限制豁免原则、限制的绝对豁免原则、对等原则对我国的利弊。

（2）你对我国外国国家豁免法的制定有何建议？

4. 参考文献

［1］何志鹏．主权豁免的中国立场［J］．政法论坛，2015（3）．

［2］叶研．“限制的绝对豁免”：中国国家豁免的实践特色与立法进路［J］．国际经济法学刊，2022（1）．

［3］徐树．中国国家豁免立法中的对等原则：概念内涵、法理依据及制度设计［J］．国际法研究，2022（2）．

行政诉讼法专题研究课程思政教学案例设计

兰燕卓*

一、课程简介

行政诉讼法专题研究是为法学专业攻读学术硕士研究生开设的课程，是宪法学与行政法学专业研究生的专业必修课。通过本门课程的教学，目的是使学生更加深入掌握行政诉讼的基本理论、基本精神和各项具体制度；了解行政诉讼前沿问题、立法与司法实践发展的动向；通过专题研讨，启发并培养学生对于行政诉讼进行独立思考、学术研究的兴趣和能力，实现法学专业研究生的培养目标——培养理论功底扎实、专业知识系统，具备从事法学研究工作或法律实务工作能力、适应社会发展需要的具有国际视野的应用型、复合型人才。

二、课程思政元素发掘

2017 年中共中央、国务院印发的《关于加强和改进新形势下高校思想政治工作的意见》强调，要加强对课堂教学和各类思想文化阵地的建设管理。充分发掘和运用各学科蕴含的思想政治教育资源，健全高校课堂教学管理办法。党的二十大报告指出："我们要办好人民满意的教育，全面贯彻党的教育方针，落实立德树人根本任务，培养德智体美劳全面发展的社会主义建设者和接班人，加快

* 兰燕卓，首都经济贸易大学法学院副教授，硕士生导师，法学博士。本文系北京高校青年教师创新教研工作室的成果，获北京市教育工会支持。

建设高质量教育体系，发展素质教育，促进教育公平。”

基于此，专业课的课程思政教育应当充分发掘本学科的课程思政元素，经系统的课程设计后应用于教学实践活动。课程思政元素的发掘应当植根于本学科，深入提炼专业知识体系中蕴含的思想价值和精神内涵。本课程包含的思政元素主要包括以下几个方面。

元素 1：坚持和加强党中央集中统一领导

党的二十大报告指出，要坚持和加强党中央集中统一领导，健全总揽全局、协调各方的党的领导制度体系，完善党中央重大决策部署落实机制，确保全党在政治立场、政治方向、政治原则、政治道路上同党中央保持高度一致，确保党的团结统一。坚持不懈用习近平新时代中国特色社会主义思想凝心铸魂，全面加强党的思想建设，加强理想信念教育，引导全党牢记党的宗旨，自觉做共产主义远大理想和中国特色社会主义共同理想的坚定信仰者和忠实实践者。

元素 2：坚持“四个自信”

习近平总书记在庆祝中国共产党成立 95 周年大会上的讲话中明确指出：“坚持不忘初心、继续前进，就要坚持中国特色社会主义道路自信、理论自信、制度自信、文化自信，坚持党的基本路线不动摇，不断把中国特色社会主义伟大事业推向前进。”坚持“四个自信”，是不断把中国特色社会主义伟大事业推向前进的内在动力，也是全面建成小康社会和实现中华民族伟大复兴中国梦的根本保障。

元素 3：推进依法行政

国务院发布的《全面推进依法行政实施纲要》强调了依法行政的要求，包括合法行政、合理行政、程序正当、高效便民、诚实守信和权责统一等原则。其中，合法行政是首要原则。合法行政是指行政机关实施行政管理时，应当依照法律、法规、规章的规定进行；没有法律、法规、规章的规定，行政机关不得作出影响公民、法人和其他组织合法权益或者增加公民、法人和其他组织义务的决定。

元素 4：依法保障人民权益

行政机关作出对行政管理相对人、利害关系人不利的行政决定之前，应当告知行政管理相对人、利害关系人，并给予其陈述和申辩的机会；作出行政决定后，应当告知行政管理相对人依法享有申请行政复议或者提起行政诉讼的权利。对重大事项，行政管理相对人、利害关系人依法要求听证的，行政机关应当组织听证。行政机关行使自由裁量权的，应当在行政决定中说明理由。要切实解决行政机关违法行使权力侵犯人民群众切身利益的问题。

元素 5：全面依法治国

全面依法治国、建设法治中国是一个系统工程，必须坚持依法治国、依法执政、依法行政共同推进，坚持法治国家、法治政府、法治社会一体建设。党的十八届四中全会提出，全面推进依法治国，总目标是建设中国特色社会主义法治体系，建设社会主义法治国家。行政法的重要功能之一就是通过法律规制行政权力的行使，用法治给行政权力定规矩、划界限。没有法律法规的依据，行政机关不得作出减损公民、法人和其他组织合法权益或增加其义务的规定。

元素 6：坚持和发展新时代的“枫桥经验”

充分发挥调解在解决社会矛盾中的作用，对依法应当由行政机关调处的民事纠纷，行政机关要依照法定权限和程序，遵循公开、公平、公正的原则及时予以处理。对民事纠纷，经行政机关调解达成协议的，行政机关应当制作调解书；调解不能达成协议的，行政机关应当及时告知当事人救济权利和渠道。同时，要充分利用调解、仲裁、行政裁决、行政复议、行政诉讼等社会矛盾纠纷多元预防调处化解综合机制，切实把矛盾解决在萌芽状态，化解在基层。

元素 7：严格公正司法

严格公正司法，深化司法体制综合配套改革，全面准确落实司法责任制，加快建设公正高效权威的社会主义司法制度，努力让人民群众在每一个司法案件中感受到公平正义。加快建设法治社会，弘扬社会主义法治精神，传承中华优秀传统法律文化，引导全体人民做社会主义法治的忠实崇尚者、自觉遵守者、坚定捍卫者，努力使尊法学法守法用法在全社会蔚然成风。

元素 8：践行社会主义核心价值观

党的二十大报告提出了“广泛践行社会主义核心价值观”“用社会主义核心价值观铸魂育人”的时代课题。社会主义核心价值观主要包含了三个层面的内容。富强、民主、文明、和谐是国家层面的价值观；自由、平等、公正、法治是社会层面的价值观；爱国、敬业、诚信、友善是公民个人层面的价值观。社会主义核心价值观的内涵既深刻又全面，指明了我们国家、社会、个人发展的要求和目标。

三、教学设计

（一）教学目标

1. 知识层次

通过案例研讨的方式帮助学生熟练掌握行政确认的定义和要求。行政确认是一项重要的行政行为，包括户口登记、房产登记、工伤认定等多种形式。通过对工伤认定案例的展开讨论，让学生了解行政确认的特征。

2. 能力层次

培养学生运用行政诉讼法独立分析行政案件的能力。通过运用行政确认的知识，结合重点法条，从确认的主体、权限、程序等方面判断特定行政行为是否合法。提高学生理论与实务相结合的能力，为今后从事实务工作奠定基础。

3. 思维层次

引导学生进行学术探索和独立思考。通过典型案例的分析和讨论，引导学生理解何种判决结果有助于最大限度地保障劳动者的合法权益，有助于弘扬社会正气、培育社会主义核心价值观。

4. 课程思政建设层次

大学课程应当将价值塑造、知识传授、能力培养三者融为一体，要将思政元素以“润物无声”的方式自然地融入课堂，使学生易于接受。因此，在教学设计上应当反复琢磨，加强引导。

（二）教学内容

本节课为行政诉讼法专题研究课程中的专题研讨“行政确认行政诉讼研究”。

第一，在案例选取方面，本节课选取最高院指导性案例 94 号“重庆市涪陵志大物业管理有限公司诉重庆市涪陵区人力资源和社会保障局劳动和社会保障行政确认案”和最高院指导性案例 40 号“孙立兴诉天津新技术产业园区劳动局工伤认定行政案”为主要研究案例。

第二，在案例分析方面，展开讨论工伤的认定要件，通过学生讨论，引导学生总结指导性案例的裁判要点：职工见义勇为，为制止违法犯罪行为而受到伤害的，属于《工伤保险条例》第十五条第一款第二项规定的为维护公共利益受到伤害的情形，应当视同工伤。进一步启发学生思考该案为什么能够成为指导性案例。结论是该案中的判决结果有助于最大限度地保障劳动者的合法权益，最大限度地弘扬社会正气。

第三，在理论研讨方面，讲解行政确认的定义和特征，同时明确行政确认对于稳定社会秩序的重要意义。所传递的价值观是：通过讲解行政法对行政相对人的管理活动，体现行政机关对社会秩序、公共利益的维护；同时应注意，个人的自由也是有边界的。

四、教学过程（见表1）

表1 教学过程

教学要求	教学内容	课程思政实施手段
（一）上节课内容回顾与本节课程导入		
对典型案例进行讨论	（1）上节课内容回顾 简要回顾上节课内容，即政府信息公开行政诉讼专题研究。 （2）重点研讨案例 最高院指导性案例94号：罗某系重庆市某物业管理有限公司保安。2011年12月24日，罗某在该物业公司服务的圆梦园小区上班（24小时值班）。8时30分左右，在兴华中路宏富大厦附近有人对一过往行人实施抢劫，罗某听到呼喊声后立即拦住抢劫者的去路，要求其交出抢劫的物品，在与抢劫者搏斗的过程中，罗某不慎从22步台阶上摔倒在巷道拐角的平台上受伤。区人社局作出认定工伤决定书，认定罗某所受之伤属于因工受伤。物业公司认为区人社局的认定决定适用法律错误，罗某所受伤依法不应认定为工伤。遂诉至法院，请求判决撤销认定工伤决定书，并要求被告重新作出认定。 （3）引发思考 同学们，如果你是法官，你会支持原告的诉讼请求吗？ 争议焦点一：非工作场所、非工作内容。 争议焦点二：法条中“抢险救灾等”中的“等”是仅包含抢险救灾活动，还是包括见义勇为等其他维护国家利益、公共利益的行为？	（1）加强互动，鼓励学生积极思考并作答。 （2）教师总结案件中的思政元素：虽然职工不是在工作地点、因工作原因受到伤害，但其是在维护国家利益、公共利益活动中受到伤害的，也应当按照工伤处理。公民见义勇为，同违法犯罪行为作斗争，与抢险救灾一样，同样属于维护社会公共利益的行为，应当予以大力提倡和鼓励

续表

教学要求	教学内容	课程思政实施手段
（二）深化研究：如何进行工伤认定		
引入课程的主体内容，对核心法条进行展开讲解，强化对教学重点的认知	（1）核心法条学习 《工伤保险条例》第十四条： 职工有下列情形之一的，应当认定为工伤：在工作时间和工作场所内，因工作原因受到事故伤害的；工作时间前后在工作场所内，从事与工作有关的预备性或者收尾性工作受到事故伤害的；在工作时间和工作场所内，因履行工作职责受到暴力等意外伤害的；患职业病的；因工外出期间，由于工作原因受到伤害或者发生事故下落不明的；在上下班途中，受到非本人主要责任的交通事故或者城市轨道交通、客运轮渡、火车事故伤害的。 （2）引发思考 如何界定“工作原因”“工作场所”？ （3）重点研讨案例 最高院指导性案例 40 号：孙某诉某新技术产业园区劳动人事局工伤认定案。 第一，《工伤保险条例》第十四条第一项规定的“因工作原因”，是指职工受伤与其从事本职工作之间存在关联关系。 第二，《工伤保险条例》第十四条第一项规定的“工作场所”，是指与职工工作职责相关的场所，有多个工作场所的，还包括工作时间内职工来往于多个工作场所之间的合理区域。 第三，职工在从事本职工作中存在过失，不属于《工伤保险条例》第十六条规定的故意犯罪、醉酒或者吸毒、自残或者自杀情形，不影响工伤的认定	（1）案例讨论，启发学生思考。 （2）教师总结案件中的思政元素： 第一，如果将职工个人主观上的过失作为认定工伤的排除条件，有违工伤保险的基本原则，不符合《工伤保险条例》保障劳动者合法权益的立法本意。 第二，工伤保险旨在最大限度地依法保障劳动者的合法权益
（三）理论体系的建构：行政确认		
进入课程的理论问题，启发学生深层次思考	（1）行政确认的定义 行政确认是指行政主体依法对行政相对人的法律地位、法律关系或有关法律事实进行甄别，给予确定、认定、证明并予以宣告的行政行为。 （2）行政确认的特征与相近概念区分 第一，行政确认与行政鉴定。 第二，行政确认与行政确权。	教师讲授行政确认的作用： 第一，维护公共利益、保护人民群众的合法权益。 第二，预防纠纷的发生，稳定社会秩序。

续表

教学要求	教学内容	课程思政实施手段
进入课程的理论问题，启发学生深层次思考	（3）行政确认的主要表现形式 第一，户口登记。户口登记由各级公安机关主管。户口登记的内容需要变更或者更正的时候，由户主或者本人向户口登记机关申报；户口登记机关审查属实后予以变更或者更正。 第二，房产登记。房屋登记，是指房屋登记机构依法将房屋权利和其他应当记载的事项在房屋登记簿上予以记载的行为。房屋登记由房屋所在地的房屋登记机构办理。房产登记分为国有土地范围内房屋登记和集体土地范围的房屋登记。 第三，工伤认定。工伤认定包括属于工伤和视同工伤。工伤申请由职工所在单位自事故伤害发生之日或者职工被诊断、鉴定为职业病之日起 30 日内，向统筹地区社会保险行政部门提出工伤认定申请。被认定为工伤的，享受工伤保险待遇	第三，有利于行政机关依法行政，提高行政效率
（四）知识体系的深化：行政确认的行政诉讼		
深入研究相关理论问题	（1）行政确认诉讼比较研究 第一，德国行政确认诉讼。 第二，我国台湾地区行政确认诉讼。 （2）行政确认诉讼的种类 （2017）最高法行申 5718 号行政裁定书观点：行政诉讼法规定的各种确认判决多达六种，但通说认为，只有请求确认某种法律关系存在或者不存在的一般确认之诉，才是“真正的”确认之诉，其他的确认之诉，如确认无效之诉、继续确认之诉，以及情势判决中的违法确认等，都不过是撤销之诉、义务之诉、给付之诉等诉讼类型的变种。 （3）行政确认诉讼的作用 第一，对行政权实现有效监督。 第二，对公民合法权利加强保护。 第三，稳定社会秩序	思政元素体现：推进国家治理体系和治理能力现代化，加强法治政府建设，强调责任型政府

续表

教学要求	教学内容	课程思政实施手段
（五）知识体系总结与预习		
总结知识框架，引导学生预习下节课内容	第一，对知识体系进行总结，并布置下节课的预习任务。 第二，将阅读文献及典型案例上传至学习群，学生课下直接学习。 阅读相关的文献和案例： [1] 行政法与行政诉讼法学［M］. 2 版. 北京：高等教育出版社，2018. [2] 陈锦波. 公民姓名权的行政法双重保护［J］. 行政法学研究，2020（5）：135-148. [3] 李永军. 论姓名权的性质与法律保护［J］. 比较法研究，2012（1）：24-39. [4] 黄先雄. 论行政诉讼第三人的诉讼权利：从两起行政确认争讼案件说开去［J］. 行政法学研究，2009（2）：28-32. [5] 曾哲，赵钟根. 行政确认诉讼的理论基础及其完善［J］. 甘肃政法学院学报，2014（2）：33-41.	在阅读资料过程中实现价值引领

五、教学评价

教育部2020年印发的《高等学校课程思政建设指导纲要》指出："要根据不同学科专业的特色和优势，深入研究不同专业的育人目标，深度挖掘提炼专业知识体系中所蕴含的思想价值和精神内涵，科学合理拓展专业课程的广度、深度和温度，从课程所涉专业、行业、国家、国际、文化、历史等角度，增加课程的知识性、人文性，提升引领性、时代性和开放性。"据此，在研究生教育教学中，应当注重以下几个方向。

第一，课程思政要体现"专业性"，以专业促思政。法学专业研究生的培养要求学生理论功底扎实、专业知识完备。因此，要注意专业培养的深度与广度，在知识传递中体现课程思政的本质要求。课程思政与课堂讨论的案例有机结合，在运用本学科专业知识讨论案例、分析案例的过程中有效实施课程思政。

第二，课程思政要体现"引领性"，使得社会主义核心价值观内化于心、外化于行。课程思政建设，体现在教学活动中应当是一种“润物无声”的状态。通过对行政确认的学习，引导学生对依法行政、法治政府的认知，追求公平和正义，弘扬社会主义核心价值观。

第三，课程思政要体现“实践性”，引导学生加强关注现实问题，培养家国情怀。应用型法治人才培养要求“将中国法治实践的最新经验和生动案例、中国特色社会主义法治理论研究的最新成果引入课堂、写进教材，及时转化为教学资源”。教师应当引导学生深入社会实践、关注现实问题，培养学生敢于担当的精神。在法学专业思政建设中，如在课程讲授的同时，应当注重结合实务中的问题来挖掘行政法价值和精神，引导学生主动思考和感悟其思政内涵。

课程思政案例设计之“网络主权的中国方案”

朱　路*

人类社会发展到信息时代，小到个人生活，大到国家安全，再到世界秩序，已经几乎不可能摆脱网络的影响，不论其影响是好是坏。国家是国际社会的主要主体，而主权是国家的基本要素之一，是国家独立自主地处理对内、对外事务的最高权力，是国家的根本属性。随着网络技术的进步以及网络空间对国家和国家间交往的重要性日渐增加，网络空间与主权的关系受到学界、政界和舆论的广泛关注，“网络主权”的概念开始出现，但其具体的概念、内涵和效力等尚存争议。

本节课从讨论主权本身是否具有法律约束力开始，依次介绍中国有关国内政策和立法、中国在世界互联网大会上的立场和中国在联合国体系内的主张，然后得出结论。本节课通过分析主权对国家和国际法的重要性，并介绍中国对网络空间主权问题的看法，使学生理解中国对国际法和多边主义的坚持不仅符合中国的国家利益，而且有利于国际法的发展、有利于国际和平与安全，体现出负责任大国的风范和担当。

一、主权本身是否具有法律约束力

主权是相当抽象但又十分重要的概念，常常与平等权、独立权、管辖权、自卫权、禁止干涉、禁止使用或以武力相威胁等国际法概念和原则联系在一起，也常常等同于领土主权。有学者将主权细分为四类：一是国内主权（domestic

* 朱路，首都经济贸易大学法学院副教授，硕士生导师，法学博士。

sovereignty)，即一国之内公共机构的组织及其行使的有效控制层级；二是相互依存的主权（interdependence sovereignty)，即公共机构控制跨境移动的能力；三是国际法律主权（international legal sovereignty)，即国家或其他实体间的彼此承认；四是威斯特伐利亚式主权（Westphalian sovereignty)，即将外部主体排除于公共机构。主权的这四种用法根植于权力（authority）和控制（control）的根本区别，权力是指一个主体进行特定类别行为时得到互相承认的权利，而控制根本不需要对权力的彼此承认，只靠单纯使用暴力（brute force）即可实现。威斯特伐利亚式主权和国际法律主权单指权力，国内主权单指控制，而相互依存的主权既指权力也指控制①。但一般说来，主权分为对内的最高权和对外的独立权两个方面，前者是指国家对其领土内的人和物以及在本国领土之外的本国人享有属地管辖权和属人管辖权，后者是指国家在国际交往和国际关系中是自主的和平等的。因为国家是具有主权的，所以国与国是平等的，而“平等者之间无管辖权”，主权平等原则在国际法体系中具有当然的地位，也是一项最重要的国际法基本原则。例如，《联合国宪章》第二条规定，为实现第一条所规定的联合国之宗旨，联合国及其会员国遵行若干原则，其中居于首位的就是“各会员国主权平等之原则”②。主权既给国家带来权利，也对其施加义务。例如，国家有义务尊重其他国家的主权，也受具体的国际习惯法或条约法有关义务的制约。

然而，主权本身具有何种地位是存在一定争议的，特别是国际条约（如《联合国宪章》）中，并没有明确提及“主权不容侵犯”。因此，需要先确定主权原则（或者说主权不容侵犯原则）仅仅是一般原则还是具有约束力的规则，抑或是具有约束力的国际法原则。有学者明确否定主权原则的约束力，认为“主权原则是普遍的，但就网络空间领域独一无二的特性而言，主权的适用仍由国家通过国家实践和/或制定条约规则来决定”，因此，“主权是原则，而不是规则，在（网络空间）这个领域其法律后果尚未完全形成”③。有学者观点恰恰相反，认为国家间许多行为虽然未达到干涉或使用武力的标准，但同样可以构成国际不法行为，而“主权的作用是保障领土完整和不可侵犯性”，“主权是形形色色

---

① S D KRASNER. Sovereignty: organized hypocrisy [M]. Princeton NJ: Princeton University Press, 1999: 10-11.

② 《联合国宪章》第二条第一款。

③ G P Corn, R Taylor, “Sovereignty in the Age of Cyber”, AJIL Unbound, 111, 2017-2018, pp. 210-211.

（国际不法）行为不合法的法律基础"，禁止侵犯主权是具有法律约束力的原则①。不论将主权作为原则还是规则，如果否定其法律约束力，必然会产生这样一种荒谬的推断：只有干涉一国内政、使用威胁或武力，才侵犯了一国的领土完整或政治独立，而其他未能达到干涉或使用武力的行为不构成侵犯一国主权。例如，未经一国允许而进入一国领土或者未经一国允许而飞越一国领空就不构成侵犯主权。这不仅违背逻辑，而且违背国际司法实践。例如，国际法院在科孚海峡案中，就判定英国未经阿尔巴尼亚同意而在阿尔巴尼亚领海的扫雷行动"构成对阿主权的严重侵犯"，但并不构成干涉或使用武力②。并且，"独立国家间，对领土主权的尊重是国际关系的实质基础"③。在尼加拉瓜案中，尼加拉瓜就诉称美国"侵犯了尼加拉瓜的主权、领土完整和政治独立以及国际法中最基本、普遍接受的原则"④，而国际法院要断定本案中是否存在"使用武力"和"侵犯一国主权"的情形⑤，国际法院除了判定美国对尼加拉瓜进行的干涉和使用武力外，还考虑了"每个国家尊重其他国家领土主权的义务"，并认为该规则不仅源自《联合国宪章》、1944 年芝加哥《国际民用航空公约》、1958 年日内瓦《领海与毗连区公约》、1982 年《联合国海洋法公约》等国际条约，而且确认这些条约规定"无疑仅仅是在回应牢固且久已确立的国际习惯法规则"⑥。

简而言之，尽管国际法基本原则中有国家主权平等原则、禁止以武力相威胁或使用武力原则、不干涉内政原则等，但这并不意味着主权原则或者说主权不容侵犯原则不存在。侵犯主权的形式多样，程度不一，使用武力或干涉内政是其中最严重的表现之一，因此需要将其单独列出并加以强调，相比之下程度轻微的其他形式的侵犯主权的行为，则在主权原则或主权不容侵犯原则的涵盖范围之列。"没有条约全面界定领土主权，也没有条约明确将领土主权视为一个独立存在的法律概念，它主要是习惯国际法的产物，源自国家出于法律责任或义务而进行的

① M N Schmitt, Liis Vihul, "Sovereignty in Cyberspace: Lex Lata vel Non", AJIL Unbound, 111, 2017-2018, p. 214.

② Corfu Channel case, Judgment of April 9th, 1949, I. C. J . Reports 1949, p. 19.

③ Corfu Channel case, Judgment of April 9th, 1949, I. C. J . Reports 1949, p. 35.

④ Military and Paramilitary Activities in and against Nicaragua (Nicaragua v. United States of America), Jurisdiction and Admissibility, Judgment, I. C. J. Reports 1984, p. 429.

⑤ Military and Paramilitary Activities in and against Nicaragua (Nicaragua v. United States of America), Jurisdiction and Admissibility, Judgment, I. C. J. Reports 1984, p. 435.

⑥ Military and Paramilitary Activities in and against Nicaragua (Nicaragua v. United States of America), Merits, Judgment. I. C. J. Reports 1986, p. 111.

一般的、连贯的实践。同样，领土主权具有深厚的国际法渊源，违反此种规则长久以来都被视为违反法律义务。尽管常以模糊的原则、指南或者框架的形式出现，但主权的法律史明确将领土主权确认为对国家间行为具有法律约束力的规则。"① 因此，主权原则是具有法律约束力的国际法原则和规则，否认其法律约束力，将使与主权有关的原则和规则大大失去逻辑依据和法律效力。

二、中国有关国内政策和立法

主权历来是中国政府最关切的国际法问题之一。20 世纪 50 年代新中国成立不久，就提出了和平共处五项原则（即互相尊重主权和领土完整、互不侵犯、互不干涉内政、平等互利、和平共处），作为指导国与国关系的基本准则，并始终将和平共处五项原则作为进行国际交往的根本准则之一。就互联网和网络空间而言，国务院新闻办公室在 2001 年《中国互联网状况》白皮书中，首次提出"中华人民共和国境内的互联网属于中国主权管辖范围，中国的互联网主权应受到尊重和维护"，同时指出互联网的互通互联性，认为"各国互联网彼此相连，同时又分属不同主权范围，这决定了加强国际交流与合作的必要性"，因此，"中国主张，各国在平等互利的基础上，积极开展互联网领域的交流与合作，共同承担维护全球互联网安全的责任，促进互联网健康有序发展，分享互联网发展的机遇和成果"②。由此可以看出，中国始终认为主权可以而且应该延伸至网络空间，全球互联网治理不能仅仅由某个或某些国家决定，而是应该建立在平等互利、多边参与的基础上。

中国对网络安全的认识是基于网络空间主权而展开的，近年来，中国政府通过的国内法规和政策文件都体现了这一点。2016 年 11 月，《中华人民共和国网络安全法》颁行，其目标是"保障网络安全，维护网络空间主权和国家安全、社会公共利益，保护公民、法人和其他组织的合法权益，促进经济社会信息化健康发展"，将"维护网络空间主权"作为网络空间立法的根本宗旨③。2016 年

① S WATTS, T RICHARD. Baseline territorial sovereignty and cyberspace ［J］ Lewis & Clark law review, 2018, 22 (3): 794.

② 中国互联网状况［EB/OL］.［2020-12-25］. http://www.gov.cn/zwgk/2010-06/08/content_1622866.htm.

③ 详见《中华人民共和国网络安全法》第一条。

12月15日，《“十三五”国家信息化规划》发布，将推动全球互联网治理体系变革作为“十三五”期间主攻方向之一，特别是在以下方面：坚持尊重网络主权、维护和平安全、促进开放合作、构建良好秩序，保障网络安全，推动建立多边、民主、透明的全球互联网治理体系，主动提出中国方案，加快共同制定国际信息化标准和规则，等等①。2016年12月27日，中国发布《国家网络空间安全战略》，提出尊重维护网络空间主权、和平利用网络空间、依法治理网络空间和统筹网络安全与发展等四个原则，并明确当前和今后一个时期国家网络空间安全工作的战略任务是坚定捍卫网络空间主权、坚决维护国家安全、强化网络空间国际合作等方面，指出“国家主权拓展延伸到网络空间”，将网络空间主权作为国家主权的重要组成部分②。2017年3月，中国发布《网络空间国际合作战略》，以和平发展、合作共赢为主题，以构建网络空间命运共同体为目标，就推动网络空间国际交流合作首次全面系统提出中国主张，为破解全球网络空间治理难题贡献中国方案，这是指导中国参与网络空间国际交流与合作的战略性文件③。《网络空间国际合作战略》倡导在和平、主权、共治、普惠等四项基本原则基础上推动网络空间国际合作，确立了中国参与网络空间国际合作的战略目标，特别是坚定维护中国网络主权、安全和发展利益，维护网络空间和平安全稳定，推动网络空间国际法治等，并从九个方面提出中国积极参与网络领域相关国际进程的行动计划④。

三、中国在世界互联网大会上的立场

世界互联网大会（World Internet Conference，WIC）是中国参与网络空间规则制定的另一个重要平台，这是中国倡导并举办的世界互联网年度盛会，永久会址设在浙江乌镇。

---

① “十三五”国家信息化规划［EB/OL］.［2020-05-04］. http：//www. gov. cn/zhengce/content/2016-12/27/content_ 5153411. htm.

② 国家网络空间安全战略［EB/OL］.［2020-05-04］. http：//www. xinhuanet. com/politics/2016-12/27/c_ 1120196479. htm.

③ 中国发布《网络空间国际合作战略》［EB/OL］.［2020-05-04］. http：//www. gov. cn/xinwen/2017-03/01/content_ 5172262. htm.

④ 网络空间国际合作战略［EB/OL］.［2020-05-04］. http：//www. xinhuanet. com//politics/2017-03/01/c_ 1120552767. htm.

2014年11月19日，首届世界互联网大会在浙江乌镇开幕。中国国家主席习近平向大会致贺词，指出“互联网真正让世界变成了地球村，让国际社会越来越成为你中有我、我中有你的命运共同体”，同时，“互联网发展对国家主权、安全、发展利益提出了新的挑战，迫切需要国际社会认真应对、谋求共治、实现共赢”，“中国愿意同世界各国携手努力，本着相互尊重、相互信任的原则，深化国际合作，尊重网络主权，维护网络安全，共同构建和平、安全、开放、合作的网络空间，建立多边、民主、透明的国际互联网治理体系”。此外，中方还提出促进网络空间互联互通、尊重各国网络主权、共同维护网络安全、联合开展网络反恐等九点倡议①。

2015年12月16日，第二届世界互联网大会举行，主题为“互联互通，共享共治——构建网络空间命运共同体”。中国国家主席习近平发表主旨演讲，提出尊重网络主权、维护和平安全、促进开放合作、构建良好秩序等四个原则以推进全球互联网治理体系变革，认为现有网络空间治理规则难以反映大多数国家意愿和利益，强调国际网络空间治理应该坚持多边参与、多方参与，不搞单边主义，不搞一方主导或由几方凑在一起说了算，并提出五点主张共同构建网络空间命运共同体②。将“尊重网络主权”作为推进全球互联网治理体系变革应该坚持的四项原则之首，并提出“网络空间命运共同体”以及构建网络空间命运共同体的五点主张，意味着中方对于网络空间和主权以及国际法的思考已经逐渐成熟。

2016年11月16日举行的第三届世界互联网大会主题为“创新驱动 造福人类——携手共建网络空间命运共同体”。中国国家主席习近平发表讲话，重申坚持以人类共同福祉为根本，坚持网络主权理念并重申中国将坚持网络主权作为全球互联网发展治理的首要原则，推动全球互联网治理朝着更加公正合理的方向迈进，携手构建网络空间命运共同体③。

2017年12月3日举行的第四届世界互联网大会主题为“发展数字经济　促进开放共享——携手共建网络空间命运共同体”。中国国家主席习近平在贺信中指出，全球互联网治理体系变革进入关键时期，构建网络空间命运共同体日益成

① 首届世界互联网大会闭幕 中方提出九点倡议［EB/OL］．［2020－05－04］．http：//www.chinanews.com/gn/2014/11-21/6803671.shtml.

② 习近平在第二届世界互联网大会开幕式上的讲话［EB/OL］．［2020－05－04］．http：//www.xinhuanet.com//politics/2015-12/16/c_1117481089.htm.

③ 习近平在第三届世界互联网大会开幕式上的视频讲话［EB/OL］．［2020－05－04］．http：//www.xinhuanet.com//politics/2016-11/16/c_1119925133.htm.

为国际社会的广泛共识，强调尊重网络主权，发扬伙伴精神①。

2018 年 11 月 7 日举行的第五届世界互联网大会主题为“创造互信共治的数字世界——携手共建网络空间命运共同体”。中国国家主席习近平在贺信中指出，推动全球互联网治理体系向着更加公正合理的方向迈进，让网络空间命运共同体更具生机活力②。

2019 年 10 月 20 日举行的第六届世界互联网大会主题为“智能互联 开放合作——携手共建网络空间命运共同体”。中国国家主席习近平在贺信中强调，发展好、运用好、治理好互联网，让互联网更好造福人类，是国际社会的共同责任，各国应共同推进网络空间全球治理，努力推动构建网络空间命运共同体③。

2020 年 11 月 23 日，“世界互联网大会·互联网发展论坛”举行。中国国家主席习近平在贺信中指出，新冠疫情发生以来，远程医疗、在线教育、共享平台、协同办公等得到广泛应用，互联网对促进各国经济复苏、保障社会运行、推动国际抗疫合作发挥了重要作用。中国愿同世界各国一道，把握信息革命历史机遇，培育创新发展新动能，开创数字合作新局面，打造网络安全新格局，构建网络空间命运共同体，携手创造人类更加美好的未来④。

由此可见，2014 年和 2015 年的世界互联网大会是中国关于网络主权酝酿和发展的阶段，2016 年至今，中国在历届世界互联网大会开始超越网络主权这个单一的概念，侧重强调推动构建更为宏大的网络空间命运共同体。但是，这并不意味着中国不再关注网络主权。恰恰相反，中国学界在网络主权领域积极发声，取得了良好的进展。

2019 年第六届世界互联网大会上，中国现代国际关系研究院、上海社会科学院、武汉大学联合发布了《网络主权：理论与实践》，阐述了网络主权的概念、基本原则与实践进程，明确提出网络主权是国家主权在网络空间的自然延伸，主要包括独立权、平等权、管辖权和防卫权。为推动全球互联网治理朝着更

① 习近平致信祝贺第四届世界互联网大会开幕［EB/OL］.［2020-05-04］. http://www.xinhuanet.com/2017-12/03/c_1122050286.htm.

② 习近平向第五届世界互联网大会致贺信［EB/OL］.［2020-05-04］. http://www.xinhuanet.com/politics/2018-11/07/c_1123677227.htm.

③ 习近平向第六届世界互联网大会致贺信［EB/OL］.［2020-05-04］. http://www.xinhuanet.com/politics/leaders/2019-10/20/c_1125127764.htm.

④ 习近平向世界互联网大会·互联网发展论坛致贺信［EB/OL］.［2020-12-25］. http://www.xinhuanet.com/politics/leaders/2020-11/23/c_1126774156.htm.

加公正合理的方向迈进，构建网络空间命运共同体，国际社会应坚持以人类共同福祉为根本，维护以联合国为核心的国际体系，秉持网络主权理念，平等协商、求同存异、积极实践①。

2020年第七届世界互联网大会上，武汉大学等高校和科研机构联合推出了《网络主权：理论与实践（2.0版）》，对网络主权的概念和内涵做了进一步阐述，将其分为权利维度和义务维度；增加了网络主权的体现，将其分为通过网络设施与运行范畴的国家活动体现、通过网络数据与信息范畴的国家活动体现和通过社会与人范畴的国家活动体现等三类；提出将防范和抵制网络霸权、建立更具包容性的国际协调与合作框架、合理把握网络主权原则的适用边界作为对网络主权的展望②。

很明显，世界互联网大会推出的《网络主权：理论与实践》和《网络主权：理论与实践（2.0版）》是在回应北约网络合作防御卓越中心推出的两部《塔林手册》，当然这只是迈开了第一步，在论述的体系性、完备度等方面，中国学者还有很大的提升空间。

四、中国在联合国体系内的主张

中国十分重视联合国体系的多边平台作用，中国在联合国体系内不仅仅主张网络主权，而是更着眼于整个网络空间的规则制定。关于网络空间规则制定权的博弈十分激烈。在网络空间的战略地位不断上升和有北约背景的两部《塔林手册》试图抢占网络空间国际规则先机的时代背景下，中国也在积极参与网络空间的规则制定。由于意识形态、价值观以及现实国家利益等方面的差异，围绕网络空间的国际秩序构建和规则博弈，各主要国家间形成了两大阵营，即以美国为首的西方发达国家阵营和以中国、俄罗斯为代表的新兴国家阵营。西方国家作为现有国际秩序的主导者，在网络空间相关事务中有着明显的技术和话语优势，迄今仍牢牢把握着该领域的主导权，而中国、俄罗斯等新兴国家在网络空间国际秩序

① 网络主权：理论与实践［EB/OL］.［2020-12-25］. https：//2019. wicwuzhen. cn/web19/release/201910/t20191021_ 11229796. shtml.

② 网络主权：理论与实践（2.0版）［EB/OL］.［2020-12-25］. https：//www. wicwuzhen. cn/web20/information/release/202011/t20201125_ 21724489. shtml.

构建中处于少数和弱势地位，一直受到西方国家的价值观和规则打压[1]。中国和俄罗斯以及多数发展中国家认为，联合国应成为讨论和处理网络空间规则的主要场合，因此，在参与网络规则的制定方面，中国采取了以联合国体系为主的策略。

1998 年 12 月 4 日，俄罗斯向第 53 届联合国大会提交“从国际安全的角度来看信息和电信领域的发展”决议草案，后来获得一致通过，并将同名议题列入联大第 54 届会议临时议程[2]，这标志着信息安全问题正式列入联大议程。此后每年（除 2017 年）至今，联大均会通过决议，讨论从国际安全的角度来看信息和电信领域的发展这一议题[3]。2001 年 11 月 29 日，联大通过决议，请秘书长根据公平地域分配原则于 2004 年设立政府间专家组，“研究旨在加强全球信息和电信系统安全的有关国际概念”[4]。2004 年，由包括中国在内的 15 国专家组成的第一届政府间专家组成立，2004 年和 2005 年在纽约和日内瓦举行了三次会议，然而，由于在信息通信技术军事化威胁、国家对信息内容的管控及能力建设和技术转让等问题分歧较大，“鉴于所涉问题的复杂性，未就编写最后报告事项达成共识”[5]。由于第一届政府间专家组工作未果，2005 年 12 月 8 日，联大通过决议，请秘书长在 2009 年设立第二届政府间专家组，并向大会第 65 届会议提交报告[6]。2009 年，第二届政府间专家组成立，于 2009 年和 2010 年在纽约和日内瓦举行了四次会议并得以形成共识，2010 年 7 月，专家组形成工作报告，提出了讨论与国家使用信通技术有关的准则、建立信任、稳定和减少风险的措施、交流最佳实践、支持欠发达国家能力建设、寻求制定有关共同术语和定义等建议[7]。2010 年 12 月 8 日，联大通过决议，请秘书长在 2012 年设立第三届政府间专家组，并向

① 黄志雄．国际法在网络空间的适用：秩序构建中的规则博弈［J］．环球法律评论，2016（3）：14-15.

② A/RES/53/70。

③ 这些联大决议分别是 1999 年的 A/RES/54/49、2000 年的 A/RES/55/28、2001 年的 A/RES/56/19、2002 年的 A/RES/57/53、2003 年的 A/RES/58/32、2004 年的 A/RES/59/61、2005 年的 A/RES/60/45、2006 年的 A/RES/61/54、2007 年的 A/RES/62/17、2008 年的 A/RES/63/37、2009 年的 A/RES/64/25、2010 年的 A/RES/65/41、2011 年的 A/RES/66/24、2012 年的 A/RES/67/27、2013 年的 A/RES/68/243、2014 年的 A/RES/69/28、2015 年的 A/RES/70/237、2016 年的 A/RES/71/28、2018 年的 A/RES/73/27、2019 年的 A/RES/74/29。

④ A/RES/56/19。

⑤ A/60/202。

⑥ A/RES/60/45。

⑦ A/65/201。

大会第66届会议提交报告①。

2011年9月12日，中、俄等四国政府向联合国秘书长致函，请秘书长将四国共同起草的“信息安全国际行为准则”作为联大第66届会议材料散发，其中特别提及“充分尊重信息空间的权利和自由，包括在遵守各国法律法规的前提下寻找、获得、传播信息的权利和自由”和“推动建立多边、透明和民主的互联网国际管理机制”以及“推动联合国在促进制定信息安全国际规则、和平解决相关争端、促进各国合作等方面发挥重要作用”②。2013年，又有两国成为该准则的提议国。2015年1月9日，中、俄等六国政府向联合国秘书长提交了更新后的准则，请秘书长作为联大第69届会议材料散发，新的准则进行了较大修改，特别是增加了“认识到人们在线时也必须享有离线时享有的相同权利和义务”，并声明《政治与公民权利国际公约》第19条③规定的权利的“行使带有特殊的义务和责任，因此得受某些限制”④。由于西方国家对此十分消极，这两份准则均未能获得联大审议。

2012年，第三届政府间专家组成立，并于2012年和2013年在纽约和日内瓦举行了三次会议，涉及更广泛的领域，提出了更丰富的建议，2013年7月，专家组形成工作报告。报告认为，要创造和平、安全、开放和合作的信通（信息和通信）技术环境；联合国应发挥主导作用；国际法特别是《联合国宪章》适用于各国使用信通技术，对维持和平与稳定及促进创造开放、安全、和平和无障碍信通技术环境至关重要，但必须进一步研究这些规范如何适用国家行为和各国使用信通技术，而且可能需要制定新的规范；国家主权和源自主权的国际规范和原则适用于国家进行的信通技术活动，以及国家在其领土内对信通技术基础设施的管辖权；各国在努力处理信通技术安全问题的同时，必须尊重《世界人权宣言》和其他国际文书所载的人权和基本自由；各国必须履行对应归咎于其之国际不法行为的国际义务，且不得使用代理人实施此类行为。各国应设法确保其领土不被

---

① A/RES/65/41。

② A/66/359。

③ 该条规定：“一、人人有权持有主张，不受干涉。二、人人有自由发表意见的权利；此项权利包括寻求、接受和传递各种消息和思想的自由，而不论国界，也不论口头的、书写的、印刷的、采取艺术形式的或由其选择的任何其他媒介。三、本条第二款所规定的权利的行使带有特殊的义务和责任，因此得受某些限制，但这些限制只应由法律规定并为下列条件所必需：（甲）尊重他人的权利或名誉；（乙）保障国家安全或公共秩序，或公共卫生或道德。”

④ A/69/723。

非国家行为体用于非法使用信通技术。此外，该报告还提及中俄等国提出的信息安全国际行为准则，并就建立信任措施和交流情况以及能力建设措施提出建议①。该报告完全没有提及自卫权和国际人道法，而这正是《塔林手册》的专家们最关心的话题。

2013 年 12 月 27 日，联大通过决议，请秘书长于 2014 年设立第四届政府间专家组②。2014 年，专家组成立，并于 2014 年和 2015 年举行了四次会议，专家组来源国家首次扩展到 20 个。2015 年 7 月，第四届政府间专家组提交报告，在 2013 年报告的基础上更详细地讨论了有关事项，除了重申国家主权和源自主权的国际规范和原则适用于国家进行的信通技术活动，以及国家在其领土内对信通技术基础设施的管辖权等之外，还特意说明主权平等、和平解决国际争端等国际法原则在审议国际法是否适用于国家使用信通技术问题时“至关重要”。此外，该报告还首次提及国际人道法，尽管没有明确使用该词，而是采用了“既定的国际法律原则，包括适用情况下的人道原则、必要性原则、相称原则和区分原则”③ 之说。2015 年 12 月 23 日，联大通过决议，请秘书长于 2016 年设立第五届政府间专家组④。然而，第五届政府间专家组的组建很不顺利，于是 2016 年 12 月 5 日联大又通过决议，欢迎专家组“开始开展工作”，并向大会第 72 届会议提交报告⑤。遗憾的是，2017 年的联大第 72 届会议未能收到报告。第五届政府间专家组谈判的失败，使联合国框架内有关国际法适用于信息和电信领域的讨论严重受挫。

值得注意的是，2013 年报告中使用了“负责任国家行为”这一概念，并在第三部分以“有关负责任国家行为规范、规则和原则的建议”为题提出了 10 项建议，不过从具体内容来看，这些建议大多是针对国际法规则和原则如何适用于网络空间的，而负责任国家行为规范并没有真正成为单独的一类网络空间行为规范，对其具体内涵也没有形成基本共识。2015 年报告中，对负责任国家行为规范的阐述则迈出了一大步，该报告第三部分标题为“负责任国家行为规范、规则和原则”，并提出 11 项“自愿、非约束性的负责任国家行为规范”，这意味着

① A/68/98。
② A/RES/68/243。
③ A/70/174。
④ A/RES/70/237。
⑤ A/RES/71/28。

"负责任国家行为规范的发展开始进入一个新阶段，即这类规范不再'依附'于国际法在网络空间的适用等内容，而是已经被确立为网络空间相对独立、自成一类的规范"[①]。

2018年12月5日，联大以119票赞成、46票反对和14票弃权[②]，通过"从国际安全角度看信息和电信领域的发展"的决议，确认了2013年和2015年报告中的结论，即国际法尤其是《联合国宪章》，对维护和平与稳定以及促进一个开放、安全、稳定、无障碍、和平的信通技术环境是适用的和不可或缺的，国家使用信通技术时自愿、不具约束力的负责任行为规范、规则或原则可减少国际和平、安全和稳定所面临的风险，国家主权以及源自主权的国际规范和原则适用于国家开展信通技术活动，并适用于国家对其领土内信通技术基础设施的管辖权等。同时，决定从2019年开始召集一个不限成员名额工作组，在协商一致的基础上进一步制定信息和电信领域国家负责任行为的规则、规范和原则及其实施方式[③]。

如前所述，从1998年开始，除2017年外，联大每年的会议都会通过从国际安全角度看信息和电信领域的发展的决议，然而，2018年12月22日，联大第73届会议第一次通过了"从国际安全角度促进网络空间国家负责任行为"决议，其中138票赞成、12票反对和16票弃权[④]，该决议也重申2013年和2015年报告中的结论，并请秘书长在2019年成立新的政府间专家组[⑤]。也就是说，从2019年开始，在联合国体系内讨论国际法是否及如何适用网络空间的进程出现了两大议题，一是历史悠久的中俄方案，即"从国际安全角度看信息和电信领域的发展"；二是影响力更大的欧美方案，即"从国际安全角度促进网络空间国家负责任行为"。此外，还出现了两个具体负责研究和报告的工作组，不限成员名额工作组负责中俄方案，政府专家组负责欧美方案。2019年12月12日，联大第

---

① 黄志雄．网络空间负责任国家行为规范：源起、影响和应对［J］．当代法学，2019（1）：63.

② Developments in the field of information and telecommunications in the context of international security: resolution / adopted by the General Assembly［EB/OL］.［2020-05-04］. https://digitallibrary.un.org/record/1655128?ln=en, May 3, 2020.

③ A/RES/73/27。

④ Advancing responsible State behaviour in cyberspace in the context of international security: resolution / adopted by the General Assembly,［EB/OL］.［2020-05-04］. https://digitallibrary.un.org/record/1657117?ln=en, May 3, 2020.

⑤ A/RES/73/266。

74届会议再次通过“从国际安全角度促进网络空间国家负责任行为”决议①和“从国际安全角度看信息和电信领域的发展”决议，后者强调指出需要确保联合国主持下的信通技术使用安全的谈判进程的完整性和连续性，着重指出不限成员名额工作组和政府专家组是联合国主持下的重要独立谈判机制，应根据各自授权以建设性和务实的方式开展工作，相互补台②。

五、结论

网络主权是国家主权在网络空间的自然延伸，这是人类活动领域不断扩大的自然结果，在主要由主权国家组成的国际社会里，主权原则是国际交往的根本准则，在网络空间的国际交往不可能不受主权原则的调整。当然，如同历史上主权延伸至领海、领空经历了长期的争论才最终确定一样，目前各国虽然都将国家主权延伸适用于网络空间，但对在网络空间行使主权的理念和具体做法仍存在不同认识。网络主权的进一步讨论和厘清，应以《联合国宪章》确立的主权平等原则为基础，以联合国体系为核心，以构建网络空间命运共同体为目标，以人类共同福祉为根本，平等协商、求同存异，并坚决反对某些网络技术大国将单边制定的规则变成网络空间国际法规则的企图。

国际法的政治“常常是对政治的再定义，即一种情形的战略定义或通过一个技术惯用语指代一个问题，以适用与该惯用语有关的专业知识，以及与之相随的结构性偏见”③。中国和美国在网络空间国际规则制定过程中的竞争，鲜明地反映出国际法和国际政治的关系。中国在主张网络主权和网络空间命运共同体时，首先，应加强对“软法”的研究，因为网络空间涉及利益重大而复杂，在短时间内难以达成一致意见，通过国际条约的希望不大，但是现实中却始终存在对规则的需求，因此由相关国际组织、非政府组织、企业等发布的不具有约束力的软法可以在一定程度上满足需求，发挥一定的作用。通过加强对国际环境法、国际人权法等领域大量存在的软法的研究，借鉴其形成原因和作用机制，可以更好地应对网络空间和外层空间的软法制定、修改与发展。其次，中国应重视非国家主

① A/RES/74/28。

② A/RES/74/29。

③ M KOSKENNIEMI. The politics of international law-20 years later [J]. European journal of international law, 2009, 20 (1): 11.

体的作用，互联网公司、非政府组织甚至个人，对网络空间的软法或行业规则往往具有重大影响，保持与非国家主体的接触很有必要。实际上，也不一定需要中国的官方机构进行此种接触，中国的互联网公司、非政府组织甚至个人就完全可以与其同行保持联系，产生和维系某种影响力。例如，英国发起的网络问题国际会议和中国发起的世界互联网大会，就是很好的接触并重视非国家主体的场合。最后，中国应继续提出自己的理念和词汇，同时中国的主张可以更多涉及国际法规则。中国主张的“网络主权”已经在联大有关网络空间的决议中一再得到确认，但中国关于网络空间的主张几乎总是集中于《联合国宪章》和国际法基本原则，这当然是出于原则性宣示和保持灵活性等方面的考虑，但适度地提及概念、规则和制度，有助于使中国的看法更具体、更细致，也有助于加强其法律属性，淡化可能的政治或宣传色彩，从而有利于中国看法、中国方案获得更大范围、更高程度的接受与支持。

融入思政元素的研究生课程教学案例探析
——以国际经济法课程为例

魏庆坡*

一、引言

党的二十大报告中指出，育人的根本在于立德。教书育人，立德为本，作为一名法学教师，在指导学生学习专业知识的同时要时刻谨记教书育人的根本。著名教育学家陶行知先生曾说过："千教万教，教人求真，千学万学，学做真人。"法学教师不仅要教授学生法学专业知识，而且要将思政元素融入教学中，唯有如此，才能让学生深入理解当下中国参与对外经济活动时的立场，亦能够激发学生的学习与研究热情，培养学生的爱国主义情感。另外，将思政元素融入教学实践中可以进一步提升教师的思政意识，促使其形成正确的教学观念，对学生的世界观、人生观、价值观的塑造起到良好的示范与带动作用。然而，当下思政教育主要集中在本科教学中，在研究生阶段思政教学尚显不足①。研究生作为思想更为成熟、意识更为独立、专业素养更为扎实的学生，若仍沿袭传统的思政教育课对其进行教学，将造成学生脱离实际，空喊口号的形式主义问题。因此，在研究生课程教学阶段，将思政元素融入专业课教授，使专业课与思政教育同向而行，既可以使学生生动地理解思政教学的意义，又可以使学生更加深刻地学习和运用专业知识。

---

* 魏庆坡，首都经济贸易大学法学院副教授，硕士生导师，法学博士。

① 豆素勤，王强．数字赋能高校思政教育的主要特征、现实困境及突破路径［J］．学术探索，2023（2）：149-156.

二、将思政元素融入国际经济法课程中的应然性

国际经济法作为一门涉及多个主体及关系的学科，其教学内容不仅包括复杂的国际贸易关系、国际环境，而且包括基于不同国家制度下的经济制度。学科涉及的主体包括个人与个人，政府与政府，以及个人与政府。因此，在教学过程中融入思政元素是提高学生爱国情感、提升其实践能力的必然要求。

（一）推动教学目标的实现

根据现有教育学理论分类，教学目标分为三个领域，分别是认知、情感和技能[①]。因此，研究生阶段将其目标定位为实现上述三种目标的复合型目标。不难看出，三种目标之间具有正相关关系，情感目标的实现有助于推动认知目标的实现，而情感目标对技能目标的实现具有内在驱动力。

具体而言，在国际经济法教学实践中，以 WTO（世界贸易组织）上诉机制改革为例，美国三番五次阻挠其改革，试图摧毁 WTO 这颗皇冠上的明珠。WTO 上诉机制在国际贸易争端解决中曾发挥了重要的作用，一度具有不可替代性。但随着全球经济格局发生改变，区域一体化与多边贸易体制之间逐渐产生矛盾[②]。众所周知，在多边贸易体制发展的同时，区域一体化也进入新阶段。例如，美国作为全球经济大国，其主导下的美墨加协定更是率先对数字经济作出规制，以维护自身的经济利益。更有甚者，由美国发起的芯片联盟更是试图对我国进行芯片封锁。由此可知，在美国的干预下，加上多边贸易谈判的失败等因素加剧了一些国家追求由区域贸易协定代替多边贸易协定的想法，并付诸实践。中国作为最大的发展中国家，如何在参与经济全球化的过程中趋利避害，掌握主动权，是我们研究与学习的重点。通过上述举例可知，在国际经济法的学习过程中若只是单纯学习专业知识，则学生只能将学习停留在认知和技能目标上，不能理解中国基于自身国情所做出的经济决策。因此，需要将思政元素融入课程教学过程中，通过具体案例教学，使学生树立正确的情感认知，增加民族自信，提高学生的国家认

---

① 布鲁姆．教育目标分类学：情感领域现代语言学教程［M］．施良方，张云高，译．上海：华东师范大学出版社，1989：4.

② 曹建明，贺小勇．世界贸易组织法［M］．3 版．北京：法律出版社，2011.

同感①。

（二）符合课程设计的需要

研究生课程设计主要包含课程学时、进度、结构等，虽然由于院校特色不同，每个学校的课程设计也不尽相同，但课程的教授内容与教授对象不会发生根本性改变②。相比本科生，研究生的价值观更为成熟，对事物的辨别能力更强，其在专业价值追求上既追求自我能力提升又追求自我价值提升，既要符合自身价值追求又要符合当今社会主流价值观。综上所述，研究生情感诉求的复合性决定了若继续沿用传统思政教育一味灌输，既不能满足当下研究生的成长需求，也不能满足当下国家对涉外人才的要求。因此，必须将思政元素融入国际经济法教学实践中，通过具体的案例教学，在讲授专业知识的同时结合当下国际环境向学生传输正确的思政观。

在研究生的学习过程中，学生更多关注专业知识的学习，更注重提升自身的专业素养，从而开展更进一步的学术研究③。因此，教授专业知识的学科教师对研究生具有极大的影响力。与本科教学不同，国际经济法的研究生教学中更加强调学生对学科的深度认识与理解，而不仅仅是停留在表面上的认知④。这种深度的学科认知是基于研究生长期从事学科研究而形成的认同感。在本科学习阶段，学生通过学习专业知识形成了专业文化认同。进入研究生学习阶段，道德标准、专业要求等融入对专业的研究行为之中。与此同时，研究生对专业的情感价值认同无法通过单纯的知识学习进行传递。因此，将思政元素融入课程教学符合研究生课程教学设计，对研究生教学而言是不可或缺的。

（三）激发学生的学习兴趣

学生进入研究生学习阶段后，研究任务加重，学习主动性提升。众所周知，学生在研究生阶段以研究任务为主，据此，研究生对课程的接纳程度，可根据研

① 刘伟琦．法学课程思政教学改革的新理路：法治中国情怀培育［J］．黑龙江高教研究，2021，39（10）：146-154.

② 包姝妹．法学专业“课程思政”教学改革路径探析：以侵权责任法课程为例［J］．高教学刊，2020（16）．

③ 刘冰，林丽丽．国际经济法课程开展思政建设的若干思考［J］．海峡法学，2021（2）．

④ 曲天明．高校专业课融入思政的课程体系建设创新模式研究：以国际经济法课程为例［J］．课程教育研究，2020（5）．

究内容的关联度分为主动接纳与被动接纳[①]。

具体而言，主动接纳是指学生出于对课程内容的研究而进行积极有效的学习，这种主动接受学习的方式使学生的学习兴趣大大提升，从而进一步激发学生的研究兴趣，并由此形成正反馈效应。被动接纳则恰恰相反，由于课程本身的学习内容与研究内容不具有相关性，或者相关性不大，因此学生既不拒绝也不积极主动进行学习，对课程的接受仅仅是因为来自课程安排的要求。此种情况下，学生的学习兴趣大大降低，从而形成负反馈效应。上述结果的出现取决于学生对课程内容的判断，这种判断受多种因素制约，起到最终制约作用的因素是学生本身的价值判断，这种价值判断的方向和特点通过最终的学习接受方式而呈现出来。思政教育作为一种情感教育，在教授过程中对学生的价值判断塑造起到了至关重要的作用。情感作为一种内在情绪，通过影响人们的行为而产生作用，如果学生在情感因素的影响下对课程内容做出了不利于研究的价值判断从而产生排斥情绪，则会因此做出被动接纳的决定。在国际经济法课程中，将思政元素融入课程教学中可以使学生正确认识当下国际环境背景下中国所采取的经济策略，理解中国积极提出“一带一路”倡议的重要意义。当下，国际局势动荡不安，国际经济法课程作为一门规制对外经济活动的法律规范，在讲授的课程中融入思政元素可以帮助学生进行正确的价值判断，促使其进行积极且高效的学习研究[②]。

三、将思政元素融入国际经济法课程中的难点

国际经济法作为一门传统学科，在学习过程中学生多注重专业知识的获取。与本科教学不同，研究生教学多集中在与研究生研究方向一致的内容上，且教学的方式也与本科阶段有所不同。因此，在研究生阶段将思政教育融入国际经济法的教学实践中存在一定的难度。

（一）研究生课程思政教育目标泛化

国际经济法的研究生课程教学目标中多关注专业技能，虽然思政教育目标在研究生教学大纲中有所体现，并且随着对思政教育重视程度的不断提高，其教育

① 陈楚钿．新时代法学专业课程思政育人研究［J］．学校党建与思想教育，2021（18）．
② 朱飞．高校课程思政的价值澄明与进路选择［J］．思想理论教育，2019（8）：67-72.

目标也不断明晰，但与传统的技能目标及当下思政教育的重要程度相比，研究生阶段的思政教育还存在目标泛化，多停留在表面，与当下研究生教学实践不相符等问题①。另外，与专业技能目标相比，思政教育目标成果难以量化评比，而专业课教师面临沉重的科研与教学压力，思政教育难以参与专业课教师的教学评比，这就造成专业课教师出于科研与教学压力而将教学重点放在专业课教授上，对思政教育难免有所不及的问题②。反映在国际经济法课程的教学实践中，对专业课教师的评比多集中在国际经济法专业课讲授与科研上。例如，在 WTO 有关货物贸易的法律制度的讲解上，对教师的评比量化主要为学生在掌握基本法律制度下是否有研究新的演变问题的能力，而非认识到基于中国立场而做出的经济决策的战略意义。可见，思政教育目标难以量化是当下研究生教学实践中存在的不可忽视的难题。

（二）研究生课程思政教育方式单一化

思政教育作为研究生阶段不可或缺的教育，其授课方式虽然在计算机和互联网技术的发展下有所发展，但仍未摆脱传统授课方式的桎梏。那种教师讲解而学生被动接受的授课方式限制了思政教育的发展，虽然网络技术的发展使得学生在被动接受的选择上增加了视频教学、网络互动等方式，但仍局限在被动接受的层面上③。这样带来的后果是学生意识不到思政教育的重要性，教师也只将教学重点放在教育表面的输出上，如此一来，思政教育与技能教育无法较好融合，反而使学生产生抵触心理，最终适得其反。思政教育究其根本应关注学生的价值追求、情感需求，最终要回归到学生本身。在教学过程中，忽视学生的情感需求，过度追求单向输出，将使教育方式固化④。国际经济法课程专业性较强，涉及主体、范围复杂，但其授课方式在现阶段仍较为单一，与学生没有形成良好的互动模式，未能关注到学生本身的教育需求。

---

① 王玉辉．新时代高校法学专业课程思政改革的困境与进路［J］．当代教育理论与实践，2023，15（1）：1-6.

② 孟庆瑜，黄博涵．高等院校法学专业课程思政建设的思考［J］．河北经贸大学学报（综合版），2022，22（3）：37-41，53.

③ 王学俭，石岩．新时代课程思政的内涵、特点、难点及应对策略［J］．新疆师范大学学报（哲学社会科学版），2020，41（2）：50-58.

④ 梁平．德法兼修：新时代卓越法治人才培养的实践进路探索［J］．河北法学，2021，39（3）：51-60.

（三）研究生课程思政教育内容简单化

传统的思政课程尽管形式上显得有些单调，但课程内容深刻，课程体系成熟完备，学生学习内容体系化程度高。相比之下，思政教育与专业技能教育相融合的教授方式尚未形成完备的教学体系，教学内容也不够丰富（主要体现在对研究生价值观及学科观念的塑造上），故多围绕专业课展开。专业课教师在思政元素融入过程中，更多只是简单植入，讲解的内容也多浮于表面，未鞭辟入里①。对于相对成熟的研究生而言，只有生动有趣且深刻的思政教育才能对其产生吸引力，而部分教师未能充分认识到思政元素的内在价值，不能正确认识与充分利用思政元素所含有的情绪价值，从而造成专业技能讲授与思政教育讲授的割裂与分离。此种情况下，教师难以将思政元素有效融入国际经济法的课程实践中，或是简单地植入而忽视思政教育的本质及其含有的特殊情感价值；或是一味模仿，没有创新，千篇一律，造成学生的排斥与抵触。这种简单的内容输出式的授课方式无法满足研究生学生的价值与情感需求，无法获得研究生学生的认同与喜爱，从而造成研究生阶段将思政元素融入课程的效果甚微，甚至适得其反。

四、将思政元素融入案例教学需要遵循的原则

技能教育中常会采用案例教学的方式，在研究生阶段的案例教学过程中，融入思政元素不仅能直观教学，而且能加深学生的思政认识。但是，在融入过程中尚应秉持以下原则，唯有如此才能将思政教育与专业技能教育相融合，实现融会贯通。

（一）遵循以培养学生兴趣为主的原则

课程教学的成功与否取决于学生是否在课程学习中产生认同感与获得感②。学生兴趣是课程教授的必要条件。国际经济法作为一门法学学科，课程内容复杂枯燥，因此需要通过选取合适的案例向学生生动形象地传授知识。可见案例教学

---

① 陈锡喜．深化高校思想政治理论课改革和建设的新空间［J］．湖北社会科学，2015（12）：181-187.

② 张继钢．法学专业课程思政改革的特点及路径［J］．黑龙江教育（高教研究与评估），2023（1）：71-73.

在研究生教学过程中发挥着重要作用，案例的选取直接关乎课程教学质量的好坏。选取一个恰当的案例不仅能够激发学生的学习兴趣，而且能拉近国际经济法这门远离人们日常生活的学科与学生之间的距离。思政元素融入国际经济法课程教学中的主要原则是，在案例的选取中要将学生的学习兴趣放在重要位置，不能假大空，不能脱离实际、远离学生日常生活。若如此，学生会对学习产生排斥心理，对知识的理解也会停留在表面，对思政的理解则会变成敷衍应付，这样将得不偿失。综上所述，案例的选取不可随意对待，要以学生的学习兴趣为主，增加课程的接受度。

（二）贯彻落实社会主义核心价值观的原则

国际经济法虽然是法学学科，但由于涉及国家及个人对外经济活动，不可简单地将其认为是一门学科教育，在思政教育上亦不可将其简单地理解为情感教育。研究生对事物的理解比本科生更为深入、成熟，其在价值观的判断上也有其自身独到的见解。因此，针对研究生独有的特点，在教学过程中要选取适当的教学环节进行案例教学，在思政元素的融入上也要注重方式方法的运用，激发学生的爱国主义情感①。社会主义核心价值观具有普适性，高等教育要想提升教育水准，帮助学生树立正确的价值观，社会主义核心价值观必须融入其中，成为教学遵循的原则之一②。国际经济法教学过程中融入思政教育是对研究生进行德育的重要途径，因此，在案例的选取上应贯彻落实社会主义核心价值观，从而培养学生的大国意识、民族自信，增强学生的国家认同感，从而积极进取，努力学习，为中华民族之崛起而读书。

（三）坚持专业技能与思政教育并重的原则

国际经济法作为一门专业性较强的学科，尤其是在研究生教学阶段，专业技能教育一直是其重中之重，思政教育作为研究生教育阶段必不可少的教育内容亦同等重要。若只专注专业技能教育而忽视思政教育，片面强调专业知识的重要性，不利于学生正确价值观的塑造和大局意识的培养。同时，若只顾专业技能教育忽视思政教育，还会导致学生仅追求专业技能至上，而不重视自身素养培养。

---

① 张烁．把思想政治工作贯穿教育教学全过程 开创我国高等教育事业发展新局面［N］．人民日报，2016-12-09（1）．

② 马怀德．法学类专业课程思政建设探索与实践［J］．中国高等教育，2022（6）：7-9，34.

若只重视思政教育忽视专业技能教育，在授课过程中只关注思政教育输出，忽视专业技能的教授，也不利于学生专业知识的积累。党的二十大报告中指出："打铁还需自身硬"，要想成为综合发展的新时代知识性人才，专业技能是必不可缺的。因此，在国际经济法案例教学中融入思政教育要坚持专业技能教育与思政教育并重的原则，不可有所偏颇，唯有如此，才能真正实现高等教育的育人目标，为祖国之强盛培养人才①。

五、将思政元素融入国际经济法案例教学的具体实践

随着中国综合国力的不断加强，对外经济交往活动增多，国际经济法的重要性不断提升。面对复杂的国际经济环境，如何立足本国国情，掌握对外经济交往主动权，是当今中国的重要课题。作为一名法学教师，在日常授课实践中不仅要做到准确无误地进行专业技能的讲授，而且要关注学生的思政教育，激发学生的爱国热情，增强学生的民族认同感②。

（一）提升专业课教师思政教学能力

作为专业的法学教师，其专业素养自然重要，但思政素养也要同样跟上。当前，专业课教师背负着沉重的科研压力，对思政素养的培养经常力不从心③。因此，对思政的理解多停留在浅显表面，在授课过程中难免会出现机械式植入的授课方式，授课模式也多有雷同，缺乏创新性。

针对上述情况，应有针对性地提高专业课教师的思政素养，以提升其授课质量，打造高水平的思政教育④。

首先，学校应基于研究生思政教育特点，对专业课教师进行专门培训，提升其思政素养。唯有专业课教师自身的思政素养得到提升，才能言传身教，在为学生传道授业解惑的过程中潜移默化地影响学生的价值观，促使其树立正确的义利观、大局观。不仅如此，此举还有利于专业课教师明辨是非，在专业技能教育与思政教育之间架起沟通的桥梁，以便专业课教师在传授法律法规的同时加强对学

① 郜占川．新时代卓越法治人才培养之道与术［J］．政法论坛，2019，37（2）：38-46.
② 崔卫生，魏则胜．高等教育课程思政的价值基础及其管理［J］．高教探索，2022（6）：55-59.
③ 傅晶晶，李庆．课程思政浸润法学专业课程教育的思考［J］．教育现代化，2020，7（10）：69-71.
④ 陈楚庭．法学专业"课程思政"教学改革探析［J］．学校党建与思想教育，2020（16）：51-53.

生的思政教育及情感教育。

其次，建立专业课教师轮换制度。具体而言，可在不同院校的法学院之间建立合作制度，建立轮换制度，如进行不定期的交流，在合作院校之间进行授课轮换等，加强教师之间在思政元素进入课堂教学方面的沟通。通过建立专业课教师轮换制度，教师们可以学习其他优秀专业课教师的授课方式并及时改进，提高自身的授课质量。另外，通过建立专业课教师轮换制度还能产生鲇鱼效应，增强教师之间的竞争意识，促使专业课教师积极主动地进行教改，加强自身修养。

再次，建立思政教师与专业课教师之间的合作制度。思政教师在思政教育方面是专业的人，其自身的思政修养亦符合国家对思政教师的要求；而专业课教授在专业技能教育方面也是专业的，对专业技能知识的理解与讲授亦熟稔于心。结合研究生教育的特点可知，对研究生阶段的学生进行思政教育有别于传统的本科思政教育，应将其融入专业技能教授中，在具体的实践中加深学生对思政的理解①。因此，可以在思政教师与专业课教师之间建立合作制度，加强思政教师对专业课教师思政素养的帮扶，从而提升专业课教师的思政素养。

最后，加强专业技能教育与思政教育的融合。专业课教师在教授过程中要注重思政元素的培养，在教学内容与教学考核方面增加思政元素，同时选取充分恰当的案例，既要体现国际经济法专业知识，又要涵盖立足本国自身情况下的政策认同②。唯有如此，专业课教师的思政素养才能提到提升，专业课教师在研究生阶段的课程教学中才能做到教书育人，也才能真正满足研究生的求学需求。

（二）明确研究生阶段思政教育目标

研究生阶段教学多强调专业技能教育目标，对思政教育目标的设计上大多不明确、具体。这在一定程度上有碍于研究生的思政教育，不利于其正确价值观的培养。因此，为提升研究生的思政修养，提高专业课教师的思政授课质量，应明确研究生阶段的思政教育目标③。

首先，明确思政教育的本质，将思政教育目标与专业技能目标相匹配。受到

① 雷裕春．法学本科专业课程思政教育体系构建研究［J］．广西财经学院学报，2021，34（3）：85-93.

② 张菼，徐鹏，方明峰．基于过程性评价的、多元的地方综合性高校课程考核方式［J］．重庆理工大学学报（社会科学），2014，28（4）：129-133.

③ 彭小霞．课程思政融于法学专业课程教学之路径探索［J］．石家庄学院学报，2022，24（2）：119-123.

传统教学的影响，国际经济法的教育目标主要分为显性目标与隐性目标①。显性目标即对专业技能的掌握程度，教师能在规定的教学时间内完成规定的教学任务；隐性目标即激发学生的研究兴趣，提升学生的研究能力。思政教育目标则大多包含在隐性目标之中，其目的在于培养学生梳理正确的价值观。越是如此，在研究生阶段越应明确思政教育目标，将其与国际经济法专业技能目标相衔接，让学生在学习专业技能的同时明晰思政意识，提升思政素养。另外，将思政教育目标与专业技能目标相衔接还会增加双方的连接度，以防止二者因割裂开来而对学生思政教育与专业技能教育产生消极影响。

其次，思政教育目标要结合中国国情，不可生搬硬套。当今国际局势不定，国际经济法作为调节我国对外经济活动的法律规范，不仅要明确专业技能的重要性，而且要明确思政教育的不可或缺性。因此，在授课实践中采取案例教学时不但要选取恰当的案例讲解专业知识，更要向学生讲清波诡云谲的国际环境，提升学生的民族自豪感，增强其民族责任感。

最后，将思政教育目标与教师的考核相结合，提高专业课教师对思政教育目标的重视程度。传统的专业课教师大多被繁重的科研压力与教学压力所困扰，在教学过程中多注重专业领域内的研究，对思政教育目标重视程度不够，往往导致思政教育目标成为空中楼阁。另外，受考核要求的限制，专业课教师为完成专业考核要求不可避免地对思政教育目标有所忽略，从而导致恶性循环。因此，要将思政教育目标与专业课教师考核相结合，将其纳入专业课教师考核，从而有效提高教师对思政教育的重视程度，形成良性互动，促进研究生国际经济法教学中融入思政教育的良好发展。

（三）开拓多元授课方式

受到传统教育模式的影响，在国际经济法教学实践融入思政教育时的教学模式也多半是教师单向性输出的模式。在此种模式下，学生的学习兴趣不高，参与度受限，对思政教育与专业技能教育的融合领会也受到限制，这对学生的今后发展及价值观培养起到消极作用。因此，在今后思政元素融入国际经济法的教学实践中应注重采用多元授课方式，提升学生的课堂参与度，加强学生的主人翁意识。

---

① 梁文生．高校法学专业课程思政教育模式研究［J］．高教学刊，2021，7（22）：193-196.

首先，应突破传统授课方式，创新授课方式，增加学生与教师之间的互动。具体而言，在传统教学实践中，教师作为知识的传递者，在教学过程中往往是主动输出者，学生则仅仅作为知识的被动接受者。另外，在实际教学中学生的人数往往不少，而教师却只有一个，这就决定了在课堂中学生是作为一个群体而非个体存在的，如此一来，学生个体意识减弱，教师个体意识增强。在上述知识传授过程中，便形成了教师往往处于中心位置，学生个体则处于边缘位置的局面。故在传统的授课方式下，学生的情感需求得不到较好满足，从而产生排斥乃至抵触心理，影响教学质量。因此，应增加学生与教师的互动，提高学生的学习与研究兴趣，让学生产生课堂参与感，从而满足学生在专业技能与思政层次的学习需求。

其次，增设学生与教师互换身份的授课方式。通过上文论述可知，传统授课方式中，教师往往处于中心位置，学生的个体意识受到削弱。因此，建议在日后的授课中增设学生与教师互换身份的方式，让学生模拟专业课教师去讲授课程内容。如此一来，学生的主体意识与求学需求在这个过程中会得到极大的满足，也能提升学生的责任感，同时体会教师教学的不易，增强学生的求学意识，提升其学习积极性。另外，教师通过学生的“教学”表现，可以较为直接地发现学生的不足，并及时、有针对性地对学生做出指导，促使其形成正确的价值观，推进其思政意识的成熟与完善。

最后，经常化地进行专业课教师授课评比。虽然传统授课模式中的教师授课评比早有存在，但在实践操作中经常会发生异化，造成与原有目标背道而驰的情况。这是因为，在实践中为了完成规定的教学任务，教师的课时安排大多较为紧张，因此教师授课评比也就难以落实到位。这样一来，教师不能及时认识到自身教学存在的不足，教学实践中存在的问题亦不能及时改正，从而造成教学水平长时间得不到提升。因此，针对上述情况，应将专业课教师授课评比经常化，适当放慢教学进度，重视教学水平的提升。只有这样才能真正做到将思政元素融入国际经济法的教学中，才能真正做到教书育人，教人求真，学做真人①。

（四）丰富思政教育内容

思政教育作为一种情感教育，不像专业技能教育那样可以精细量化，其教学

① 王赟鹏．如何让思想政治理论课有高度：“课堂革命”与情怀培育［J］．思想教育研究，2020（1）：90-94.

效果也不如技能教育明显。在国际经济法教学实践中，部分专业课教师在进行思政融入时存在照搬照抄、教学内容雷同等情况，对思政教育内容缺乏创新意识，与专业课结合生硬。因此，将思政元素融入国际经济法教学实践中应注重思政教育内容的丰富，不可照搬照抄，应增强创新意识，真正实现思政教育与专业技能教育的融会贯通。

首先，明确思政教育本质，在内容选择上不局限于思政教育本身[①]。与本科生不同的是，研究生阶段的思政教育与专业技能教育相融合更符合该阶段的教学特点。研究生的思想意识、价值判断更为成熟，若仍沿用传统的思政教育内容，照本宣科，并不能起到德育的真正作用。以国际经济法教学为例，结合当下数字经济背景，各国选择不同的数字经济税收政策皆出于维护本国的税收利益，从而掌握国际税收规则制定的主动权。例如，欧盟作为数字经济输入国，受到传统税收制度的限制，难以对数字企业征收税收，从而造成本国税收流失，在此背景下，欧盟各成员国皆制定了征收数字服务税的税收政策。与欧盟不同的是，美国作为数字经济输出国，其国内的数字企业发展态势良好，欧盟对数字企业征收数字服务税的行为损害了美国数字企业的既得利益，亦使得美国的经济利益受损，因此，美国对欧盟的征税行为做出反制，推出经济制裁。通过上述举例可知，不同国家为维护本国的利益而采取了截然不同的经济策略。在上述案例教学中，若生硬地进行思政宣讲会使得二者逻辑不自洽，从而显得过于突兀。对此，如果能通过对欧盟与美国二者之间的数字经济历史及其发展情况的介绍，引导学生自己发现二者政策不同的本质是维护本国经济利益，则可有效促使其认识到“维护国家利益”思政元素。

其次，思政教育内容应紧跟当下时事，符合时代特征。思政教育内容不能局限于课本上的固有内容，灵活变通、紧跟时事才是丰富其教学内容的根本之策[②]。例如，当下多边贸易体制受阻，美国积极推进区域贸易进程，试图以一己之力开启区域贸易时代。但随着全球命运共同体进程的加快，全球经济一体化之势不可逆转，经济全球化、多边贸易才是当下突破全球经济困境的不二选择[③]。中国作为最大的发展中国家，应掌握对外经济活动的主动权，借助“一带一路”、《区域全面经济伙伴关系协定》（RCEP）等对外平台开展对外经济交往活

① 刘伟，陈锡喜．高校思想政治理论课教学体系建设论析［J］．思想教育研究，2018（2）：92-96.
② 瞿郑龙．新时代法理学教材的与时俱进［J］．中国大学教学，2018（7）：80-85.
③ 黄进．习近平全球治理与国际法治思想研究［J］．中国法学，2017（5）：5-22.

动，提升中国的国际话语权。通过上述举例发现，专业课教师在丰富思政内容时应注重与当下发生的时事相结合，这样不仅可以丰富思政教学内容，提升教学的实际意义，而且可以激发学生的学习兴趣，增强学生的爱国热情与民族自豪感。

六、结语

将思政教育作为一种思维方式融入国际经济法的教学实践中，是当下研究生教育教学的必然要求。通过选取恰当的案例，将思政元素融入其中，从而体现国际经济法的教学本质，不仅有利于激发学生学习国际经济法的热情，而且有利于实现思政教育的教学目标。另外，专业课教师在案例选择上不但要体现专业性，更要关注思政元素，应结合当下时事进行思政融入，增强其时效性。在进行融合教育时要注重培养学生的社会主义核心价值观，帮助学生树立正确的“三观”，增强学生的民族自信心与自豪感。为此，专业课教师在专业技能的教学实践中应注重思政元素的融入，在提升自身思政修养的同时培养出具有大局意识、爱国意识的新时代新型涉外法律人才。

经济法理论课程思政案例

褚睿刚*

一、课程简介

法治建设是国家治理体系的重要组成部分。财政与税收是国家极为重要的经济制度，财政税收学院的学生毕业后多就职于金融、财税等行业。经济法治意识既是财税人才从事经济相关行业的必要素养储备，也是提升国家经济政策运行效率、保证经济制度得以有效运行的重要基础。教育部、中共中央组织部、中共中央宣传部、中共中央政法委员会、中央网络安全和信息化委员会办公室、财政部、人力资源社会保障部、共青团中央等八部门联合发布的《关于加快构建高校思想政治建设工作体系的意见》（教思政〔2020〕1号）首次将经济学、管理学和法学三个哲学社会科学"连体"，作为新时代中国特色社会主义科学的重要组成，强调"经济学、管理学、法学类专业课程要培养学生经世济民、诚信服务、德法兼修的职业素养"。"经世济民"、"诚信服务"与"德法兼修"这三个职业素养并非与三个专业类别一一对应，而是依据各自专业特色提出的复合职业要求。财经专业是经济学与管理学专业的统称，其所培养的财经人才，既要精通经管，更要知晓法治，在法治框架下"崇德尚能，经世济民"，"博纳敏行，知行合一"。

经济法理论课程属于财政税务学院资产评估专业硕士研究生的选修课程，经济学等其他财经类专业学生也可以选修。通过一个学期的讲授，协同培养非法科以及经济相关专业学生的财经法治精神、财经法治意识和思维与财经法治知识，

* 褚睿刚，首都经济贸易大学法学院讲师，硕士生导师，法学博士。

整体化、多维度提升学生从事经济领域相关工作的法治素养。

首先，经济法理论课程能够向财经人才传递财经法律知识并塑造其财经法治精神。法治精神是法治的灵魂，人没有法治精神，社会就没有法治风尚，法治只能是无本之木、无根之花、无源之水。古人所云之“国皆有法，而无使法必行之法”，讲的就是这个道理。法治精神的塑造并非一蹴而就，难以毕其功于一役。经济法理论课程是财经人才进行财经法治精神塑造的重要窗口，与其他法律相关课程一起，共同达成上述目标。其次，经济法理论课程重点培养财经人才的财经法治意识和法律思维。法律有其独特的方法论和看待社会问题的视角，如法规范分析、价值分析等。本课程着眼于培育非法学专业学生的法治意识和法治思维，使其看待问题时获得财经专业之外的多元学科视角，并加入对公平、正义、正当、理想等“良法”“善治”的价值思考。最后，经济法理论课程向学生们讲授和传播财经法治知识。经济法理论课程内容包括经济法总论和经济法分论两个部分，经济法分论又进一步涵盖金融法律制度、证券法律制度、财政法律制度、税收法律制度、竞争法律制度、劳动保障法律制度、反垄断法律制度、消费者权益保护法律制度等内容，是财经学子在未来从事相关工作时需要掌握的法律知识。本课程以上述法律知识为起点，提升学生对法律知识的整体认识，厘清合法行为、违法行为与犯罪行为各自的边界以及相互之间的界限，降低财经学子未来从事相关行业的法律风险。

经济法理论课程讲授的内容十分广泛，主要包含经济法总论和经济法分论两大部分，分别侧重方法论学习和应用制度学习，这两大部分又各自有着丰富的内容。详言之，经济法总论又称经济法基础理论，是经济法学之总体上的，对于财政法、金融法、税法、竞争法、反垄断法等经济法所有子部门法而言共通适用的理论。经济法总论是经济法的一般性理论，它是从各经济法的子部门法的具体制度中提炼出来的。

考虑到本课程的授课对象并非法学专业学生，因而在经济法总论的讲授中有意弱化其理论性，重点讲授基础理论中的方法论，如弱化经济法哲学，强化经济法解释学，兼顾经济法史学等，从而从整体上向学生们阐明“经济法是什么”“经济法为什么”，以及经济法的历史沿革、经济法的制度构造、经济法的运行等。

细分之，经济法总论的讲授内容包括经济法本体论、经济法价值论、经济法规范论、经济法运行论等四个部分。其一，经济法本体论意在回答经济法自身是什么的问题，包括经济法的概念、经济法的特征、经济法的地位、经济法的体系等。其二，经济法价值论意在回答“经济法为什么”的问题，包括经济法的价值、经济法的宗旨、经济法的基本原则等。其三，经济法规范论意在从规范角度向学生讲授经济法法律规范的运行机理，包括经济法的主体理论、经济法的行为理论、经济法的权义关系理论、经济法的责任理论等。其四，经济法的运行论意在向学生系统展示经济法的运行系统，包括立法、执法、司法、守法等各个环节。上述内容蕴含价值分析法、法律规范分析法、历史分析法等法学独特的研究方法。

经济法分论是对经济法各子部门法的具体制度的基本原理和基本理论的分析和分解，并可进一步细分为宏观调控法律制度和市场规制法律制度。宏观调控法律制度包括财政法律制度、税收法律制度、金融法律制度等。市场规制法律制度包括反垄断法律制度、反不正当竞争法律制度、消费者保护法律制度等。财政法律制度包括财政与财政法概述、预算法律制度、国债法律制度、财政支出法律制度。税收法律制度包括税收与税法概述、税收征纳实体法律制度、税收征纳程序法律制度、逃避税的预防、税法责任等。金融法律制度包括金融与金融法概述、金融调控法及其调控主体、金融调控法律制度体系等。反垄断法律制度包括反垄断法概述、反垄断法律行为、反垄断法的执行与适用等。反不正当竞争法律制度包括反不正当竞争法概述、反不正当竞争法律行为、反不正当竞争法的执行与适用等。

学生在完成本课程全部内容的学习后，财经相关的法律知识库会大大扩容，学习并掌握一定的法学研究方法，形成一定的财经法治意识与思维。

当今世界正处于百年未有之大变局，新冠疫情的突袭使我们对百年未有之大变局有了更加深刻的认识。2022 年 10 月 16 日，党的二十大报告明确提出，“未来五年是全面建设社会主义现代化国家开局起步的关键时期”，经济高质量发展取得新突破，构建新发展格局和建设现代化经济体系取得重大进展，改革开放迈出新步伐，国家治理体系和治理能力现代化深入推进，社会主义市场经济体制更加完善，更高水平开放型经济新体制基本形成等，皆是现在和未来的主要任务目标。经济的整体发展离不开法治，财经人才的个人发展亦离不开财经法治精神、财经法治意识与思维、财经法律知识。本课程能够从整体上培育并提升新时代财经专业学生的法治素养，使之理解经济运行规律和经济法治理规律，不仅涵盖对国家人文精神的号召，将“知识传授”与“价值引领”相融合，而且致力于为

“法治中国”培养“德法兼修”的建设者和接班人。

二、思政元素挖掘

相对于其他部门法而言，经济法产生较晚。现代意义上的经济法被认为是市场经济面临垄断、不正当竞争等“竞争混乱”问题时产生的，以美国、德国等国家制定相应的规范市场运行与竞争行为的法律为形成标志。中国的经济法起源于20世纪30年代左右，但真正发展则是在新中国成立尤其是改革开放后的70年代末80年代初，并在中国本土语境下成长为具有显著中国特色的经济法，体现了中国的法治观和价值取向。结合经济法理论课程的特点和学生的实际，本课程包含的思政元素主要包括以下几个方面。

元素1：党的领导、经济发展与民族复兴——用马克思历史唯物主义和辩证唯物主义观点看待经济法问题。

在教学中，应坚持用马克思历史唯物主义观点看待经济法的发展，用马克思主义辩证唯物主义观点看待国家、经济、企业与人民之间的关系。

结合当前国际国内经济面临的重大挑战，应运用马克思唯物主义辩证法，看待全球经济持续影响的不确定性、全球产业链和供应链的不确定性、金融市场的不确定性、数字经济方面的不确定性、地缘政治的不确定性等问题，并明确中国经济发展要坚持党的全面领导不动摇。长期以来，中国的革命建设和改革开放实践告诉我们：党的领导是中国特色社会主义制度的最大优势，是中国特色社会主义经济发展的最大优势。后疫情时代的中国经济发展更应坚持党的领导，加强党的建设，这是我国经济发展的光荣传统，而且是经济发展的根本保证和强大优势。

元素2：中国式经济法、制度自信——坚定开展中国式经济法研究，推动中国式经济法律制度建构。

任何知识体系、制度体系的兴起与发展都是特定时代的产物，既是对时代问题的思想回应、对时代实践的理论概括，又是推动时代变革的先行实践。

经济法理论研究与制度塑造起源于西方国家，但传统的经济法理论、制度在遭遇现实冲击后解释力日益削弱，越来越多的中国经济法学者期望建立原创性的中国特色经济法理论，用“中国方法”讨论“中国问题”。教学中，通过阐明经济法世界发展史，展示中国特色经济法的形成与发展历程，即“经济法理论研究的域外兴起（19 世纪末—20 世纪初）→经济法理论研究的中国流入（20 世纪 30 年代前后）→域外经济法理论研究的式微→中国经济法理论研究的稳步发展（20 世纪 70 年代末—80 世纪初）→中国式经济法理论的形成与兴盛”，祛除经济发展中对西方模式的迷信，树立学生对中国经济制度、经济法律制度的制度自信。

经济法学的发展历程表明，经济法的理论研究与制度构建是与经济、社会和法律的发展相一致的，而经济、社会和法律发展皆具有相当的本土适用性，各国市场经济普遍发展于不同国家的不同历史时期，因此，重视与经济发展实际需求的契合度，是经济法学得以“接地气”的重要基础。在中国经济法学家的不懈努力之下，在世界经济法学基础理论研究式微之下，中国的经济法学得以茁壮成长，成为促进中国社会经济稳步发展、对法治建设具有重要影响的“显学”。在向全面建成社会主义现代化强国奋进的新征程上，中国需要加快构建中国经济法话语和叙事体系，用中国理论阐释中国实践，用中国实践升华中国理论。

元素 3：权义结构平衡、经济主体的权利保障——体现经济法中权义结构特殊性要求，重视市场中经济主体的权利保障，体现以人民为中心的不变立场。

所谓的“权义结构”，是指各类法律主体的权利、义务的分配与组合。权利与义务始终是法律制度结构中的核心元素。在不同法律制度中，不同质与量的权利与义务的排列与组合形成了不同的权义结构。经济法的权利-义务结构具有特殊性，即权利的质量更加倾向于经济法的调制主体，义务的质量更加倾向于经济法的调制受体，由此表现为经济法权义结构的失衡。相比市场主体而言，政府在权义配置、规范分布、对应程度等多方面极为占优的经济法语境中，更应重视对市场主体权利的保护，谨防公权机关滥用公权。

以税法为例展现经济主体的权利保障，就是从纳税人权利的视角看待税务机关与纳税人之间的权义结构，以纠偏不合理权义配置。税收乃是将纳税人财产权转化为国家财政权的手段，虽对人民的财产有所减损，但这种减损具有法定性，是纳税人自愿减少财产权以获得政府提供整体公共物品的对价。税收堪为国家的血液，只有保证政府财政的充足，政府才能更好地提供公共物品，使人民能够享受更加幸福、美好的生活。此时，国家与人民处于辩证统一的关系之中。倘若税务机关不作为或滥用职权，则以纳税人权利来监督和制约；如果纳税人滥用权利，则由税务机关介入调整。

元素 4：全球经济治理、大国风范——中国在全球经济治理中展现的大国

风范。

今日中国正前所未有地走近世界舞台中心。如何进一步服务对外开放，建设同我国国际地位相适应的国际经济治理体系，成为理论界和实务界高度关注的重大战略问题。在当前世界格局出现深度调整、贫富分化加剧、反全球化和民粹主义等思潮抬头的背景下，我们需要探讨国际经济治理体系在当代应如何进一步改革创新，以回应当前人类社会严峻的发展不平衡问题以及科技迅猛发展带给国际税收法律制度的新挑战，推动构建以人类命运共同体为理念、以共商共建共享为原则的新型国际经济关系，在全球范围内建设公平、可持续和现代化的国际经济体系。

元素 5：优化营商环境、经济可持续发展——经济法发展助力营商环境改善。

营商环境对于经济的可持续发展具有举足轻重的作用，它是特定区域内企业等市场主体在市场经济活动中所涉及的体制机制性因素、条件等发展环境的总和，包括金融环境、税收环境、市场竞争环境等。法治是最好的营商环境，经济法是保障现代市场经济稳步、可持续发展的基本法，其中的竞争法、财税法、金融法等子部门法各自保障与市场主体相应领域的营商环境。

2018 年以来，党中央和国务院改革部署推动营商环境优化，以市场主体期待和需求为导向，围绕破解企业投资生产经营中的“堵点”“痛点”，加快打造市场化、法治化、国际化营商环境，增强企业发展信心和竞争力。国家持续深化简政放权、放管结合、优化服务改革，最大限度减少政府对市场资源的直接配置，最大限度减少政府对市场活动的直接干预，加强和规范事中事后监管，着力提升政务服务能力和水平，切实降低制度性交易成本，更大激发市场活力和社会创造力，增强发展动力。对此，各级人民政府及其部门应当坚持政务公开透明，以公开为常态、不公开为例外，全面推进决策、执行、管理、服务、结果公开。2022 年，国务院办公厅发布《关于进一步优化营商环境　降低市场主体制度性交易成本的意见》，并提出以下要求：其一，进一步破除隐性门槛，推动降低市场主体准入成本；其二，进一步规范涉企收费，推动减轻市场主体经营负担；其三，进一步优化涉企服务，推动降低市场主体办事成本；其四，进一步加强公正监管，切实保护市场主体合法权益；其五，进一步规范行政权力，切实稳定市场主体政策预期。

三、教案设计

（一）教学目标

1. 知识层次

尊重学生的学习认知规律，向学生讲授税收法律的制度体系。税法体系庞杂，对此，可以将其划分为税收实体法与税收程序法两个部分。其中，税收实体法在整个税收法律制度体系中占据主体地位，税收程序法则在法律规范的数量、实际的重视程度、承载的功能等方面居于辅助地位。讲授税收实体法时，主要讲授公法之债理论、税收构成要件理论、税收实体法的分类与逃避税的预防等四个部分；重点讲授合理节税、违法避税和税收犯罪之间的区别，并明确其相互之间的界限。避税作为税收征管实践中最易产生争议的区域，在教学时应明确不同税法中对避税的界定差别，并学会立足税务机关、纳税人、律师等不同视角，辩证看待某一经济行为是否属于避税行为。在讲授税收程序法时，应先明确税收程序法的功能作用、税务管理制度、税务征收制度、税务检查制度，并从具体的制度中提炼出纳税人协力义务这一概念，进而详细阐明税收程序法与税收实体法之间的关系。

2. 能力层次

教师应以一种体系性、整体化的视角，从实体法与程序法两个维度，帮助学生建构税收法律制度体系，培养和塑造税法基础知识体系和逻辑构造能力，培养学生的分析能力和推理能力。首先，基于普适性法理，向学生讲授程序法与实体法的法律二分法，并让学生通过互联网检索《中华人民共和国税收征管法》《中华人民共和国企业所得税法》《中华人民共和国个人所得税法》等法律规范，展示税法之中的程序法与实体法。其次，以公法之债理论为基础，向学生展示税收实体法与税收程序法的划分依据以及各自的功能。再次，分别讲授税收实体法与税收程序法的主要内容，厘清两者之间的逻辑关系。最后，结合具体案例，引出逃避税预防问题，整体提升学生对税法的理解、对法律规范的检索能力，锻炼学生理论联系实际的能力和独立思考的能力。

3. 思维层次

在提升知识层次和能力层次的基础上，培养学生的法学思维，以公平、正义

之价值思考税收制度背后蕴含的法理逻辑，从而彰显理性思考精神。对此，应秉持纳税人保护理念和立场，反思当前税法制度的“功”与“过”，提升学生们的基本法律素养。

（二）教学内容与重难点

1. 教学内容

（1）税收征纳法律制度素描。税收征纳法律制度素描，意在帮助学生快速建立对税法规范和制度体系的认知。法律规范和制度是法所依存之骨骼，税收征纳法律制度既是本课程的核心内容，也是学生展开税法学习的开端。在课堂讲授过程中需要对此加以重点讲解，以便为后续研修其他知识点奠定基础。税收征纳法律制度的素描范围主要包括税收法律和税收行政法规这两个法律渊源层次。

教学策略：采用多种教学手段，借助手机等多媒体终端，引导学生检索我国现行主要的税法规范，包括企业所得税法、个人所得税法、增值税法、消费税法、资源税法、契税法、土地增值税法、耕地占用税法、印花税法、城市建设维护法、环境保护税法、车辆购置税法、烟叶税法、关税法等 18 个税种和税收征管法。学生通过自行检索，可提升法律检索能力，提炼各个税种法的共性，比较各个税种法与程序法之间的差别，为后续公法之债理论的教学打下基础。

（2）公法之债理论。公法之债理论是税法的核心理论。税收是一种公法上的债权债务关系，在满足法定构成要件时税收之债自行成立，国家是债权人，纳税人是债务人。借助公法之债理论，税收征纳法律制度可被划分为税收实体法和税收程序法。税收实体法是确定税收之债的性质与数量的法律规范，税收程序法是实现税收之债的缴纳的法律规范，后者不影响税收之债的性质与数量。

教学策略：综合运用多种教学手段和教学方法，强调学生的学习主体性，积极引导学生参与课堂讨论，有效提升课堂教学效果。通过比较、讨论各实体税种法共通性的立法体例，引导学生提炼各税种法的共同特征，提炼出纳税主体、纳税客体、税基、税率、税收优惠、纳税时间、纳税地点等各税收构成要件，提升学生阅读、理解、归纳、总结乃至实际运用法律条文的能力。

（3）税收征纳程序法律制度。税收征纳程序是税收完成从纳税人财产转入国库过程的程序性事项，以及相关的其他程序事项的总和。征纳双方的实体性权利（权力）能否得到保障，与税收征纳程序法律规范能否科学制定和有效执行密切相关。我国税收征纳程序法律制度遵循“一主体程序法+多税种实体法”的布局，以《中华人民共和国税收征管法》为主体，外加18个税种实体法中的相关程序性规范。税收征管法中包括税务管理规范、税收征收规范、税务检查规范和税收责任规范等四个部分。

教学策略：综合运用多媒体、案例法、规范分析等多种教学手段和教学方法，强调学生的学习主体性，引导学生动手检索并阅读税收征管法中的相关法条，引导学生们分组进行课堂讨论，有效提升课堂教学效果。税收征纳程序法律制度背后可提炼出纳税人协力义务这一税法从义务。学生们通过比较、讨论纳税人协力义务与税款缴纳义务的差别，了解纳税人协力义务的界限，并从中提炼出保护纳税人正当权益的价值内核，同时提升阅读、理解、归纳、总结乃至实际运用法律条文的能力。

（4）逃避税的预防。伴随经济全球化的深化和资本跨境的频繁流动，一些所谓“聪明的”跨国纳税人善于利用税收筹划规避国家税收，由此造成税基侵蚀与利润转移。为更好地应对逃避税，我国在2008年的企业所得税法中引入了一般反避税条款，随后又在《企业所得税法实施条例》、《特别纳税调整实施办法（试行）》、《关于加强非居民企业股权转让所得税管理的通知》（以下简称“2009年国税函698号文”）、《关于非居民企业间接转让财产企业所得税若干问题的公告》（以下简称“2015年国税7号文”）等税法规范中对一般反避税条款予以进一步明确和细化。即便如此，一般反避税系列条款中的诸如合理商业目的、实质重于形式原则等具体内容仍存在模糊点，且法规之间存在交叉和冲突，导致其在实践中产生诸多争议。

教学策略：主要运用规范分析法、案例分析法等多种教学手段和教学方法，鼓励学生以案学法，理顺现行一般反避税规则的运行逻辑，同时反思其中的不足，提升学生的反思能力。

2. 教学重点

公法之债理论、税收构成要件理论是税法建制的核心理论，应重点向学生讲授上述内容，并以之为根据，从税收实体法和税收程序法两个维度帮助学生建构我国税收征纳法律制度体系的整体脉络。

3. 教学难点

（1）如何提升学生检索税法条文的能力、阅读并理解税法条文。

（2）理解一般反避税法律规范的发展史及运行逻辑，并将其运用到案例实践中。

（三）思政引入

第一，在“税收征纳法律制度素描”知识点的讲授中，让同学们自行发现并总结国家在税收立法中采用的税收构成要件这一模块式、统一式的立法体例，并从中引申出国家立法中以人民为中心、以纳税人为中心的深层意蕴。

第二，在“公法之债理论”知识点的讲授中，让同学们比较税收公法之债与私法之债的异同，围绕“在满足法定构成要件时税收之债自行成立，无需税务机关的参与”的论点，并从中引申出限制公权力、保障纳税人权利的深层内涵。

第三，在“税收征纳程序法律制度”知识点的讲授中，让同学们深刻理解“轻程序”的弊端，理顺税收程序法与税收实体法的关系，并从中引申出程序正义、程序监督等法治内涵。

第四，在“逃避税的预防”知识点的讲授中，展示逃避税在国际和国内所带来的危害，强调纳税人依法纳税、税务机关依法征税的重要性，同时在国际税收竞争与合作中，向学生传达维护国家税收主权、提升民族责任感的必要性。

（四）教学手段与方法

1. 知识点兼具技术性和抽象性，学生不易理解且容易分神

公法之债理论、税收构成要件理论具有一定的理论抽象性，税收征纳程序法律制度、一般反避税制度具有一定的知识抽象性，对于学生如何快速掌握上述知识点、建构起税收征纳法律制度的知识体系这一点，有待进一步深入思考。

教学方法应对：通过图形、数字、表格、动画演示、视频、案例等方式，帮助学生们快速了解和掌握上述知识点，快速搭建起理论框架、法律制度框架。同时，运用生动的教学语言，帮助学生快速了解税收法律制度的立法目的及形成历史，帮助学生形成对税收法律制度特别是程序性法律制度背后所蕴含功能价值的正确认知。

2. 在学生们并未从事过税法相关实践的情况下，如何让学生们消化吸收并应用到实践之中？

教学方法应对：通过法律规范的实证教学，让学生学习并使用规范分析法，通过立法目的、立法原则等充满价值性指引的方式，使之快速建构起税收征纳法律的制度体系。随后，通过模拟跨境企业设立中间空壳公司避税的案例，使学生深刻体会到简单的税收“安排”即可让一国政府损失大量财政收入的风险性和

危害性。同时，让学生们研读国内经典案例（如德发案等），运用所学知识解决实际问题。在此基础上，借助案例分析法和分组讨论法，要求同学们组成控、辩与司法三方团队，站在不同的角色视野看待税法问题，以实践为导向，提升学生们的参与感和代入感。

（五）教学效果分析

税收实体法与税收程序法之间的逻辑关系一直是税收法律体系的核心问题，并由此延伸出诸多争议，如税收实体法与程序法之间的关系、公法之债理论的权力关系说和债务关系说、税收征管的程序正义、实质课税原则的运用、反避税规则的建构等。

如何理解国家与纳税人之间的博弈关系是税法的永恒课题。本课程从新时代中国特色社会主义发展的全局出发，将税法定位为一种“纳税人权利保护之法”，而非简单的“税务机关征收管理之法”，国家与纳税人之间是一种合作共赢的命运共同体关系，而非单纯的管理与被管理关系。因此，一方面，要保护国家财政利益不受侵犯。充分的财政支持是国家发展、民族复兴和社会进步的原动力，只有国家财政充盈，方能为社会发展和人民幸福提供充足的公共产品服务。另一方面，也要保护纳税人合法的财产权利，教学中应注意培养学生依法纳税的观念和积极维护自身利益的意识。

消费者权益保护专题课程的思政路径构建

胡　翔*

一、消费者权益保护法课程思政的背景

习近平总书记在党的二十大报告中指出，开辟马克思主义中国化时代化新境界，就要坚持人民至上。人民性是马克思主义的本质属性，党的理论是来自人民、为了人民、造福人民的理论，人民的创造性实践是理论创新的不竭源泉。一切脱离人民的理论都是苍白无力的，一切不为人民造福的理论都是没有生命力的。我们要站稳人民立场、把握人民愿望、尊重人民创造、集中人民智慧，形成为人民所喜爱、所认同、所拥有的理论，使之成为指导人民认识世界和改造世界的强大思想武器。要坚持以人民为中心的发展思想。维护人民根本利益，增进民生福祉，不断实现发展为了人民、发展依靠人民、发展成果由人民共享，让现代化建设成果更多更公平惠及全体人民。江山就是人民，人民就是江山。中国共产党领导人民打江山、守江山，守的是人民的心。治国有常，利民为本。为民造福是立党为公、执政为民的本质要求。必须坚持在发展中保障和改善民生，鼓励共同奋斗创造美好生活，不断实现人民对美好生活的向往。要实现好、维护好、发展好最广大人民根本利益，紧紧抓住人民最关心最直接最现实的利益问题。

2018 年 12 月 10 日，习近平主席在致信纪念《世界人权宣言》发表 70 周年座谈会时明确提出“人民幸福生活是最大的人权”。2022 年 2 月 25 日，习近平总书记在中共中央政治局第三十七次集体学习时指出：“生存是享有一切人权的

* 胡翔，首都经济贸易大学法学院讲师，硕士生导师，法学博士。

基础，人民幸福生活是最大的人权。”人民幸福生活是最大的人权，是新时代中国共产党在人权理念上的重要创新，为推进中国人权事业更好发展奠定了坚实理论基础。人人享有幸福生活，是人类社会追求的美好目标。马克思主义人权观、幸福观重视人的需要及其满足，认为人不仅通过劳动创造物质条件，而且还在劳动过程中创造并享有精神生活，幸福是物质生活和精神生活的统一。中华优秀传统文化中的仁爱、大同、小康等思想，体现了中国人对幸福的追求。人民幸福生活是最大的人权这一人权理念，把马克思主义人权观同中国具体实际相结合、同中华优秀传统文化相结合，把人权的普遍性原则同当代中国实际相结合，充分借鉴人类优秀文明成果，具有丰富理论内涵和重要理论创新意义。社会在不断地发展，切实保护好每一个公民的利益，让人民的生活越来越有保障、越来越幸福，这就是我们发展的目标。

在关注保障人民幸福生活的同时，习近平总书记还指出，要坚持全面依法治国，推进法治中国建设。全面依法治国是国家治理的一场深刻革命，关系党执政兴国，关系人民幸福安康，关系党和国家长治久安。必须更好发挥法治固根本、稳预期、利长远的保障作用，在法治轨道上全面建设社会主义现代化国家。我们要坚持走中国特色社会主义法治道路，建设中国特色社会主义法治体系、建设社会主义法治国家，围绕保障和促进社会公平正义，坚持依法治国、依法执政、依法行政共同推进，坚持法治国家、法治政府、法治社会一体建设，全面推进科学立法、严格执法、公正司法、全民守法，全面推进国家各方面工作法治化。要加快建设法治社会。法治社会是构筑法治国家的基础。弘扬社会主义法治精神，传承中华优秀传统法律文化，引导全体人民做社会主义法治的忠实崇尚者、自觉遵守者、坚定捍卫者。建设覆盖城乡的现代公共法律服务体系，深入开展法治宣传教育，增强全民法治观念。推进多层次多领域依法治理，提升社会治理法治化水平。

在此背景下，应当在与我们每个人都息息相关的消费者权益保护法的教学过程中适时融入课程思政元素，实现消费者权益保护法课程与思想政治理论课的同向同行，实现协同育人，努力使学生们养成尊法学法守法用法的习惯，贯彻党的教育方针、弘扬社会主义核心价值观，培育德法兼修的社会主义接班人。

二、消费者权益保护法课程思政的重要性

大学是青少年离开“温室”独立生活的新起点，是走向社会前的试炼场，

更是培养青少年形成健全“三观”的重要时期。正如习近平总书记在北京大学师生座谈会上对大学生们的告诫，“人生的扣子从一开始就要扣好”。在人生的大是大非面前，有人选择恪守本心、坚持正义，有人选择随波逐流甚至为虎作伥。究其根本，是价值观上的偏差。因此，课程思政的提出是加强和改进高校德育工作的切实需求，是落实高校教育主体责任的理论指引。高校德育应渗透进学校教育的方方面面，除了开展思政课程，还要深挖专业课程中的思政元素，加强学生责任感，使其深刻感知“天下兴亡，匹夫有责”，作为社会的一分子，不论从事何种职业，都应恪守社会主义核心价值观。

基于对法律职业的社会功能考虑，法学课程更是有着进行“课程思政”的必要性。法律专业毕业生未来的职业方向涵盖公安、检察院、法院、律师、公证员等各个相关行业。可以说，法学生扛起了中国司法界的一片天，是法治中国的重要建设者和践行者。全面依法治国的实现需要这群法治工作者献力献策，保障公民权益、实现公平正义、维护社会秩序、建设诚信社会。当然，这些法律人在工作中遇到的诱惑和困难往往也特别多，如何不忘初心牢记使命、坚定勇敢直面困难，是他们在成长的过程中需要学会的。因此，必须在法学课堂中融入更多的思政教育，将理想信念作为这群法律人的人生路上始终相随的指挥棒。

消费者权益保护法自身也有着非常重要的作用，其作用和意义是与它的立法的目的和宗旨相一致的，主要表现在以下几个方面：一是保护消费者的合法权益。消费者权益保护法明确了消费者的权利，确立和加强了保护消费者权益的法律基础，弥补了原有法律、法规在保障消费者权益方面调整作用不全的缺陷。我国现有法律、法规中有不少内容涉及保护消费者权益，如民法、产品质量法、食品卫生法等，但是对于因提供和接受服务而发生的消费者权益受损害的问题，只有在消费者权益保护法中做出了全面而明确的规定。二是维护社会经济秩序。消费者权益保护法通过明确经营者应对维护消费者权益承担何种义务，特别是着重规范经营者与消费者的交易行为，即必须遵循自愿、平等、公平、诚实信用的原则，从而对社会经济秩序产生了重要的维护作用。三是促进社会主义市场经济健康发展。保护消费者权益不只是消费者个人之事，当代社会的生产和消费的关系密不可分，结构合理、健康发展的消费无疑会促进生产的均衡发展。没有消费，也就没有市场。保护消费者权益成为贯彻消费政策的重要内容，有利于社会主义市场经济的健康发展。

因此，消费者权益保护法课程思政能够更好地培养出既具备专业知识又能够恪守社会主义核心价值观的法学人才，将自己所学运用于日常生活实践中。良法离不开善治，再好的法律也需要高水平、高素质的人去实施才能获得生命，消费者权益保护法也是如此。通过课程思政，可更好地发挥本法维护社会主义市场秩序和保护消费者的目的，从而促进国家的经济发展。从个体层面来说，未来同学们不论是成为消费者还是经营者，都能通过学习知法用法，更好地遵守法律，为创造公平正义的市场和和谐的社会贡献出自己的力量。

三、消费者权益保护法课程的思政元素

（一）课程思政元素1：消费者权益保护法与解决“三农”问题

习近平总书记多次讲过，“小康不小康，关键看老乡！”“没有农村的小康，特别是没有贫困地区的小康，就没有全面建成小康社会。”在迈向现代化的进程中，农村不能掉队；在同心共筑中国梦的进程中，不能没有数亿农民的梦想构筑。“中国要强，农业必须强；中国要美，农村必须美；中国要富，农民必须富。”

课程思政元素与课程内容的结合点：法律规定，消费者购买产品的时候，只能是为了生活需要，而为了保护农民群体，消费者权益保护法对此做出了突破，将农民群体也纳入消费者权益保护法的保护范围——农民购买、使用直接用于农业生产的生产资料也参照消费者权益保护法执行。将农民群体纳入消费者权益保护法的保护范围，就是从立法角度解决我国的“三农”难题。那么，为什么我们要想方设法地解决“三农”问题呢？这个问题习近平总书记已经给大家解答了——“小康不小康，关键看老乡！”这说明农业、农村、农民是发展小康社会的三大短板，“三农”问题解决的好与坏，决定着我们全面建成的小康社会和社会主义现代化国家发展的质量。这也是我们国家、我们党想方设法解决“三农”问题的原因。新生效的民法典正式将“耕地”从不可抵押财产中移除了，其目的就是使农村土地经营权能够顺利流转。

（二）课程思政元素2：保护消费者权益与以人为本精神

以人为本，就是要把人民的利益作为一切工作的出发点和落脚点，把人民群众作为推动历史前进的主体，不断满足人的多方面需要和实现人的全面发展。一

定要坚定不移地坚持以经济建设为中心。只有这样，才能为不断提高人民群众的物质文化生活水平和健康水平奠定基础。以人为本必须保障人民的政治、经济和文化权益，把人民利益作为一切工作的出发点和落脚点。其基本要求有三：一是在人、自然和社会的关系中，强调人既是自然的产物，又是改造自然、推动社会进步的主体。对人的主体地位的认定和维护，是实现人、自然、社会和谐发展的前提。二是强调维护人的主体地位，必须维护人的尊严，保障人的基本权利，包括政治、经济、文化权利。三是强调保护广大人民群众的利益，是维护人的尊严、人的权利的直接体现，只有人的政治、经济、文化权利获得切实保护时，人的尊严才能得到真正的维护。这样三方面的要求，为我们衡量是否坚持以人为本提供了起码的尺度。

在全面建设中国式现代化的实践中，我们致力于建设社会主义政治文明，健全民主法治，保障人民依法享受广泛的权利和自由，特别是坚持法律面前人人平等，把党的领导、依法治国和人民当家作主有机结合起来的所有实践，从制度安排上体现了以人为本的尺度。

坚持以人为本，就要坚持人在社会发展中的主体地位，这种主体地位，一方面，要求经济、社会的整个运行与发展应当始终围绕人来展开。另一方面，还必须把“一切为了人民”的原则建立在“一切依靠人民”的基础上，即确立一切从人民利益出发，一切为了人民群众利益的理念。使人民群众能够平等、公正、有尊严地参与社会实践，支配他们的劳动成果。党的十六届三中全会提出以人为本的科学发展观，进一步树立了中国在新世纪新阶段的发展理论；进一步阐明了把人民利益作为一切工作的出发点和落脚点，不断满足人民的多方面需求和实现人的全面发展，从而贯彻立党为公、执政为民的执政理念；进一步提炼和概括出深刻反映马克思主义的本质要求、深刻反映中华文化的精神实质、深刻反映中国共产党人的精神风貌、深刻反映当今时代和中国发展的客观要求的价值观念。如果说发展理念主要解决的是物质文明的问题，执政理念主要解决的是政治文明的问题，价值观念主要解决的是精神文明的问题，那么以人为本的科学发展观就是我们全面推进物质文明、政治文明和精神文明建设，实现中华民族伟大复兴的长远指导思想。

课程思政元素与课程内容的结合点：维护广大消费者合法权益体现了当代中国的政治。人民群众是消费的主体，消费者权益保护工作要以人为本，就是要紧紧围绕人民群众需要出发，以人民满意不满意、赞成不赞成为标准，以实现最广大人民群众的根本利益为目标；就是要不仅仅维护当代消费者权益，还要防止影响子孙后代消费者权益的违法违规行为发生；就是既要维护好城市消费者利益，又保护好农村弱势消费者群众利益。

此外，还要把以人为本的科学发展观贯彻到消费者权益保护具体工作中去。对此，要大力弘扬求真务实精神，切实抓好保护消费者权益工作落实。政府及其职能部门要树立依法行政、执法为民意识，牢记“群众利益无小事”，对损害人民群众利益的事及时发现和查处，绝不姑息迁就，做到权为民所用，情为民所系，利为民所谋。经营者要树立“消费者至上”观念，按照消费者权益保护法规定，严格履行经营者义务，自觉维护好消费者权益。全社会要形成保护消费者权益的浓厚氛围，建立健全消费者权益保护机制。同时，要提高消费者个人维权意识，敢于并善于运用法律武器保护自身合法权益，以科学发展观为指导，创新消费者权益保护机制。

（三）课程思政元素3：保护消费者权益与保护弱势群体

在市场经济环境中，经营者与消费者之间有时会因为信息不对称而存在的不平等，导致消费者处于弱势地位。保护弱势群体是中华民族的优秀传统美德之一，如何更好地保护弱势群体也是我们党和国家致力去解决的问题。

课程思政元素与课程内容的结合点：因为信息不对称的原因，经营者与消费者这组关系中消费者确实是位于弱势的一方，我们国家专门为了保护消费者而制定法律正是体现了党和国家保护弱势群体的态度，体现了党和国家为人民服务的宗旨。这不只是我们自己这么肯定我们自己，国际友人也是如此认为的——古巴共产党员埃尔南德斯女士在庆祝中国共产党建党100周年的采访中表示：“中国共产党团结人民，尊重人民，为弱势群体解决问题。中国过去40多年在减贫方面取得了惊人成就，帮助人民创造更好的生活，这才是真正的民主。”这就说明我们的党和国家一直以来都是重视保护弱势群体的。在此也寄望同学们，如果大家毕业之后，身份转变为经营者了，要做诚信的经营者，只有这样才能始终和党、和国家、和人民站在同一战线上。

（四）课程思政元素4：消费者权益保护法基本原则与诚实信用

诚实信用是人类社会千百年传承下来的优良道德传统，也是社会主义道德建设的重点内容，它强调诚实劳动、信守承诺、诚恳待人。诚信既是个人道德的基

石，又是社会正常运行不可或缺的条件。

诚信包括诚和信两方面。这两方面既有区别，又有联系。诚，一是真实，二为诚恳。真实：不有意歪曲客观事物的本来面貌；诚恳：不有意歪曲自己主观意图的本来面貌。二者结合起来，就构成了“诚”的基本内容。信，由人字旁加一个言字组成，指的是人说话要算数，对自己的承诺负责，要言而有信，诺而有行。二者的区别：诚，是不能歪曲主观和客观的实际状况，更强调静态的真实；信，是不能违背自己的诺言，更强调动态的坚守。诚是一种内在的德性与修为，信则是一种外在的确认与表达。二者的联系：静态的真实是动态坚守的基础，动态坚守也是静态真实的结果；内在的德性与修为会通过外在的言行加以确认，而外在的言行没有内在的涵养作为基础那也是难以持久的。因此，诚信经常互训连用：一方面，用诚来解释信，用信来解释诚，“诚，信也，从言从声”“信，诚也，从人从言”；另一方面，诚信结合在一起，表示诚实无欺、恪守信用之义。

课程思政元素与课程内容的结合点：消费者权益保护法第四条规定，经营者与消费者进行交易，应当遵循自愿、平等、公平、诚实信用的原则。第十八条规定，经营者应当保证其提供的商品或者服务符合保障人身、财产安全的要求。对可能危及人身、财产安全的商品和服务，应当向消费者作出真实的说明和明确的警示，并说明和标明正确使用商品或者接受服务的方法以及防止危害发生的方法。第二十条规定，经营者向消费者提供有关商品或者服务的质量、性能、用途、有效期限等信息，应当真实、全面，不得作虚假或者引人误解的宣传。经营者对消费者就其提供的商品或者服务的质量和使用方法等问题提出的询问，应当作出真实、明确的答复。以上规定均要求消费者和经营者在交易过程中要做到诚实信用，从而维护交易公平。

（五）课程思政元素5：欺诈与公平正义

公平正义是指社会的政治利益、经济利益和其他利益在全体社会成员之间合理、公平分配和占有。新时代中国特色社会主义公平正义是基于全体人民平等享有发展权利、参与发展进程、共享发展成果的公平正义，是不断满足人民群众多元化、多层次、多维度美好生活需要的公平正义，是不断促进人的自由全面发展和全体人民共同富裕的公平正义。实现公平正义具有长期性、复杂性和艰巨性的特点。维护社会公平正义，要在促进经济高质量发展的基础上，既尽力而为，又量力而行。保障和改善民生是促进社会公平正义的题中应有之义。为此，要“完善公共服务体系，保障群众基本生活，不断满足人民日益增长的美好生活需要，不断促进社会公平正义”，使人民群众的获得感与正义感更加充实，更有保障，更可持续。

课程思政元素与课程内容的结合点：消费者权益保护法强调平等竞争、公平交易。例如，消费者权益保护法第四条规定，经营者与消费者进行交易，应当遵循自愿、平等、公平、诚实信用的原则。第五条规定，国家保护消费者的合法权益不受侵害。国家采取措施，保障消费者依法行使权利，维护消费者的合法权益。第五十五条规定，经营者提供商品或者服务有欺诈行为的，应当按照消费者的要求增加赔偿其受到的损失，增加赔偿的金额为消费者购买商品的价款或者接受服务的费用的三倍；增加赔偿的金额不足五百元的，为五百元。法律另有规定的，依照其规定。这些规定就是对消费者的保护，从而维护和促进了社会的公平正义。

（六）课程思政元素6：产品侵权责任和人民生命财产安全

人民群众是历史的创造者，是社会主义国家的主人和社会主义事业的建设者，是社会主义改革的积极参加者和力量源泉。坚持以人民为中心，坚持人民群众在改革开放伟大实践中的主体地位，把最广大人民根本利益作为我们一切工作的根本出发点和落脚点，努力在新时代创造中华民族新的更大奇迹。要带领人民不断创造美好生活。始终把人民放在心中最高位置，顺应民心、尊重民意、关注民情、致力民生，让改革发展成果更多更公平惠及全体人民，朝着实现全体人民共同富裕目标不断迈进。要坚持人民群众生命财产安全放在首位，把群众的利益放在高于一切，切实保护人民生命财产安全。

课程思政元素与课程内容的结合点。消费者权益保护法第十八条规定，经营者应当保证其提供的商品或者服务符合保障人身、财产安全的要求。对可能危及人身、财产安全的商品和服务，应当向消费者作出真实的说明和明确的警示，并说明和标明正确使用商品或者接受服务的方法以及防止危害发生的方法。第十九条规定，经营者发现其提供的商品或者服务存在缺陷，有危及人身、财产安全危险的，应当立即向有关行政部门报告和告知消费者，并采取停止销售、警示、召回、无害化处理、销毁、停止生产或服务等措施。第三十一条规定，各级人民政府应当加强领导，组织、协调、督促有关行政部门做好保护消费者合法权益的工作，落实保护消费者合法权益的职责。各级人民政府应当加强监督，预防危害消

费者人身、财产安全行为的发生，及时制止危害消费者人身、财产安全的行为。

四、消费者权益保护法课程思政的具体设计——以7天无理由退货的知识点为例

（一）思政育人目标

消费者权益保护法是为保护消费者的合法权益，维护社会经济秩序，促进社会主义市场经济健康发展制定的一部法律。该法调整的对象是为生活消费需要购买、使用商品或者接受服务的消费者和为消费者提供其生产、销售的商品或者提供服务的经营者之间的权利义务。教学中应引导学生正确理解其基本理论，掌握我国现行的消费者权益保护法，以完善学生的知识结构。从经济法学科背景下思考问题，并培养学生一定的应用能力，为其今后的生活与工作打下良好的基础。

在本课程教学中应坚持以马克思主义为指导，加快构建中国特色社会主义学科体系、学术体系、话语体系，帮助学生了解相关专业和领域的法律法规和政策。使学生通过理解和掌握消费者权益保护法的基本理论，了解这一学科的基本框架，明确消费者权益保护法的研究对象，能够运用法学基本知识解决工作中的涉诉业务，为今后进一步学习相关知识或从事专业工作提供必要的知识和能力储备。引导学生深入社会实践、关注现实问题，培养其经世济民、诚信服务、德法兼修的职业素养。

（二）具体法条讲授

消费者权益保护法第二十五条规定，经营者采用网络、电视、电话、邮购等方式销售商品，消费者有权自收到商品之日起七日内退货，且无需说明理由，但下列商品除外：①消费者定作的；②鲜活易腐的；③在线下载或者消费者拆封的音像制品、计算机软件等数字化商品；④交付的报纸、期刊。除前款所列商品外，其他根据商品性质并经消费者在购买时确认不宜退货的商品，不适用无理由退货。消费者退货的商品应当完好。经营者应当自收到退回商品之日起7日内返还消费者支付的商品价款。退回商品的运费由消费者承担；经营者和消费者另有约定的，按照约定。

这就是说，消费者在7天内有“后悔权”，后悔权实际上是冷静期，是充实

消费者权益的重要内容。实际上，欧美等国家早已就一些高风险的消费市场为消费者定下冷静期，在直销市场上，美国的冷静期是 3 天，而欧洲是 7 天。日本 1968 年就制定了《消费者保护基本法》，日本购买的正常商品基本都能实现“无理由退货”。在我国，后悔权仅适用于网络等远程购物方式，消费者直接到商店购买的物品则不适用该条规定。另外，反悔权的期限是 7 日内，根据商品性质不宜退货的商品，不在此列。

（三）思政元素

可从保护弱者、维护秩序、矫正信息不对称等角度出发。

（四）教学方式

1. 讨论教学法

教学过程中，在 7 天无理由退货的知识点讲授前后提出相关问题，组织同学们讨论。以此引入或巩固知识点，激发学生学习兴趣。例如，请同学们回忆自己是否有过网购的退货经历，具体是怎么操作的，退货过程中是否遇到什么困难，是否感受到消费者权益保护法对相对弱势的消费者一方的保护，引导学生结合所学内容及思政元素“保护弱者，维护秩序”进行思考，加强思政教育。

2. 案例教学法

在消费者权益保护法教学过程中，案例教学法应当是一以贯之的，在知识点讲授的全过程都可以适当插入案例，以快速吸引学生注意力，帮助学生掌握知识点的运用。

3. 情境模拟法

消费者权益保护法律制度实践性极强，社会中的每个人都会成为消费者，因此在实训课程中，可设置一定情境或由同学们自发提供自身实际案例，并进行角色分工，即由同学们分别担任消费者、经营者、调解人员、法院工作人员等，站在不同角色立足点，推动问题解决，帮助合法利益受到侵害的消费者维权。通过情境模拟法，可让进行角色扮演的同学对法律规定背后所涵盖的法理有更深刻的认识，其他同学在对全情境进行分析的过程中也更能理解“权责统一，定分止争”的思政内涵，以此教育同学们不论未来从事哪一行业都要“知法、懂法、守法、用法”，践行社会主义核心价值观。

知识产权法课程思政教学设计案例
——地理标志与中华文化

季冬梅*

一、课程简介

（一）课程建设情况

本课程为法学专业的必修课程，亦是教育部全国高等学校法学类专业教学指导委员会确立的14门核心法律课程之一，是为培养复合型和应用型专门法律人才，满足我国改革开放和社会主义法治建设的需要而设置的。知识产权与社会经济发展和竞争秩序维护息息相关，在强调保护私权利的同时，也注重对社会利益与国家利益的维护，对社会主义市场经济发展发挥了重要作用。本课程旨在帮助学生学习并掌握知识产权法的基础知识、基本原理、主要制度和实践规则，同时引导学生结合新时代中国特色社会主义发展的现实需求，明确知识产权法制建设的重要性，强化知识产权保护意识，在此基础上能够将法学理论知识运用于实践当中，运用于分析和解决实际生活中的知识产权法问题。

在教学过程中，除专业知识讲解之外，本课程还融入了知识产权法中所蕴含的社会主义法治理念与法治价值、诚实守信、公平竞争、保护创新等思政元素，并结合我国现阶段所强调的社会主义核心价值观与新时代中国特色社会主义思想，推动培养"德法兼备"的社会主义法治人才。因此，知识产权法的学习过程不仅仅是对我国知识产权相关法律进行了解和研习过程，更是在当前社会经济

* 季冬梅，首都经济贸易大学法学院讲师，硕士生导师，法学博士。

环境下的社会主义核心价值观、社会主义道德观念的教育过程。在课程中融入思政元素，需要充分挖掘其课程蕴含的思政教育资源，并充分认识到思政元素与课程知识点之间的内在关联，发挥专业课程在知识传授与价值引领方面的双重功能。

知识产权法课程主要涉及著作权法、专利法、商标法和商业秘密保护等方面的内容，围绕知识产权权利客体及要求、权利主体及归属、权利内容及限制、权利保护及救济等四大方面展开。知识产权法对于法科人才培养尤其是对于法科生基本法学素养的养成、基本知识的掌握以及基本法学技能的养成均具有重要意义。通过本课程的学习，学生能够掌握知识产权相关制度规则，系统了解知识产权法的基本理论和基本知识。

在新时代中国特色社会主义建设时期，知识产权在社会主义现代化建设中发挥着重要作用。创新是引领发展的第一动力，知识产权作为国家发展战略性资源和国际竞争力核心要素的作用更加凸显。本课程能够培育新时代大学生的知识产权法专业素养，回应新技术、新经济、新形势对知识产权制度变革提出的挑战，实现“德法兼修”的法治人才培养目标，帮助学生从家国情怀和法治中国的角度来审视和思考法律，进一步提升自己的爱国情操，加强使命感和担当精神。

（二）课程目标

本课程教学的总体目标在于将“知识传授”与“价值引领”相融合，为“法治中国”培养“德法兼修”的建设者和接班人，在教学环节中把传授知识和思想教育作为双重主线，将专业知识、相关技能、思想素质三者结合，使学生在未来从事法律相关职业的过程中，正确看待社会主义现代化建设进程中的各种问题和难点，学会担当，坚守底线。知识产权法课程既包含基础理论知识的学习，又涉及实务技能的运用。

因此，课程设置需要兼顾理论与实践需求，根据法学专业学科的办学目标及本课程的实际情况，提出如下教学目标。

1. 知识目标

掌握我国知识产权法的立法基本精神和基础原理，系统学习相关法律法规，明确知识产权法学的研究对象、研究方法及其合同法律体系，理解知识产权法的保护知识产权权利客体及要求、权利主体及归属、权利内容及限制、权利保护及救济。具体而言，可以在本课程中结合实际案例，理解知识产权法中公序良俗原则的要求与具体体现，并理解和学会适用相关法条。

2. 能力目标

本课程中结合案例分析、法条理解、对比研究和社会调查等手法，要求学生理解和掌握相关规则体系，构建相关制度框架和逻辑构造能力，使学生在理论上理解法律原理及规范的同时，熟练运用知识产权法的相关规则进行案例分析，从而增强学生的法律分析和研究能力，解决相关实践中的法律问题，并锻炼学生理论联系实际和辩证思考的能力。

3. 思维目标

公序良俗原则在社会经济发展中发挥重要作用，是维持社会稳定、人际关系和谐的重要价值基础。本课程旨在围绕该原则，促使学生树立正确的价值观、世界观和人生观，明确在知识产权法相关规则中如何通过法条的理解与适用，推动“公序良俗”“诚实信用”“公平正义”等价值理念的实现。通过相关案例的解读、法律理念的诠释，使社会主义核心价值观深入人心，从而引导学生进行合理、正确的价值判断与选择。

（三）思政理念

1. 课程目标涵盖思政价值

在价值塑造方面，知识产权法的课程目标涉及知识、能力、思维等方面。在价值目标中，需要重点挖掘思政理念涉及的价值选择与判断，并将培育学生树立正确的价值观、人生观、世界观等要求融入教学课程目标当中，以此贯穿教学体系与逻辑链条。

2. 教学内容涉及思政元素

在知识传授方面，教学内容不仅涉及教材与培养方案涉及的知识点，而且囊括了思政元素。本课程基于知识产权思政元素的挖掘，将知识传授与思政内容深入地糅合在一起，拓展教学内容，提升教学理念，创新教学方式，使学生在学习、分析、思考的同时触发思政元素，从而潜移默化地受到影响与教育。

3. 教学方法融入思政精神

在能力培养上，本课程通过多样化的教学方法，全方位促进学生综合能力的提高，使学生在掌握基本知识点的基础上能够结合社会生活实践，对法律现象、社会问题进行主动的思考和价值判断。此外，本课程还采取多种互动方法、启发式手段，推动学生积极参与课程，进行探索和分析，并对学生表现作出及时回应，从而有效、及时引导学生的思想。

4. 考核评价兼顾思政内容

在价值塑造、知识传授和能力培养方面，本课程以多样化的考核评价方式进行融合考察。在课程进行过程中，对学生的所言所想所感所为进行实时观察与分析，及时回应学生的疑惑与不解；在课后阶段，通过补充阅读材料、课后练习任务等，夯实基础，提升完善。同时，本课程还以互动方式对学生的综合能力、价值选择进行全方面的考察。

二、课程设计

（一）课程介绍

本节课为知识产权法课程第三章第三节的“地理标志”。知识产权法课程是法学专业的必修科目。该学生群体已经修读了民法、刑法、行政法、宪法等法学领域的基础课程，有着一定的法学知识积累与法学素养锻炼。知识产权法在权利客体、权利主体、权利内容和权利保护等方面具有较强的专业性和特殊性，既区别于其他法律，又需要以其他法律的内容为基础，因此教学难度相对较高。

知识产权法课程的教学内容主要可以划分为专利、商标、著作权等三大板块，其各自的法律制度体系相对独立，但又存在一定关联，教学过程中需要注意其各自的特殊性与整体性。本课程蕴含的价值导向具有多元性，既强调对个人权利的保护，以鼓励创新、回馈劳动，又重视公共利益的维护，追求不同利益群体之间冲突的协调与平衡。

通过本课程的学习，学生在知识积累上，应掌握知识产权法的法律法规，知晓知识产权法保护的客体范围与要求、权利主体身份的界定、权利内容的含义、权利保护与救济的途径；在技能训练上，学生应了解如何运用知识产权法的规则解决实际问题，处理现实纠纷，规制相关行为，从而实现法的功能与目标；在立法价值与理念培养上，学生应明确知识产权保护对国家、企业、个人的意义与作用，以及知识产权与科技发展、文化繁荣、经济发展之间的密切联系，从而树立文化自信与科技自信。

在本节“地理标志”的课程中，学生应理解地理标志产品的具体含义、要件，以及地理标志作为证明商标、集体商标注册的申请主体，熟悉地理标志保护申请程序要求，掌握地理标志保护的实质性要求，熟悉地理标志专用标志的合法

使用，掌握侵犯地理标志行为的类型以及应承担的法律责任，掌握主要地理标志国际保护制度，熟悉中欧地理标志协定的概况、意义、基本内容和互认互保模式，熟悉区域全面经济伙伴关系协定的地理标志基本内容。

（二）课程特点

1. 多元性

知识产权法课程的多元性体现在以下方面：①内容多元性。知识产权保护客体的多样性使其教学内容也具有多样性，著作权、商标权、专利权、商业秘密等知识产权客体都有着各自的特征与规则，需要以类型化的方式展开教学与研究。②价值多元性。知识产权兼具私人属性与公共属性，不仅需要通过民法典等私法进行保护与救济，而且需要注意防止权利滥用损害社会公共利益。③学科多元性。知识产权与文化传媒、科技创新、商业模式等内容息息相关，因此对知识产权法的研究不能脱离对社会生活实践的观察，并需要以辩证、灵活的视角去学习和展开研究。

2. 时代性

知识产权法与科技进步、文化发展与商业创新息息相关。知识产权法往往与社会生活、科技进步与发展、文化创新与传播密不可分，因此，法律规则与价值判断也会受到社会实践的影响。自我国著作权法、专利法、商标法等出台以来，受国内外环境变化的影响，已经过数次修订与调整，以更好地适应社会生活发展的需求。以知识产权保护客体为例，新业态、新技术催生了新的知识产权客体样态，如“音乐喷泉”“体育赛事直播画面”“游戏直播画面”等作品类型相继出现，“气味商标”“声音商标”“位置商标”等非传统标志使用频繁，“生物技术专利”“基因专利”“人工智能专利”等新兴客体的专利保护条件引发关注。知识产权的法律规则也会伴随社会生活实践而不断演变、发展、调整。

3. 国际性

知识产权在国际社会中越发受到重视，知识产权保护已成为一项重要的国际议题，知识产权的国际竞争也如火如荼，在学习知识产权法的过程中，需要有国际视野和全局意识，学习知识产权国际保护原则，基于我国现阶段基本国情，制定合理措施。传统的以 TRIPs 协议（即《与贸易有关的知识产权协议》）为核心的知识产权国际规则正逐渐被区域化的多边贸易协定所取代，面对国内国外双循环的背景，以及中美贸易战带来的压力，中国知识产权规则亟待加快调整速度，适应国际发展的新局面，为中国的科技创新、文化传播与商业发展打造坚实的法治保障。

（三）思政元素挖掘

知识产权与国家战略、社会发展、文化繁荣、科技进步、商业创新息息相关，因此涉及的思政元素众多，其中具有代表性的典型元素为以下内容。

1. 尊重创新，依法保护知识产权

党的十九届五中全会提出，要“坚持创新在我国现代化建设全局中的核心地位，把科技自立自强作为国家发展的战略支撑”，应“深入实施创新驱动发展战略，完善国家创新体系，加快建设科技强国”。科学技术进步与文化产业发展，对于实现我国社会主义现代化建设的目标来说至关重要，而对其相关权利的保护需要来自制度的保障。

随着我国社会主义建设事业的推进，经济与科技、文化发展水平的提升，知识产权法律制度从无到有，并伴随着社会需求的变化而不断发展和完善。知识产权保护对推动科技文化创新至关重要。以著作权和专利权为代表的智慧财产权，其保护的对象是人类的智力成果，对知识产权的法律保护有助于维护从事智力劳动的创新主体，也能够鼓励继续进行科技创新和文化探索的活动，从而推动树立人们的文化自信、科技自信，也为科技和文化工作者提供友好的创新环境。本课程重点以专利制度和著作权制度为例，从“共享单车专利保护案”“琼瑶诉于正著作权侵权案”等身边的知识产权纠纷案例入手，探讨专利保护对激励创新、鼓励技术发明的作用，以及著作权在尊重原创、促进文化传播中的功能，并以打击盗版、遏制侵权为讨论核心。

2. 诚实信用，自觉践行社会主义核心价值观

诚实信用是中华民族的传统美德，是现代思想政治教育中的重要内容，也是社会主义核心价值观中的道德准则之一。民法典中明确规定，“民事主体从事民事活动，应当遵循诚信原则，秉持诚实，恪守承诺”。诚实守信贯穿知识产权体系，在著作权法、专利法和商标法当中均有所体现。诚实信用原则作为社会主义核心价值观中的重要内容，对维护社会稳定和市场经济秩序的作用十分关键，是市场交易活动得以顺利开展的价值基础。

知识产权中的诚实信用原则，需要借助具体的制度得以保障和实现，从而营造稳定有序的知识产权市场环境，推动文化创新、科技发展和商品交易。在民法

典框架内的知识产权法中，诚实信用原则体现在方方面面：著作权法要求尊重他人的署名权等权利，不能冒用他人姓名；商标法中的“诚实信用条款”要求权利人应善意申请和使用商标，不能恶意注册商标；专利法要求当事人在专利授权确权行政程序和司法程序中遵循诚实信用原则，以禁止反悔行为、约束权利人行为。违背诚信原则将导致知识产权的权利获取、行使、保护等处于不确定状态，从而损害市场秩序、交易安全与社会信赖。因此，本课程从涉及知识产权诚实信用原则的典型事例（如“乔丹体育商标案”）入手，帮助学生认识诚实信用原则在整个制度与实践过程中的重要性，并诠释诚实信用原则在知识产权法中的要求与适用。

3. 公序良俗，合理界定知识产权的保护对象

公序良俗原则是指法律主体在从事相关行为时，应当符合公共秩序、善良风俗。公序良俗原则是我国民法典确立的民事基本原则之一，知识产权作为一项私权利，其相关法律行为亦受到公序良俗原则的约束。知识产权兼具私人属性与社会公共属性，在获得保护时，需要考虑其保护范围、保护程度对社会公共利益可能造成的影响，因此法律需要不断进行动态调整，以适应社会生活变迁与科技文化发展的新需求。

知识产权保护人类的智力成果，但并非所有智力成果均可以获得法律保护。知识产权与经济、科技、文化发展息息相关，经济模式的多变、科技发展的多样与文化创新的多元，会催生新型知识产权的诞生。但法律保护的客体必须符合公序良俗原则，以避免损害社会共通的价值基础与精神理念。例如，在专利法中，对于违背公序良俗、专门用来从事违法活动的发明创造不予保护；在商标法中，对于违背公序良俗、会带来社会不良影响的商业标志不予注册；等等。

4. 互利共赢，适应知识产权国际保护趋势

我国“十四五”规划指出，“新一轮科技革命和产业变革深入发展，国际力量对比深刻调整”，我们需要“增强机遇意识和风险意识，立足社会主义初级阶段基本国情，保持战略定力”。不同国和地区之间由于政治、经济、文化、科技背景存在差异，采取的知识产权制度也存在区别。如何统筹好国际知识产权规则与国内知识产权制度之间的关系，协调好发达国家与发展中国家之间对知识产权保护的不同需求，十分重要。

知识产权保护已成为一项重要的国际议题，知识产权的国际竞争也正如火如荼，在学习知识产权法的过程中，需要有国际视野和全局意识，学习知识产权国

际保护原则，基于我国现阶段基本国情，制定合理措施。因此，在教学过程中，需要结合国内外双重背景，对知识产权相关政策与制度进行阐释，使学生能够站在知识产权国际保护和国家需求的多元视角看待问题、分析问题、解决问题。

5. 文化自信，保护中华传统文明中的知识产权

文化自信是一个民族、一个国家以及一个政党对自身文化价值的充分肯定和积极践行，并对其文化的生命力持有的坚定信心。习近平总书记指出："我们要坚持道路自信、理论自信、制度自信，最根本的还有一个文化自信。"对中华优秀传统文化的传承与发扬，是树立文化自信的必经之路。这就对知识产权保护提出了新的挑战与时代要求。除了现代社会人类智力成果之外，如何通过知识产权规则，保护中华传统文化，如民间文学艺术作品、传统工艺流程、中华老字号等，是弘扬文化自信过程中的关键环节。陶瓷、木雕、中药等传统文化与技艺是全国人民的宝贵财富，对其加强知识产权保护，建立专门制度，有助于加强我国的文化自信，繁荣文化事业。在知识产权制度中，著作权能够为传统民间文学艺术提供保护，如商标权能够保护"稻香村""瑞蚨祥"等传统老字号的利益，专利权能够为中草药等传统技术方案提供特殊保护；在激励传统技艺改进与创新的同时，应推动信息公开、共享与流通，以促进知识产权运行效率的提升和社会经济的长远发展。此外，还应通过完善对传统工艺的知识产权保护，提升中华文化影响力，增强中华民族凝聚力。

6. 规范竞争，优化知识产权市场营商环境

步入新时代，国家大力倡导公平竞争，就是要通过严格保护知识产权，落实惩罚性赔偿制度等措施，有效发挥知识产权制度激励创新的基本保障作用，稳定市场预期。在维护公平竞争方面，应当充分发挥市场监管总局的两项重要职能：一是反垄断，二是反不正当竞争。对此，应引导市场主体发挥专利、商标、版权等多种类型知识产权组合效应，同时，应以质量和价值为标准，改革完善知识产权考核评价机制。

知识产权在社会经济发展中越发受到重视，市场竞争环节时常涉及知识产权的争议与纠纷。因此，梳理知识产权法与反不正当竞争法、反垄断法之间的关系十分重要。诸多不正当竞争的行为，如"搭便车"、"傍名牌"、侵犯他人商业秘密等，与知识产权的保护关系密切。知识产权维权的及时有效，有助于推动市场竞争秩序的合理建立，也有助于为市场经济活动的参与者提供强有力的行为规范和指引，从而营造良好的营商环境，唤醒企业的创新活力。应从创造、运用、保

护、管理、服务的全链条，通过综合运用法律、行政、经济、技术、社会治理等多种手段，经由审查授权、行政执法、司法保护、仲裁调解、行业自律、公民诚信等环节完善保护体系。不同维度下的知识产权工作有着共同的目标，这就是让创新主体获得高水平知识产权保护，从而激发出最澎湃的创新活力。为此，应步步推进知识产权全链条保护，让创新要素自主有序流动，让创新主体切实感受到全面加强知识产权保护的新进展、新变化、新气象。

（四）思政元素融合

1. 挖掘思政元素，融入知识讲解

从本课程需要讲授的知识点引入，寻找课程思政融入节点。从概念、含义、特点、要件等角度介绍地理标志相关基础知识，并逐步探索背后的价值理念或政策导向。同时，还可以对商标法中涉及侵犯地理标志专用权的具体条款进行梳理和介绍，促进学生对该原则具体内涵与外延的深入思考。地理标志作为一类特殊的商标，其保护对象、授权条件、主体身份、权利范围、行权方式与一般商标存在差异，需要对相关知识点进行系统梳理。地理标志中蕴含的民族文化色彩以及特定地区的人文因素、自然因素是其特殊性的根源。因此，本阶段应对课程中涉及的法律知识点进行总结梳理，强化学生的理解记忆，也可以让学生对课程内容进行归纳整理，形成有逻辑性的研究报告，并进行结果反馈。同时，应将专业知识和思政精神相融合，启发学生进一步探索和反思。

2. 组织案例讨论，展开思政探讨

本课程结合“龙口粉丝”“五常大米”“西湖龙井”等具体案例，从宏观到微观进行讲解，以启发学生思考因地理标志引发的现实争议，将商标法立法条文、行政执法与司法实践的专业知识与思政要点相结合，引起学生的学习兴趣和深度思考。可让学生分组进行讨论，再集体总结归纳；让学生自行分析案例中包含的思政教育元素，包括但不限于诚实信用原则、知识产权国际保护、树立民族自信与文化自信等。由此引导学生通过自主思考及讨论回答课堂中设置的相关问题，并围绕法学专业方法和价值理念得出答案。教师应观察并聆听学生讨论的过程，挖掘其中隐藏的问题，并正确引导学生的思考方向。学生进行充分讨论后，教师给予问题解析，帮助学生厘清思路，树立正确的价值观。

3. 拓展延伸思考，启发思政探索

思政元素应当以“润物无声”的方式融入课程教学全过程，而检验课程思政的重要途径之一就是考查学生在课后的思考与判断。因此，本课程设置了拓展练习或补充阅读，让学生在课后也可以投入时间继续探索与挖掘，巩固课程知识，夯实基础。同时，学生在课后也可以对相关价值理念进行反思，并在拓展延伸阶段践行课程中所思所学所感，从而应对实际问题，处理社会纠纷与矛盾，树立正确的世界观、人生观与价值观。

（五）教学手段与方式

1. 启发思考式

可通过对话提问、直观展示等方式打开课堂，诱导学生主动积极去探究，发现问题、解决问题。推动学生由表及里、循序渐进地触及地理标志法律保护问题的本质。例如，可以询问学生与地理标志相关的元素，是否了解相关的法律制度，是否知道地理标志获得保护应当满足的条件以及保护地理标志的特殊意义等，启发学生思考地理标志保护与国家利益、民族利益之间的关系，以及如何在当前的国际环境中通过地理标志保护制度维护我国非物质文化遗产、传统工艺等，从而引起学生的学习兴趣与求知欲望。

2. 互动探讨式

教师可引导学生发现学科领域和现实生活中地理标志的基本元素，并关注相关的法律纠纷和问题，以引导学生尝试利用自身所学专业知识予以解决和应对，同时关注学生的具体回应与思考方式。鼓励学生之间的讨论和互动，让学生带动学生，进行积极主动的探索和学习，以实现信息共享与交流。同时，在互动探讨过程中，师生之间也可以实现信息的双向循环，使学生更加深刻、全面地理解教学内容。

三、教学展示

（一）教学目的和要求

1. 知识目标和要求

教师可围绕中华传统文化中的知识产权保护问题，如通过“西湖龙井”“龙口粉丝”“安吉白茶”等案例引出地理标志的概念与要件，梳理地理标志与一般商标的差异之处，从而引出地理标志知识产权保护的特殊法律规则，并与一般知识产权客体进行对比，以帮助学生了解传统文化领域中知识产权保护客体、主体和保护方式的独特之处与具体内容，掌握在实践中应对地理标志相关争议的应对方法，同时梳理国际社会在传统文化、传统工艺知识产权保护方面的态度、立场与举措，进行国内外比较研究和学习。

2. 能力目标和要求

作为特殊的知识产权保护客体，传统文化涉及民间文学艺术作品、传统地理标志、中医药专利等多种类型，这要求学生理解和掌握相关规则体系，构建相关制度框架和逻辑构造能力。对此教师可从传统文化知识产权的保护客体和权利主体两个维度入手进行讲解，以增强学生的法律分析和研究能力。例如，结合“龙口粉丝”案例，引入地理标志的知识产权保护问题，点明地理标志与一般注册商标的区别和差异，帮助学生理解传统文化知识产权规则的一般性和特殊性，锻炼学生理论联系实际和辩证思考的能力，并使之能够处理社会实践当中地理标志规范的使用与知识产权保护的法律现实问题。

3. 思维目标和要求

弘扬传统文化是我国知识产权保护的职责使命，本节课程通过介绍地理标志的知识产权保护，促进学生对保护与传承中华传统文化、非物质文化遗产、培育中华老字号品牌的认识，树立以法律手段保护民族文化遗产的思维方式。再者，知识产权保护客体具有多样性，本课程基于不同类型的知识产权客体保护，尤其是结合地理标志这一特殊客体，帮助学生确立类型化的思维，厘清不同客体之间的关系，准确把握知识产权保护的要求与条件。此外，通过案例的分析和研究，使学生能够结合司法实践，用知识产权法的思维、逻辑和方法去分析、思考、解决社会现实问题，理解法条背后的原理与价值。

4. 价值目标和要求

地理标志常常意味着特定的产品与某区域的人文因素、自然因素息息相关，产品的生产制造凝聚着该地区人民集体的劳动智慧，也带有鲜明的民族、地域特色。地理标志产品的制造工艺还常常涉及对非物质文化遗产的保护，可以借此机会推动学生掌握我国传统文化知识产权保护的立法精神与价值追求，从而培养学生理性思考的精神，引导学生增强文化自信，学会通过法治手段推动社会主义文化的大发展与大繁荣。

（二）教学重点、难点

本课程教学的重点与难点主要在于通过对比传统文化中的知识产权与一般知

识产权的异同，深入全面地进行知识点的讲解和梳理，并将文化自信、文化传承等价值基础融入课程内容当中。

1. 地理标志的特殊保护规则

重点内容：地理标志是标示某商品来源于某地区，以及该商品的特定质量、信誉或者其他特征主要由该地区的自然因素或者人文因素所决定的标志。传统地理标志承载着一个地区经过长期历史发展孕育出来的不同产品特色。地理标志证明商标的识别性不同于普通商品商标，其识别性指向的是商品的地理来源和特定品质，而不是提供商品或服务的具体经营者。相应地，判断是否侵犯地理标志证明商标权利时，不能以普通商标侵权案件中被诉侵权行为是否容易导致相关公众对商品来源产生混淆作为判断标准，而应以被诉侵权行为是否容易导致相关公众对商品的原产地等特定品质产生误认作为判断标准。

教学策略：综合运用知识讲解、互动交流、分组讨论等多种教学形式，鼓励学生积极主动参与课堂环节，优化教学效果。从诸如“镇江香醋”“阳澄湖大闸蟹”“西湖龙井”等实践中的地理标志入手，通过讲解地理标志的含义、价值、功能、历史等内容，引发学生思考对传统地理标志进行法律保护的合理性与必要性，进而引入相关法律规则，包括地理标志的认定标准、侵权认定、违法行为、法律责任等，鼓励学生思考在实践中如何有效保护中华传统商标。

2. 地理标志保护的重要意义

重点内容：地理标志蕴含着特定地区的劳动人民长期以来的劳动探索与经验积累，地理标志产品的特定品质、特征与该地区的人文因素、自然因素息息相关，因此地理标志能够发挥标志来源、质量保证、广告宣传等多种作用。中国地域辽阔，历史文化博大精深，传统商品经济与手工业的发生催生了很多地理标志，常常与非物质文化遗产相关联。因此，在本节课程知识点的讲解中，需要让学生领会保护地理标志的重要价值与意义并进行分层解析，从消费者信赖利益保护，到地理标志权利人竞争利益捍卫，再到维护社会公共利益、民族利益与国家利益等视角次第展开，从而对此内容进行深入解读。

教学策略：为加强学生在此领域的理解与领悟，需要增强学生学习与分析的积极主动性。因此，在本节课程教学过程中，要求学生集思广益、主动思考并挖掘地理标志元素，从日常生活入手，展开观察与调研，尤其是关注与非物质文化遗产相关的地理标志，如“南京云锦”“龙口粉丝”等，图文并茂地展示商标形象，既能激发学生探索生活的兴趣，又可以从细微处入手，加深学生对本章节知

识点的印象。同时，结合地理标志保护的国际措施、未来趋势等，启发学生思考地理标志保护在不同国家的制度差异与背后原因，进而能够结合我国历史文化发展的背景，阐释我国地理标志保护对于增强文化自信与民族自信，弘扬中华传统文化，保护历史文化遗产的重要意义。

（三）教学方法

1. 案例教学法

中华传统文化在现实生活中无处不在，并深度融入各类日常元素之中，但学生很难自发联想到与传统文化有关的知识产权问题。对此，可以借助“龙口粉丝”“安吉白茶”等司法实践案例，引起学生对传统文化背后的法律问题的关注，从更加专业化、科学化、理性化的视角思考现实生活中的问题。通过案例教学，还可以培养学生的思辨思维，通过对案件中原被告双方的立场分析，使学生更加生动、全面地了解诉讼双方的诉求与背后的利益选择和价值基础；以此为圆心进行思维发散，并类推至其他法律问题中，进行探讨和研究。

2. 模拟沉浸式

在知识讲解的案例分析过程中，学生主要还是对书本知识进行了解和分析，这样虽然可以较为系统地对涉及的知识点进行梳理，但还无法培养起学生的实际应用能力。对此，课堂中还设置了模拟法庭、模拟谈判等环节，使学生能够身临其境地进行法律规则的理解和适用，并寻找规则适用时的难点与重点，帮助学生培养法学专业的实际应用能力。例如，教师在课堂中以“龙口粉丝”等地理标志保护案件为例，启发学生思考社会实践中应当如何通过法律手段解决相关问题。

3. 翻转课堂式

课堂的讲解与学习内容十分有限，为更好实现课堂教学在思想价值引领中的作用，本课程采用翻转课堂的教学方式，将课上学习与课后探索相结合，将课堂研究、互动与课后拓展、思考相结合。在本节课程设置中，除课堂教学以外，课前，也安排学生自主了解中国传统文化元素与发展背景，探索传统文化法律保护规则，以引起学生的探索热情和学习兴趣；课后，还通过视频、图片、新闻资讯等形式提供多样化学习素材，安排学生进行拓展阅读和训练，以巩固课堂知识，并对学生的思想产生潜移默化的影响，深化教学效果。

（四）教学过程

1. 课前环节

创设情境。课前可以借助网络视频、新闻报道等形式，介绍中国传统文化中的相关内容，如民间故事、民歌民谣、传统工艺等，让学生了解中华传统文化的多样性和价值性。同时，要求学生观察日常生活中的“地理标志”，进行调研与素材收集，以供课程进行当中的讨论与分析，鼓励学生探索不同类型的中华传统文化，并梳理我国目前对传统文化进行保护的形式和法律法规。

2. 课中环节

（1）导入问题。引入“西湖龙井”“安吉白茶”“镇江香醋”等地理标志的历史渊源与后期发展，并通过播放“龙口粉丝”地理标志侵权案件的视频，启发学生思考社会生活中地理标志现状，询问学生是否了解生活当中的地理标志，以启发学生思考：什么是地理标志？如果允许任何人随便使用地理标志，会有何种后果？地理标志对培育民族品牌、弘扬中华文化有何影响？等等。

（2）知识介绍。首先，讲解传统文化知识产权保护中所涉及的法学专业知识。从保护对象或客体出发，以图文并茂的形式，向学生展示并讲解地理标志的含义及其要件。对比一般商标，讲解地理标志的特殊性，梳理我国既有的法理基础与法律法规，从权利主体、时间性、权利转让、保护与救济等四个维度展开，并以行政机关的相关文件作为补充讲解资料。

其次，介绍地理标志专用标志，讲解地理标志权利人应当尽到的义务与标志使用规则。通过展示现场实物（如相关产品的包装），让学生自主发现并探索，了解实际中地理标志专用标志的使用情形。

最后，讲解地理标志的保护，阐明地理标志保护涉及的多种利益，从而揭示地理标志相关法律规则的价值选择与理念内涵。继而通过“五常大米”案件，让学生自行探讨面对地理标志实际案例时应如何应对并处理，并学会适用法律规则来解决实际问题。

（3）本课程中的部分规则适用（以我国商标法为例）。

商标法第十六条：商标中有商品的地理标志，而该商品并非来源于该标志所标示的地区，误导公众的，不予注册并禁止使用。

商标法第五十七条：侵犯注册商标专用权的行为类型。

商标法第六十至六十七条：侵犯注册商标专用权的法律责任。

3. 课后环节

拓展阅读：介绍与传统文化保护有关的国际文件，如《保护非物质文化遗产国际公约》《保护原产地名称及其国际注册里斯本协定》《与贸易有关的知识产权协定》等，以引导学生关注此议题背后的国际争议与全球环境，并植根本土需求，探索在国际社会保护中国传统文化的理性选择与合理路径。

表 1 归纳了教学环节、具体内容及方法。

表 1　教学环节与具体内容及方法

环节	形式	具体教学内容与方法	
(1)课前准备	教学调研	与学生交流，了解学生对地理标志注册、使用与保护的知晓程度，以及对侵犯地理标志行为的想法或建议，为课程思政建设做好铺垫	学情分析：课前对学生自学内容进行了解与沟通，分析学生的知识基础、技能基础与思想基础
	资料预习	为学生提供学习资料，供课前预习。广泛搜集资料，包括但不限于商标法领域的专著、论文、案例及相关规范性文件，如《中华人民共和国商标法》《商标法实施条例》《商标审查及审理标准》《地理标志保护规定》等	
(2)课堂环节	案例引入	本环节先由教师以“山东龙口粉丝”案作为课程引入，促使学生思考生活实践中的地理标志问题。之后，讲解相关法学专业知识或概念，如对“地理标志”的概念、条件与保护等进行阐释，介绍其历史沿革、内涵特征、立法体现等，凸显其在知识产权制度乃至整个法律制度中的重要意义和作用	学情分析：通过设置练习环节，及时检查教学效果与思政融入情况。 再者，通过社会调研，学生能够“身临其境”地在日常社会生活中进行观察与反思，检验课程中的知识点
	知识讲解与深化	第一，梳理地理标志的概念，建立起体系化的教学框架，明确课程主题和主要内容。根据我国商标法第十六条，地理标志又称为“原产地名称”，是指标示某商品来源于某地区，该商品的特定质量、信誉或者其他特征，主要由该地区的自然因素或者人文因素所决定的标志。以图式的形式，展示地理标志示例，如“南京云锦”“镇江香醋”“西湖龙井”等。 第二，对比地理标志与一般商标，从权利主体、时间性、权利转让、保护与救济等四个方面展开阐释。在权利主体上，地理标志不能为个人专有，但商标可独家注册。申请注册地理标志的主体需要具备特定资质。在时间性上，地理标志相关权利没有保护期的限制，一般注册商标则享有保护期。在权利转让方面，地理标志不能转让或者许可不符合条件的经营者使用。在保护与救济方面，当地理标志被滥用时，任何权利人均可起诉，一般注册商标则只能由权利个体主张权利	

续表

<table>
<tr><th>环节</th><th>形式</th><th colspan="2">具体教学内容与方法</th></tr>
<tr><td rowspan="4">（2）
课堂环节</td><td rowspan="2">启发思考与回答</td><td>在知识产权法学专业知识的传授与教学的基础上，将专业问题与思政元素相结合，抛出问题，询问学生，引发学生思考。
第一，什么是地理标志？
第二，如果允许任何人随便使用地理标志，会有何种后果？
第三，地理标志对培育民族品牌、弘扬中华文化有何影响？</td><td rowspan="4">第一，观察法。在教师启发、学生讨论和课堂互动的全过程中，应注意观察和倾听学生看问题的方法和方式，了解学生的认知观与价值观，对其观念进行正确引导。
第二，类比法。比较不同类型的商标（尤其是地理标志与一般注册商标的异同），启发学生展开类比思考，分析在实务中遇到类似问题时应当如何处理和应对</td></tr>
<tr><td>通过案例的形式，结合法律实务，进行问题延伸，引入知识产权实务案例中的思政元素，启发学生思考背后的价值理念与法益保护。
第一，“龙口粉丝”案：“龙口粉丝”已经成为我国家喻户晓的优质粉丝的代名词，它以良好的知名度、美誉度和忠诚度征服了全国的消费者。2008 年 12 月 1 日实施的国家标准《地理标志产品龙口粉丝》（GB/T 19048—2008）中规定：龙口粉丝地理标志产品保护范围只包括山东省烟台市境内的龙口市、招远市、蓬莱市、莱阳市、莱州市。2016 年 1 月 13 日，夏邑县食品药品监督管理局执法大队张队长、安全生产科袁科长表示，目前夏邑县生产的部分龙口粉丝确实为“三无”产品，将尽快组织力量排查、查处。
第二，“五常大米”案：“五常大米”是我国黑龙江哈尔滨五常市特产，也是我国国家地理标志产品。五常市大米协会起诉称，2018 年 5 月，其发现山西某公司于某电商平台上开设店铺，销售标示为“东北五常大米”的大米产品，要求该公司停止侵权并赔偿经济损失（含合理支出）10 万元。
法院经审理查明，涉案大米产品确系山西某公司于某电商平台上销售，产品外包装是该公司自行印制并作为产品包装使用。该大米产品包装袋正面左上角标有该公司拥有商标专用权的“九州香”商标，右边竖列印有“古法自然 稻花香大米 源于黑龙江五常”字样，其中“五常”二字较其他字体更大、更明显，且用方框予以标示，包装袋背面标有种植基地黑龙江省五常市。山西某公司使用“五常”标识且未经过商标权利人同意</td></tr>
<tr><td rowspan="2">讨论与点评</td><td>讨论式教学：结合当下热点案件，在课堂中设置问题并组织讨论，提高学生参与程度，激发学生参与欲望，提高学生的兴趣与热情，并鼓励学生探索法律法规背后的政策考量和思政因素</td></tr>
<tr><td>案例分析：围绕法律实务中的案例，如“龙口粉丝”地理标志侵权案件，提供案件事实、争议焦点，引导学生分析和讨论相关当事人的行为正当性，并结合民族文化精神、传统工艺与非物质文化遗产保护等内容进行分析和探索</td></tr>
</table>

续表

环节	形式	具体教学内容与方法	
(2) 课堂环节	课堂互动	实务模拟：可以围绕“龙口粉丝”等司法典型案例，设置模拟法庭、模拟谈判等实务内容，让学生扮演原被告双方当事人、律师、法官等，深化学生对诚实守信、遵纪守法、保护创新等思政精神的学习与理解。	
	课后练习	习题巩固：围绕本节课程的主要内容，以选择题的形式，进行知识点回顾，以社会调研的方式加深学生对知识产权的理解与实际应用能力。 单选题：下列行为不属于涉及假冒地理标志产品的行为的是（　） A. 赵某未经许可，在其产品上擅自使用地理标志名称及专用标志 B. 赵某未经许可，在其产品上使用误导消费者的图案标志 C. 王某销售假冒的地理标志产品 D. 王某将已经批准的地理标志产品名称用于产自本地区的产品上 社会调研： 在课余时间，调查市面上带有“地理标志专用标志”的产品并拍照，对该地理标志作调查研究（产品名称，产地，产地的人文因素或自然因素，该地理标志管理人或权利人，国知局网站公布的注册文件等）	
(3) 课后延伸	资料阅读	为学生提供案例、专著、访谈、论文等思政主体阅读素材或视频解说，以供学生自学时使用。也可以通过小论文、观后感等课后作业的形式，督促学生进一步探索和学习。可提供资料：“龙口粉丝”相关新闻视频、国外地理标志保护的经典案件等	
	知识预习	引出下节课程将学习的内容要点，要求学生按照知识点进行课前预习，阅读相关材料。“地理标志的国际保护”是下节课程的主要内容，要求学生围绕时间脉络，了解相关国际条约，并将国际条约与中国立法结合在一起进行分析和考察，探索其差异之处	
(4) 反馈	评价总结	由学生和教师共同对课程效果进行评价，尤其是课程设计的经典案例、主要的思政教学要点，进行总结回顾和重点重申。在此基础上，加强学生对“文化自信”“民族自信”的理解，增强保护中华传统文化、传统工艺的信念，熟悉以法律手段保护非物质文化遗产的途径	

4. 讨论、思考题

（1）讨论。引入“安吉白茶”案件：“安吉白茶”案涉及传统文化中“老字号”“地理标志”“传统工艺”等因素，可以引导学生挖掘传统地理标志背后的历史发展、经济价值、文化理念和精神意蕴，并结合商标法的保护对象、保护条件和保护方式，探索“安吉白茶”等传统地理标志保护的特征及规则。

围绕“安吉白茶”案的争议焦点，即“①如何确定地理标志权利主体的身份？②如何认定地理标志的侵权行为？”以此组织学生分组学习和研究。在学生的分组讨论过程中，关注学生提出的问题和分析的思路，适时进行引导和启示，并对学生提出疑问之处进行及时回应和整理，鼓励学生之间的讨论与交流，从讨论中总结出疑问焦点和课堂重点。

（2）思考题。通过引入“南京云锦”“安吉白茶”“西湖龙井”等中国传统文化元素，引发学生思考以下问题：对中国传统文化进行法律保护的意义何在？目前可以采取的措施和路径有哪些？在中国立法体系下，中国传统文化涉及哪些法律权利类型？涉及哪些知识产权类型？可以主张权利的主体范围包括什么？对中国传统文化进行保护的公权力机关有哪些？

第一，以教师提问、学生回答的方式，让学生谈谈对中华传统文化涉及的知识产权类型或其他权利类型的基本印象和大概想法，并引导学生将传统文化中涉及的知识产权类型与一般知识产权类型进行对比分析。

第二，对学生的回答和看法进行点评和总结，通过“学习通”软件测试全班同学对知识产权保护客体范围的认识和保护条件的了解程度。

第三，结合上述问题与学生的知识基础，对本节课的相关知识点进行梳理和介绍，引发学生进行深入思考。

5. 课程预习

第一，要求学生查阅相关资料。学生可利用网络资源、图书馆书籍、学术期刊等，对涉及地理标志与中华文化保护等内容进行拓展阅读。了解不同学者的观点和分析，可以帮助学生更全面地理解课程主题。

第二，引导学生关注时事热点。学生可基于当前的政治、经济、社会热点，通过新闻媒体、信息发布等渠道，关注并思考地理标志与中华文化等相关法律问题，并尝试从课程理论角度分析其背后的原因、影响及应对策略。

第三，启发学生思考与提问。学生在预习过程中，应主动思考教材内容与实际生活的联系，尝试将理论知识应用于解决实际问题。同时记录下疑问（不论是

对概念的理解还是对理论的应用等方面的疑问)，并在课堂上展开交流讨论。

（五）参考资料

［1］知识产权编写组．知识产权法学［M］．北京：高等教育出版社，2019.

［2］王迁．知识产权法教程［M］．北京：中国人民大学出版社．2021.

［3］管育鹰．我国地理标志保护中的疑难问题探讨［J］．知识产权，2022(4)：3-17.

（六）教学反思

地理标志的知识产权保护是一个比较特殊的问题，其法律规则与一般知识产权相比具有鲜明差异。中华文化博大精深，源远流长，其中积累了大量的精神文明财富。当下国内很多知识产权法课程与教材内容主要围绕现代智慧成果，尤其是与科技发展相关的知识产权规则，关注历史、聚焦传统的知识产权规则的研究和教学相对较少。当前，中国面临国内外日益复杂的发展环境与逐渐多样的挑战，要求我们“要善于把弘扬优秀传统文化和发展现实文化有机统一起来，紧密结合起来，在继承中发展，在发展中继承”，并促进中华民族最基本的文化基因与当代文化相适应、与现代社会相协调。

本课程的内容安排与环节设置，有助于学生在学习知识产权法基础知识的同时加深对中华文化的理解与印象，学会应用法学专业知识解决与传统文化保护有关的实践问题，推动对中华传统文化的保护与继承，增强文化自信，实现传统文化的创造性转化与创新性发展。对本课程中涉及的思政元素进行总结和梳理，可强化学生的理解记忆，也可以让学生对课程内容进行归纳整理，形成有逻辑性的研究报告，并进行结果反馈。将专业知识和思政精神相融合，可启发学生进一步探索和反思。在中国共产党的领导下，我国在文化发展、科技创新方面已取得了长足进步，知识产权制度不断健全，从知识产权授权、保护到纠纷处理，体系逐渐完善。同时，通过比较研究和学习，也可以让学生意识到我国目前和发达国家之间的差距，唤起青年人的担当精神和责任意识。

将专业知识讲解与课程思政结合在一起，需要以融会贯通的形式，使学生既能够掌握相关知识点，又能够树立正确的价值观念。对此，可以采用“沉浸式”教学，设置具体的教学情境，让学生“身临其境”地领悟相关要点，展开理性思考，进行合理选择。同时，“教”与“学”的过程也是相对而言的，可以在教中学，也可以在学中教，应当密切关注学生的精神动态，观察学生对社会现象和问题的反应与思考，从而能够在第一时间结合学生的具体情形，调整教学内容与形式，选择更加适合的方式展开课堂教学工作。此外，还应当注重与其他教师之间的交流，博采众长、取长补短，学习优秀教师的教学风格与模式，从而与自己的专业知识结合在一起，并将其应用在课堂教学工作中，推动专业知识讲解与课程思政教学的完美融合。

环境公益诉讼法研究课程思政教学设计方案

史一舒*

一、课程教学设计（50分钟课程）

（一）课程简介

本课程为环境资源法专业的必修课程，修读对象为环境资源与保护法学专业硕士研究生（一年级）。

（二）课程目标

环境公益诉讼法研究课程属于环境资源法专业硕士研究生必修课，是为培养复合型和应用型专门法律人才、响应我国生态文明建设的需要而设置的，以使学生在学习过程中更加理解“绿水青山就是金山银山”的要义，努力成为“守护神圣国土，建设幸福家园”的法律人。本课程在全面、系统介绍公共利益基本原理、法律规范和相关教学案例的基础上，结合环境公益诉讼制度最新发展理论和具体实践，使学生融会贯通，形成系统的环境法知识体系。本课程旨在帮助学生了解并掌握环境公益诉讼的概念、特征和基本价值，引导学生理解我国的环境法诉讼体系及环境公益诉讼的特殊意义，《中华人民共和国民法典》为环境民事公益诉讼带来的新变化，并将环境公益诉讼与环境私益诉讼、生态环境损害赔偿诉讼进行对比，使学生在此基础上深刻认识到“生态文明建设是关系中华民族永续

* 史一舒，首都经济贸易大学法学院讲师，硕士生导师，法学博士。

发展的根本大计”，环境公益诉讼是绿色司法和修复生态环境的首要途径。

环境公益诉讼法研究课程讲述的内容比较广泛，在案例分析的基础上，具体包括：公共利益的概念与特征，环境公益诉讼的概念、特征与分类，环境公益诉讼的程序设置，环境公益诉讼的实体内容，环境公益诉讼的典型案例，环境公益诉讼与传统诉讼法体系的比较，环境公益诉讼与民法典的衔接，环境公益诉讼与生态环境损害赔偿诉讼的衔接，域外公益诉讼制度研究等。

学习完本课程后，学生将更加深刻地理解习近平总书记提出的“生态民生政治观”。“生态民生政治观”既关乎环境公共利益，又关乎我们每一个人能够在舒适安全的环境中生存的权利；既是我们这代人需要努力维护的生态利益，又是为我们后代人所创造的无法用金钱衡量的财富。随着 2021 年 1 月 1 日《中华人民共和国民法典》的施行，环境私益侵权与公益侵权并存的责任体系获得立法构建。《中华人民共和国民法典》第一千二百三十四条、第一千二百三十五条吸收了最高法司法解释中关于公益赔偿的内容，构建了环境公益侵权责任制度，从而形成了一般侵权与特殊侵权责任有效衔接、环境私益和公益赔偿有机统一的体系。这就意味着，公共利益的保护已不再只是环境法的课题，我国关乎私主体利益的传统民法学已纳入绿色原则、公益保护等内容。习近平总书记提出，“建设生态文明，是民意，也是民生”。而环境公益诉讼制度，就是以社会组织为代表的公民，参与环境治理、参与生态文明建设的最直接路径。

（三）思政理念的融会贯通

1. 知识层次

从学生的兴趣点入手，以“中国首例濒危野生动物保护预防性公益诉讼——云南绿孔雀案”为引，启发学生思考环境公益诉讼对传统诉讼模式的超越，进而总结环境公益诉讼的特征。作为一种大工业化背景下产生的新型诉讼模式，环境公益诉讼的预防属性最能体现其特殊价值。以此为基础，帮助学生理解环境公益诉讼的特征及其风险预防要义。

2. 能力层次

培养学生构建环境法的基础知识体系，使学生对环境损害的科学性与难以预测性进行初步把握，进而深刻理解环境公益诉讼的制度价值和制度特征。结合“云南绿孔雀案”，把已学过的环境法基本制度（如环境影响评价制度）合理地运用到实际案例中，锻炼学生法学知识融会贯通和逻辑思考的能力。

3. 思维层次

在知识层次和能力层次的基础上，培养学生的“大我”精神。“大我”不仅仅是要尊重自然、尊重生命，更要认识到“人与自然是生命共同体”，人与自然同呼吸、共命运。我们去保护和修复生态环境，在很大程度上也是在保护我们自己。公益和私益本就是密切相关的，环境公益诉讼试图追求的就是公益和私益之间相对平衡的一种状态。

（四）环境公益诉讼法研究课程知识点与思政理念的融合

1. 尊重自然，热爱自然

“中华民族向来尊重自然、热爱自然，绵延 5 000 多年的中华文明孕育着丰富的生态文化。”习近平生态文明思想深深根植于中华文明丰富的生态智慧和文化土壤，蕴含了深邃的历史观。

公共利益的损害通常是对于水、土壤、大气、生物等多种环境要素的影响，甚至同一案件中包含了多种环境要素，如在以毒鱼方式非法捕捞水产品刑事附带民事公益诉讼案件中，行为人毒鱼的行为不仅会对渔业资源造成损害，而且会对水资源甚至群众生命财产安全造成威胁。因此，尊重自然、热爱自然也是对人类基本生存权和健康权的保护。

2. 生态兴则文明兴，生态衰则文明衰

生态可载文明之舟，亦可覆之。发源地随后的生态转衰，给几大古文明以几近致命的毁灭。恩格斯在《自然辩证法》中曾有这样的描述：“美索不达米亚、希腊、小亚细亚以及其他各地的居民，为了得到耕地，毁灭了森林，但是他们做梦也想不到，这些地方今天竟因此成了不毛之地。”过度放牧、过度伐木、过度垦荒和盲目灌溉等，使植被锐减、洪水泛滥、河渠淤塞、气候失调、土地沙化……生态惨遭破坏，人类的生活和生产也难以为继，并最终导致了文明的衰落或中心的转移。

我国环境公益诉讼制度的不断探索发展，回应了新时期生态文明建设和绿色发展的现实需求，为以司法力量保护生态环境、有力推动司法参与环境治理、维护国家和社会公共利益提供了法律依据，已经成为我国环境法治体系的重要组成部分。

3. 以绿色为导向的生态发展观

以绿色为导向的生态发展观，包括绿色发展观、绿色政绩观、绿色生产方式、绿色生活方式等内涵。习近平总书记指出，发展是经济社会的全面发展，“不仅要看经济增长指标，还要看社会发展指标，特别是人文指标、资源指标、环境指标”，要做到“生产、生活、生态良性互动”。习近平总书记提出了“绿色 GDP”概念以及“绿水青山就是金山银山”“破坏生态环境就是破坏生产力，保护生态环境就是保护生产力，改善生态环境就是发展生产力”等论断。生产力包括劳动者、劳动工具、劳动对象等三个要素。近代工业文明把生产力作为改造自然的能力，把劳动的对象——自然——作为用之不竭、毁之无害、弃无不容的被动的仓库，没有认识到自然的生态承载力限度，导致生态危机的发生。环境生产力论断确立了环境在生产力构成中的基础地位，突破了近代意识，丰富和发展了马克思主义生产力思想。

环境公益诉讼同时面临公益和私益的保护、环境权益和经济利益的取舍、经济效益和社会效益的矛盾选择。在环境公益诉讼审理裁判中应协调好各方利益间的关系，找准环境保护、经济发展与公民环境权益之间的平衡点。

4. 山水林田湖是生命共同体

党的十八大后，习近平总书记提出了人与自然构成“生命共同体”的思想。他指出：“山水林田湖是一个生命共同体，人的命脉在田，田的命脉在水，水的命脉在山，山的命脉在土，土的命脉在树。”他提倡在城市规划时建设能够实现水循环的“海绵城市”。

根据我国民法典第一千二百三十四条的规定，对环境产生污染或对生态造成破坏首选的救济方案应是生态修复，即通过一定人工手段在合理时间内把损害修复至基线水平。环境公益诉讼案件中的生态修复必须根据各个案件中损害的特殊性设定修复目标、选择修复措施并制定修复方案，使生态环境最大限度修复到受损前的生态功能。在具体的实施方式上，要尊重自然规律，符合污染或损害发生地气候、土壤、生物资源属性等自然规律；要加强科学指导，按照专业意见开展生态修复。

5. 加强生态文化建设，使生态文化成为全社会共同的文化理念

生态文化就是人类克服生态危机的新的文化选择，是人类生态智慧和文化积淀的结晶，是人类认知自然、感悟自然、尊重自然、回归自然的共同成果。生态文化作为一种新的文化形态，其主要结构有三个层次：一是生态文化的精神层

次，包括伦理观的生态转型和价值观的生态转型；二是生态文化的物质层次，包括科学技术发展的生态转型和经济发展的生态转型；三是生态文化的制度层次，用法律法规来调节和规范人与社会、人与自然之间的行为关系，使环境保护和生态保护制度化。

司法实践表明，环境公益诉讼制度在运行中仍存在一些困难和问题，为此，需要通过不断完善环境公益诉讼裁判规则、构建多元主体参与机制途径、规范统一损害鉴定评估制度、创新生态修复执行方式等手段，加强环境公益诉讼工作，以推动我国环境公益诉讼制度更好更充分发挥维护国家利益和公众环境权益的重要价值功能。

6. 良好生态环境是最公平的公共产品，是最普惠的民生福祉

习近平总书记把以人为本的生态观进一步发展为政治意涵丰富的生态民生政治观，要求为人民群众提供更多生态公共产品，提高生活质量和幸福指数，让老百姓在分享发展红利的同时，更充分地享受绿色福利，使生态文明建设成果更好地惠及全体人民，造福子孙后代。

环境公益诉讼制度应着力构建多元主体参与机制途径。在涉及环境污染或生态破坏环境公益诉讼案件中，从最初的案件受理到审判过程中的证据认定和损害事实后果的量化确定以及科学合理的生态修复方式的选择，都涉及生态环境科学领域方方面面的专业问题，仅凭法官的法律职业素养和法学专业知识难以解决跨领域的问题。为此，需要充分发挥生态环境专家专门化参与机制的作用。

7. 像保护眼睛一样保护生态环境，像对待生命一样对待生态环境

党的十八大以来，习近平总书记继续强调环境生产力理念，把“自然休养”发展为更为积极主动的“生态修复”，强调“给自然留下更多修复空间”。2016 年 1 月 5 日在推动长江经济带发展座谈会上，习近平总书记指出“要把修复长江生态环境摆在压倒性位置”，要求“推动长江经济带发展必须从中华民族长远利益考虑，走生态优先、绿色发展之路，使绿水青山产生巨大生态效益、经济效益、社会效益，使母亲河永葆生机活力”。

为此，应设立生态环境修复公益基金。将环境公益诉讼案件判决、调解赔偿款和修复费用，以及环境资源类刑事案件被告人自愿缴纳的生态修复金、判决确定的罚金、没收的违法所得等进行统一使用、管理和监督。

8. 生态文明建设是关系中华民族永续发展的根本大计

生态文明作为文明新阶段，是自然的人化和人的自然化在新的高度上的辩证统一，是恢复自然的活力，肯定自然的价值，从而真正地实现人的价值，达到自然史和人类史相统一的有效途径，也是马克思主义的生命力所在。习近平生态文明思想是马克思主义生态文明思想的发展，推动我国进入生态文明建设的新时代。

环境公益诉讼以维护环境公共利益、协调公共和个体利益、努力追求生态平衡、保障群众生存发展环境权益为首要目标，同时也对裁判规则必须树立积极的生态环境依法保护理念提出了明确要求。

二、教学展示设计（15 分钟课程）

（一）说课（5 分钟）

本节课为环境公益诉讼法研究课程第 2 章第 1 节的环境公益诉讼的预防属性。

1. 我心中的环境法课程思政

在生活中，我们是否看到很多很好的环境保护实例？如垃圾回收利用，垃圾分类等。不知道同学们有没有用过“闲鱼”这个软件。这是近几年很火的二手闲置交易平台，我们可以作为“卖家”，将不喜欢的二手物品放到这个平台去卖；我们也可以作为买家，去买别人觉得没用而我们觉得有用的物品。千万不要小瞧这个平台。这个淘宝旗下平台的目标是构建“人人可参与，万物皆循环”的绿色低碳社会。官方数据显示，仅仅是回收利用和二手物品交易行为，闲鱼平台 2021 年已在手机、笔记本电脑等 20 多个业务品类实现碳减排超 174 万吨，这相当于燃烧 8.2 亿升汽油的碳排放量。这些油可以加满 1 631 万辆小汽车（约为 2020 年末北京市机动车保有量的 2.5 倍）的油箱。

看到这些惊人的数字，我们会去思考，去反思。其实，真正行之有效的环保措施，一定是促使人民群众参与其中的，与人民群众的利益密切相关的；一定是各方主体互利共赢的，即使不是完全共赢，也要争取达到各方利益的相对平衡。所以生态和民生是密切相关的，生态保护是为了民生，而更好的民生也能促进更好的生态，更有利于环境的保护。这也是我们一直在讲的“生态民生”。在环境

法学方面，若要融入思政，就应该将“环保语言”（如“绿水青山就是金山银山”）与真正的环保制度相连接，并促使它们真正落地，实现“三性”，即“回应性”、“实践性”和“人民性”。所谓“回应性”，就是环境法课程思政要去回应真实的防治污染、保护生态环境的诉求；所谓“实践性”，就是环境法课程思政与环境法律制度设计应具备详细实施的可能，具有实打实地履行的可能；所谓“人民性”，就是课程思政与环境法制度的结合，因为最终目的还是为了人民的利益，为了广大人民群众的福祉，为了实现最广泛意义上的公共利益。

2. 环境公益诉讼法研究课程目标及授课思路

环境公益诉讼法研究课程以案例为核心来讲述的环境法实践研究，有利于环境法课程思政的“落地”。本课程教材使用的是颜运秋教授的《公益诉讼理念与实践研究》（法律出版社 2019 年版）（由于本课程是新兴课程，目前没有统一教材，本书是环境法学界较为认可的、理论与实践融为一体的专业书目）。环境公益诉讼法研究课程目标有三个：一是培养学生的实践能力，即理论联系实际，把所学的法学基础知识体系运用到环境公益诉讼真实案例分析中去，巧妙地解决一些实践中的难题。二是培养学生对知识融会贯通的能力。环境公益诉讼法涉及诸多学科知识，不仅有环境法，而且有民法、诉讼法、宪法等，学生要能对交叉学科的问题作出很好的处理。三是培养学生的大爱精神。环境公益诉讼的最终目的是实现公共利益，是为了生态环境本身的保护，为了不特定多数人利益的实现，这不同于传统法中的私人利益，因而更有利于培养学生“富有同理心”的大爱精神。环境公益诉讼法研究课程授课思路包括：一是“以案例为中心”，即以案例为本，案例贯穿始终，使同学们在案例中收获相关知识；二是“以学生讨论为贯穿”，在课堂间断性的思考讨论中，培养学生的法学思维能力与思维方式，培养学生冷静沉着分析问题、解决问题的能力；三是课后将知识点延伸至核心期刊论文，通过读相关核心期刊论文，巩固知识点并进行更进一步的思考，这也是为今后的论文写作做准备；四是生态思政“润物无声”地融入课堂中，培养学生的生态意识与生态法律正义观。

（二）教学展示（表1）

表1 教学展示

<table>
<tr><th>教学内容</th><th>课堂设计思路</th><th>思政引入</th></tr>
<tr><td>本节课的主题——预防性环境公益诉讼的概念：以“云南绿孔雀案”为例</td><td></td><td>通过绿孔雀案例的引入，使同学们对本节课的内容产生兴趣</td></tr>
<tr><td>在开始之前，先回顾一下上节课讲到的环境侵权诉讼与环境公益诉讼的区别</td><td>回顾：环境侵权诉讼与环境公益诉讼的区别</td><td>我们在之前的课程中已经学过，环境诉讼主要类别有环境侵权诉讼、环境公益诉讼与生态环境损害赔偿诉讼</td></tr>
<tr><td>二者在诉讼目的、原告、诉讼对象和起诉要件等方面都有重要区别。简而言之，环境侵权诉讼保护的是受到环境污染或生态破坏而受损的私主体人身财产权利，这些损害必须是已经发生的</td><td>回顾：环境侵权诉讼VS.环境公益诉讼
<table>
<tr><th></th><th>环境侵权诉讼</th><th>环境公益诉讼</th></tr>
<tr><td>诉讼目的</td><td>保护私主体利益</td><td>保护公共利益（或预防环境公共利益受损）</td></tr>
<tr><td>原告</td><td>人身或财产受到损害的受害人（有直接利害关系）</td><td>法律规定的特定主体（可以无直接利害关系）</td></tr>
<tr><td>诉讼对象</td><td>因污染环境、破坏生态造成他人人身或财产损害的侵权人</td><td>因污染环境、破坏生态而损害社会公共利益的企事业单位或个人</td></tr>
<tr><td>起诉要件</td><td>损害已发生</td><td>损害已发生或将要发生</td></tr>
</table>
01
环境侵权诉讼
→保护已经受到环境污染或生态破坏而受损的特定私主体人身权和财产权利
（损害已发生）
02
环境公益诉讼
→保护已经或可能受到损害的、关涉到不特定多数主体的环境公共利益
（损害已发生/尚未发生而未来将要发生）</td><td>环境公益诉讼保护的则是不特定多数主体的环境公共利益，这些损害已经发生或者将要发生。我们今天说到的这个案例就属于因“将要发生”的损害而提起的诉讼</td></tr>
</table>

续表

教学内容	课堂设计思路	思政引入
其实，环境公益诉讼具有预防功能是环境法学界早已认可的事实。例如，肖建国教授认为，预防性公益诉讼的要义就在于使损害降到最低	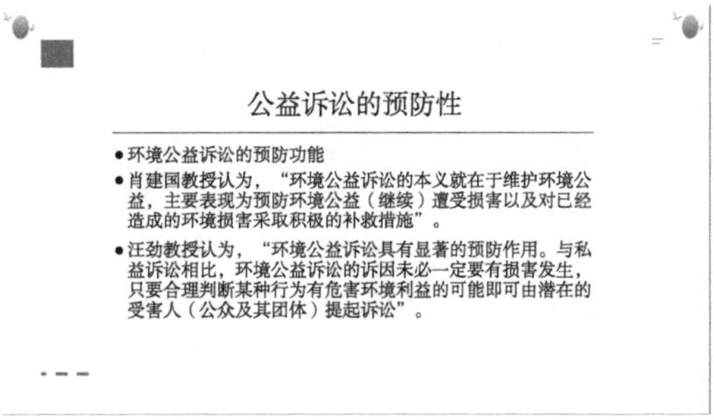 公益诉讼的预防性 • 环境公益诉讼的预防功能 • 肖建国教授认为，“环境公益诉讼的本义就在于维护环境公益，主要表现为预防环境公益（继续）遭受损害以及对已经造成的环境损害采取积极的补救措施”。 • 汪劲教授认为，“环境公益诉讼具有显著的预防作用。与私益诉讼相比，环境公益诉讼的诉因未必一定要有损害发生，只要合理判断某种行为有危害环境利益的可能即可由潜在的受害人（公众及其团体）提起诉讼”。	汪劲教授则强调，环境公益诉讼的诉因未必要有损害事实，只要有危害环境利益的可能即可提起诉讼
需要注意的是，我国目前的公益诉讼仍是以事后救济为主的，在损害发生后才予以救济	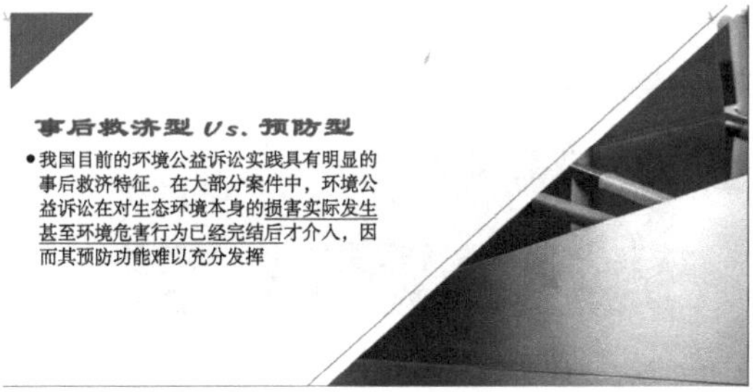 事后救济型 Vs. 预防型 • 我国目前的环境公益诉讼实践具有明显的事后救济特征。在大部分案件中，环境公益诉讼在对生态环境本身的<u>损害实际发生甚至环境危害行为已经完结后</u>才介入，因而其预防功能难以充分发挥	这就是为什么目前我国环境法学界与实践界对预防性的环境公益诉讼那么重视的原因
简单地说，预防性环境公益诉讼，就是对尚未发生且有可能发生的环境污染或生态破坏进行预防性保护而提起的诉讼模式	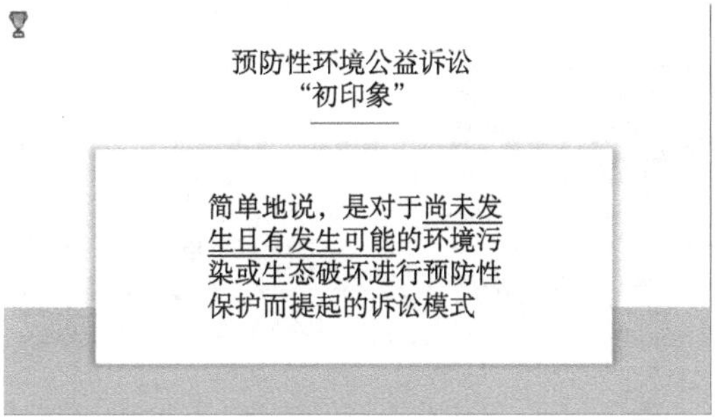 预防性环境公益诉讼 “初印象” 简单地说，是对于<u>尚未发生且有发生</u>可能的环境污染或生态破坏进行预防性保护而提起的诉讼模式	这是就目前我们通过学习到的内容而对预防性环境公益诉讼产生的“初印象”

续表

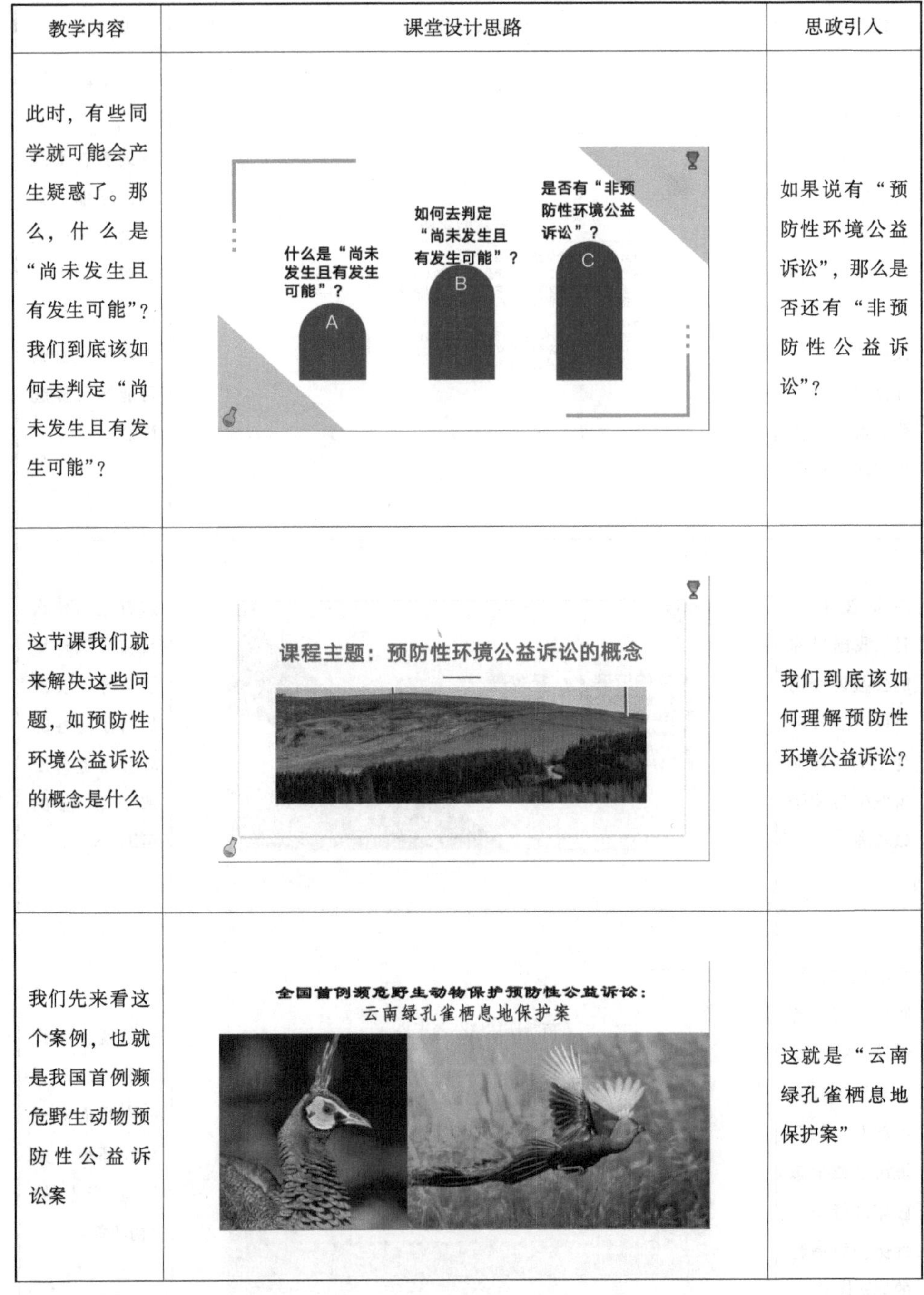

教学内容	课堂设计思路	思政引入
此时，有些同学就可能会产生疑惑了。那么，什么是“尚未发生且有发生可能”？我们到底该如何去判定“尚未发生且有发生可能”？	什么是“尚未发生且有发生可能”？ A 如何去判定“尚未发生且有发生可能”？ B 是否有“非预防性环境公益诉讼”？ C	如果说有“预防性环境公益诉讼”，那么是否还有“非预防性公益诉讼”？
这节课我们就来解决这些问题，如预防性环境公益诉讼的概念是什么	课程主题：预防性环境公益诉讼的概念	我们到底该如何理解预防性环境公益诉讼？
我们先来看这个案例，也就是我国首例濒危野生动物预防性公益诉讼案	全国首例濒危野生动物保护预防性公益诉讼： 云南绿孔雀栖息地保护案	这就是“云南绿孔雀栖息地保护案”

续表

教学内容	课堂设计思路	思政引入
本案是关于珍稀野生动物绿孔雀的保护与水电站的建设之间的博弈。提到绿孔雀，我们首先想到的就是，它们是“美丽”的代名词。水电站的建设会破坏它们的栖息地，威胁它们的生存，那么我们到底该如何作出取舍呢?	 全国首例濒危野生动物保护预防性公益诉讼：云南绿孔雀栖息地保护案 【基本案情】2017年7月12日，“自然之友”向云南省楚雄彝族自治州中级人民法院提起全国首例野生动物保护预防性环境民事公益诉讼，请求判令第一被告中国水电顾问集团新平开发有限公司（以下简称“新平公司”）和第二被告中国电建集团昆明勘测设计研究院有限公司（以下简称“昆明设计院”)共同消除云南省红河（元江）干流戛洒江水电站建设对绿孔雀、苏铁（国家一级保护植物）等珍稀濒危野生动植物以及热带季雨林和热带雨林侵害的危险，立即停止水电站建设，不得截流蓄水，不得对水电站淹没区域植被进行砍伐等	2017年7月，环保组织“自然之友”提起了全国首例野生动物保护预防性环境民事公益诉讼，起诉新平公司的水电站建设行为将影响绿孔雀等珍稀野生动植物的栖息地环境，请求法院判令立即停止水电站的建设。我们先通过视频来了解一下基本案情
在本案中，戛洒江水电站的施工建设尚未进行，一旦如期进行建设，将严重危害以绿孔雀为代表的珍稀动植物的栖息环境，因而它们有受到被侵害的风险	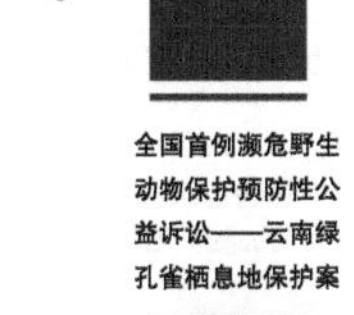 • 【判决结果】2020年3月16日，昆明中院作出一审判决。昆明中院指出，2018年6月29日，云南省政府对外发布《云南省生态保护红线》,根据这一红线，戛洒江一级水电站淹没区大部分被划入红河（元江）干热河谷及山原水土保持生态保护红线范围，在这一区域内，绿孔雀为其中一种重点保护动物。根据自然之友提交的证据等，可以证实戛洒江一级水电站的淹没区是绿孔雀频繁活动的区域。“原告自然之友提出立即停止水电站建设，不得截流蓄水，不得对该水电站淹没区域植被进行砍伐的诉请，对消除戛洒江一级水电站建设项目目前所产生的重大风险具有追切性和实现必要性，应予支持。”判决书认为，“新平公司立即停止基于现有环境影响评价下的戛洒江一级水电站建设项目，不得截流蓄水，不得对该水电站淹没区内植被进行砍伐，最终法院要求被告新平公司立即停止基于现有环境影响评价下的水电站建设项目，待重新按生态环境部的要求完成环境影响评价后，再由相关主管部门依具体情况作出决定 基本案情：环保组织何以胜诉? 诉因：戛洒江水电站建设对绿孔雀、苏铁（国家一级保护植物）等珍稀濒危野生动植物以及热带季雨林和热带雨林存在造成侵害的危险 符合条件的社会组织 原告：自然之友 起诉 被告：新平公司 昆明设计院 较为强势的地方企业 诉讼请求：立即停止水电站建设，不得截流蓄水，不得对水电站淹没区域植被进行砍伐；新平公司及昆明设计院共同支付自然之友因本案产生的维护社会公共利益的合理费用	本案的原告自然之友，是符合法定条件的社会组织，而被告是新平公司以及昆明设计院。其中，新平公司是较为强势、财力雄厚的地方企业。二者诉讼能力较为悬殊，也预示着这个案件推进的困难

续表

教学内容	课堂设计思路	思政引入
我们需要思考一个问题：在本案中，你认为环保组织是否有权在水电站建成之前提起诉讼？	 ●思考： 环保组织是否有权在水电站建成之前提起诉讼？	是否有相关的法律依据？
“预防原则”是我国环保法的基本原则	 《中华人民共和国环境保护法》 第五条：环境保护坚持保护优先、预防为主、综合治理、公众参与、损害担责的原则 中华人民共和国环境保护法	预防原则也是我国环境保护法不可或缺的一部分
同时，环境保护法第五十八条也明确规定了社会组织提起公益诉讼的条件	环境保护法第五十八条【社会组织提起公益诉讼的条件】 ●对污染环境、破坏生态，损害社会公共利益的行为，符合下列条件的社会组织可以向人民法院提起诉讼： 第一，依法在设区的市级以上人民政府民政部门登记； 第二，专门从事环境保护公益活动连续五年以上且无违法记录。 ●符合前款规定的社会组织向人民法院提起诉讼，人民法院应当依法受理。 ●提起诉讼的社会组织不得通过诉讼牟取经济利益	只有符合法定要件的社会组织才能提起公益诉讼
根据最高人民法院发布的有关“环境公益诉讼司法解释”之规定，只有法律规定的机关和有关组织，才有权提起预防性环境公益诉讼	《最高人民法院关于审理环境民事公益诉讼案件适用法律若干问题的解释》 2015年1月7日起施行 第一条：①法律规定的机关和有关组织依据民事诉讼法第五十五条、环境保护法第五十八条等法律的规定，对已经损害社会公共利益或者②具有损害社会公共利益重大风险的污染环境、破坏生态的行为提起诉讼，符合民事诉讼法第一百一十九条第二项、第三项、第四项规定的，人民法院应予受理	其前提是，必须“具有损害社会公共利益的重大风险”

续表

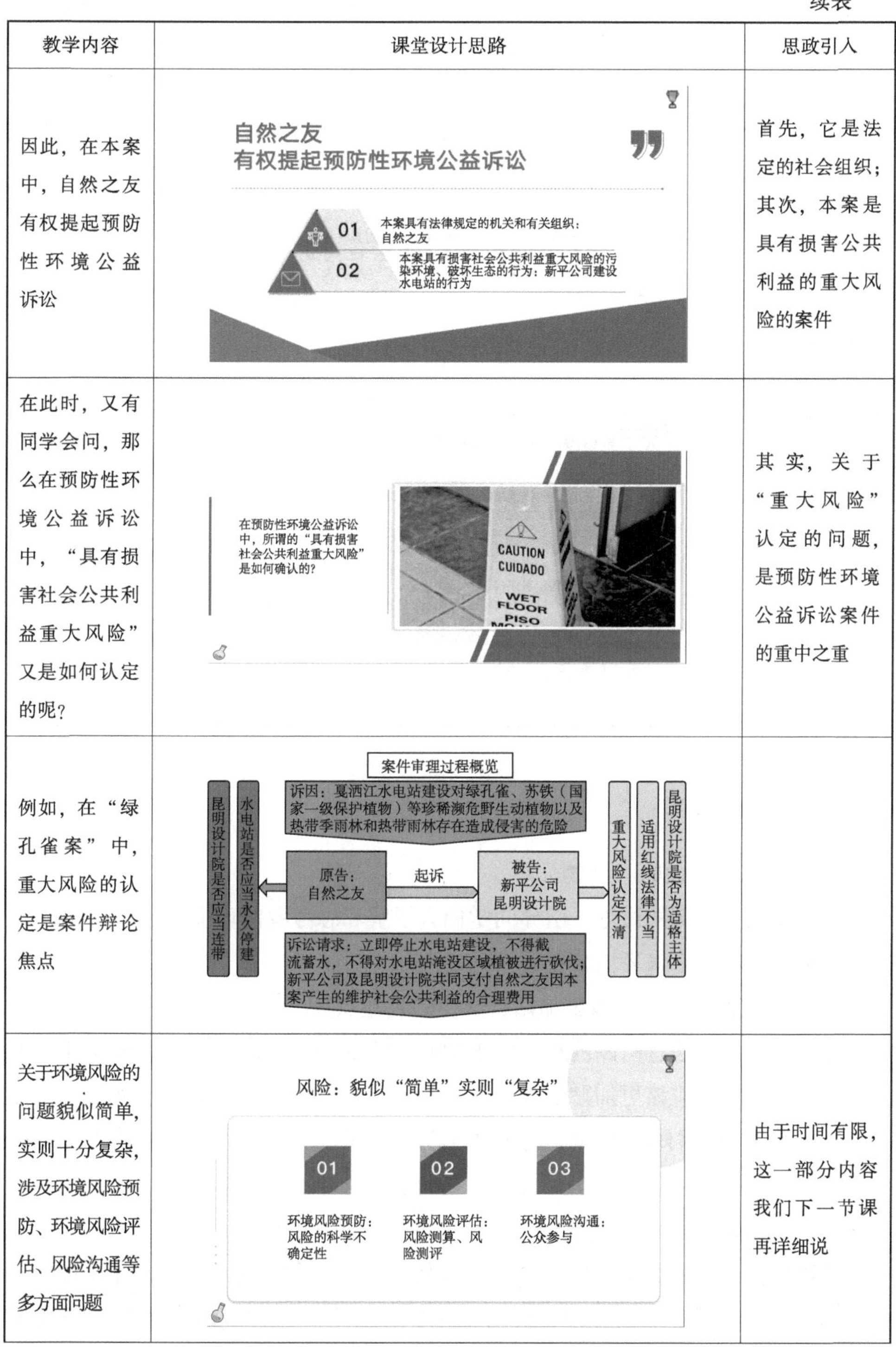

教学内容	课堂设计思路	思政引入
因此，在本案中，自然之友有权提起预防性环境公益诉讼	自然之友 有权提起预防性环境公益诉讼 01 本案具有法律规定的机关和有关组织：自然之友 02 本案具有损害社会公共利益重大风险的污染环境、破坏生态的行为：新平公司建设水电站的行为	首先，它是法定的社会组织；其次，本案是具有损害公共利益的重大风险的案件
在此时，又有同学会问，那么在预防性环境公益诉讼中，"具有损害社会公共利益重大风险"又是如何认定的呢？	在预防性环境公益诉讼中，所谓的"具有损害社会公共利益重大风险"是如何确认的? CAUTION CUIDADO WET FLOOR PISO	其实，关于"重大风险"认定的问题，是预防性环境公益诉讼案件的重中之重
例如，在"绿孔雀案"中，重大风险的认定是案件辩论焦点	案件审理过程概览 诉因：戛洒江水电站建设对绿孔雀、苏铁（国家一级保护植物）等珍稀濒危野生动植物以及热带季雨林和热带雨林存在造成侵害的危险 原告：自然之友 起诉 被告：新平公司 昆明设计院 诉讼请求：立即停止水电站建设，不得截流蓄水，不得对水电站淹没区域植被进行砍伐；新平公司及昆明设计院共同支付自然之友因本案产生的维护社会公共利益的合理费用 昆明设计院是否应当连带 水电站是否应当永久停建 重大风险认定不清 适用红线法律不当 昆明设计院是否为适格主体	
关于环境风险的问题貌似简单，实则十分复杂，涉及环境风险预防、环境风险评估、风险沟通等多方面问题	风险：貌似"简单"实则"复杂" 01 环境风险预防：风险的科学不确定性 02 环境风险评估：风险测算、风险测评 03 环境风险沟通：公众参与	由于时间有限，这一部分内容我们下一节课再详细说

续表

教学内容	课堂设计思路	思政引入
请同学们在课后进行一些延伸阅读和思考。这是思考题和阅读文献，有助于我们更好地理解所学知识，并为毕业论文寻找写作灵感	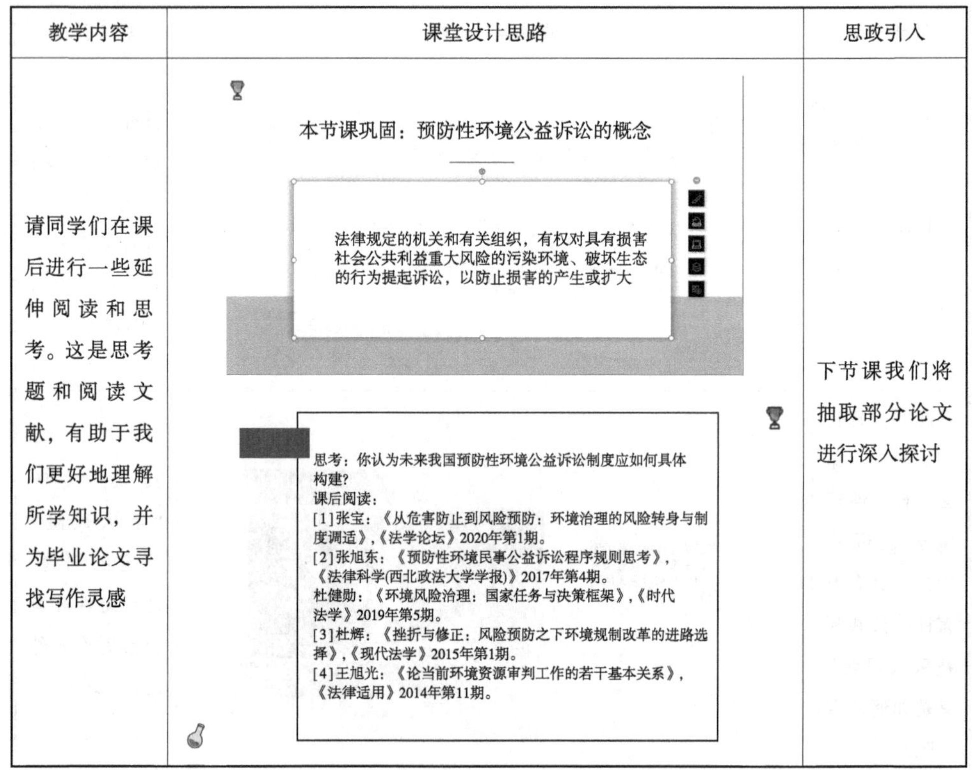	下节课我们将抽取部分论文进行深入探讨

（三）教学反思

1. 课程思政建设的“润物无声”

通过对热点案例的讨论，引导同学们去了解和思考我国环境公益诉讼法的出发点和价值，以及未来环境公益诉讼的走向。

2. 典型案例的选取应该更加贴近学生的兴趣点

环境公益诉讼法这门课的难点在于学生往往认为案件过程较为冗长无趣，因此，选取典型案例应该更加贴近同学们较为感兴趣且熟悉的领域。例如，“绿孔雀案”就是以同学们较为熟知的绿孔雀为保护对象，并且学生对野生动物天然有一种好感和关爱感，以此入手可大大提高同学们对课程的兴趣。

3. 应做好环境公益诉讼法课程与相关诉讼法课程的衔接

环境公益诉讼法属于诉讼法课程的较新的一类，与传统诉讼法有相同之处，但在起诉条件、举证责任分配、诉讼程序等方面也有与传统诉讼法不一样的地

方。通过对比与衔接，使同学们更易于理解公益诉讼制度的价值和具体制度运作。

4. 应向同学们多次普及环境公益诉讼法价值的特殊之处

同学们在学习的过程中肯定会有疑问。例如，我们为什么要尽全力地去保护环境公共利益？我们为什么要去关爱自然环境本身的状态？为什么生态系统的平衡与多样那么重要？这也是在学习过程中需要不断向同学们反复去强调的一个问题。保护生态环境绝不是一个口号。

（四）教学手段与方法

1. 知识点精讲教学法

结合当前大学生好奇心强和思维灵活发散的特点，同学们只有对课程产生兴趣才能更好地学下去。那么如何才能使同学们感兴趣呢？先是表达要清晰、简洁、易懂，在此基础上，可运用多媒体技术吸引同学们的注意力，并注意内容上有逻辑，形式上活泼，且突出重点。例如，对环境公益诉讼的概念阐释是比较枯燥的内容，教师可以运用图形、视频、动画等多种方式吸引同学们的兴趣，再将抽象的理论具体化，促使同学们主动思考、主动提问、主动学习。

2. 案例研讨教学法

案例教学是法科学习中必不可少的路径，能够使枯燥的理论更加具备趣味性以吸引学生的注意力，引发他们主动思考、积极反思。例如，在对环境公益诉讼的预防性进行讲述时，引入“绿孔雀案”。为什么要选择这个案例呢？因为，像绿孔雀这样的野生动物是同学们熟悉的、喜爱并对其富有保护之心的，当同学们对这个物种比较了解的时候，自然而然地就会对相关案例产生兴趣。他们会想：美丽的孔雀怎么了？是谁伤害了他们？我们该如何保护他们？这个时候引入预防性环境公益诉讼这个核心问题，同学们就能够“共情”，对绿孔雀的遭遇感同身受，从而也就更容易理解公益诉讼的预防属性了。

3. 课程思政渐入教学法

将课程思政悄无声息地融入环境公益诉讼法中，可使同学们更容易接受和吸收。环境公益诉讼制度是新型诉讼形式，并且是生态文明法治建设的必由之路。对此，可从环境公益诉讼的历史、意义和价值等方面进行深入讲解，从而自然而然地将其与我国生态观的发展相连接，使同学们更全面地了解我国的生态文明制度建设。

（五）教学效果分析

环境公益诉讼制度是生态文明体制下最重要的新型法律制度之一。马克思在描绘共产主义时指出：“这种共产主义，作为完成了的自然主义，等于人道主义，而作为完成了的人道主义，等于自然主义，它是人和自然界之间、人和人之间的矛盾的真正解决，是存在和本质、对象化和自我确证、自由和必然、个体和类之间的斗争的真正解决。”生态文明作为文明新阶段，是自然的人化和人的自然化在新的高度上的辩证统一，是恢复自然的活力，肯定自然的价值，从而真正实现人的价值，达到自然史和人类史相统一的有效途径，而这正是马克思主义的生命力所在。习近平生态文明思想是马克思主义生态文明思想的发展，对此我们应认真领会，积极推动我国进入生态文明建设的新时代。

本课程通过翔实的案例阐释生态文明与公益诉讼结合的要义——预防。绿孔雀案的胜诉是一场里程碑式的胜利。因为这是我国第一个在珍稀物种栖息地遭到实质性破坏之前就预判到结果，并通过法律手段对其加以保护的胜利果实。甚至可以说，这场预防性诉讼的成功，是人们环保观念转变的一个重要象征，也是习近平生态文明思想和法治思想在现实实践中的深刻体现。